LA GESTION DE CLASSE

Une compétence à développer

THÉRÈSE NAULT
et FRANCE LACOURSE

LES ÉDITIONS
CEC

9001, boul. Louis-H.-La Fontaine, Anjou (Québec) Canada H1J 2C5
Téléphone: 514-351-6010 • Télécopieur: 514-351-3534

Direction éditoriale et charge de projet
Suzanne Bélanger

Direction de la production
Danielle Latendresse

Direction de la coordination
Rodolphe Courcy

Révision linguistique
Rachel Fontaine

Correction d'épreuves
France Lafuste

Photographies
François Desaulniers

Illustration de la page couverture
Marc Mongeau

Conception de la page couverture
Dessine-moi un mouton

Conception et réalisation graphique
Philippe Langlois

Les Éditions CEC inc. remercient le gouvernement du Québec de l'aide financière accordée à l'édition de cet ouvrage par l'entremise du programme de crédit d'impôt pour l'édition de livres, administré par la SODEC.

©2008, Les Éditions CEC inc.
9001, boul. Louis-H.-La Fontaine
Anjou (Québec) H1J 1J9

Dépôt légal : 2008
Bibliothèque et Archives nationales du Québec
Bibliothèque et Archives nationales Canada

ISBN : 978-2-7617-2617-7
Code produit : 210485

Imprimé au Canada
4   5   6   7   8   18   17   16   15   14

Les termes « enseignante » et « enseignant » ont été utilisés dans cet ouvrage pour désigner toutes les personnes qui enseignent, peu importe leur sexe. Ces termes ont été utilisés en alternance dans les chapitres afin de tenir compte de la représentativité des femmes dans le milieu de l'éducation sans alourdir le texte.

Nous désirons sincèrement remercier les personnes suivantes pour nous avoir si gentiment permis de prendre les photos apparaissant dans cet ouvrage.

De l'École des Cardinaux, à Laval :
Monique Renaud, directrice adjointe ;
Martine Boivin, Catherine Lavoie et Karyna Frigon, enseignantes ;
Marc Zuppel, enseignant.

De l'École secondaire d'Oka :
Francine Dumoulin, enseignante.

De même que tous les élèves des classes de Martine Boivin et de Francine Dumoulin.

Préface

Où finit la discipline ?
Où commence la cruauté ?
Quelque part entre les deux.

François Mauriac

Les étudiants amorcent généralement leur formation en enseignement avec un fort sentiment de savoir déjà enseigner. Cette impression provient probablement de leur longue expérience en tant qu'élèves-observateurs. Toutefois, ce bagage expérientiel ne semble pas suffire aux demandes complexes que requiert la profession enseignante, et ce, au fur et à mesure que ces étudiants ont à prendre en charge une classe. La compréhension des événements qui se déroulent au quotidien dans une classe et leur interprétation sont pour eux une préoccupation constante. Comment alors avoir accès à certaines stratégies pour atteindre leurs objectifs de gestion ?

Voir l'enseignement comme une succession d'événements complexcs reliés les uns aux autres est au cœur de l'apprentissage d'une gestion dynamique de classe. Par exemple, la soustraction n'est pas uniquement une opération mathématique, elle est aussi un événement au cours duquel les élèves commettent des erreurs, expriment des attitudes ou des habiletés et s'engagent ou non dans la leçon. L'enseignante ou l'enseignant doit comprendre que la coopération et l'ordre relatif en classe dépendent de petits détails, tels que l'anticipation d'une réaction ou d'une interruption, le moment de l'intervention, la fluidité du mouvement, l'organisation du matériel ou la disposition des pupitres. Cette transformation qui va d'une conception de la performance à une conception de l'enseignement ne se fait pas aisément, en particulier parce qu'elle demande que chacun reconstruise sa représentation de l'enseignement.

Que savons-nous de la construction d'une compétence à partir de récits d'expériences personnelles en enseignement ? Premièrement, nous savons que les histoires naissent d'abord de l'expérience personnelle du sujet qui se raconte. Deuxièmement, qu'une enseignante ou un enseignant apprend le fonctionnement de la classe en intervenant, en répétant les mêmes actions et en négociant les réalités quotidiennes dans l'environnement classe. L'action seule ne conduit pas nécessairement à la compétence. Pour y parvenir, il doit aussi réfléchir intelligemment aux actions qu'il entreprend. Il doit concevoir les situations d'enseignement comme des études de cas devant être analysées et comprises. Pour que s'enclenche ce processus, il doit recourir à des outils conceptuels qui l'aideront à dégager le sens de ce qui s'est produit dans une situation donnée. Par contre, s'il considère que la classe est indisciplinée en raison d'élèves médiocres ou irréfléchis, ou par son propre manque de charisme auprès de ses élèves, il est peu probable qu'il comprenne les événements qui se jouent dans sa classe ou le pouvoir qu'il détient pour améliorer la situation.

Dans ce livre, les auteures Nault et Lacourse ont bien saisi cette pensée contemporaine relative à la gestion de classe. Elles ont ancré leur approche de formation dans le courant de l'autoformation, de la réflexion et de l'autorégulation du développement de la pratique enseignante. Jack Kounin nous l'a si bien enseigné : la gestion de classe se fonde sur des mesures de prévention et sa réussite repose sur la lecture courante des événements en classe qui permet d'agir astucieusement. Pour travailler à l'acquisition de cette compétence, les auteures proposent un cadre systémique qui dirige l'attention vers trois dimensions essentielles à la gestion de classe : la planification, l'organisation et le contrôle dans l'action incluant l'intervention : c'est le système POC. En explicitant ces dimensions, elles ciblent adéquatement les premières rencontres vécues par l'enseignante ou l'enseignant avec ses élèves, les modes de groupement, le sentiment de communauté que développent les élèves, l'aménagement de la classe et du matériel, l'organisation des activités, la création de routines professionnelles, la mise en œuvre de l'hyperperception et une participation partagée durant le déroulement de l'action. Tous ces éléments doivent être ciblés pour que l'enseignante ou l'enseignant acquière son expertise en gestion de classe.

En plus de fournir un cadre de réflexion, les auteures Nault et Lacourse suggèrent des outils importants pour construire des récits compréhensibles qui deviendront les fondements d'une gestion de classe réussie. Les étudiants en formation à l'enseignement reçoivent ici des moyens pour s'immerger eux-mêmes non seulement dans des cadres conceptuels, mais aussi dans de riches témoignages de pratique enseignante. De telles ressources sont essentielles pour amorcer le processus de la pensée réflexive nécessaire à la pratique de l'autoformation et de l'autorégulation. Ultimement, la gestion de classe nécessite la connaissance de soi pour reconnaître à tout moment les récurrences parmi une myriade de manifestations en classe. Cette forme de reconnaissance relève de la perception et du discernement de l'enseignante et de l'enseignant.

Le système de gestion de classe présenté dans ce livre privilégie l'autocompréhension et la réflexion comme facteurs importants du développement professionnel de l'enseignante ou de l'enseignant, qu'il soit débutant ou expérimenté. Plus important encore, celui qui intégrera ces idées et ces outils dans sa pratique quotidienne créera pour ses élèves un environnement favorable à leur développement optimal.

Walter Doyle et **Kathy Carter**[1]
Arizona State University

---

1 Cette préface a été traduite librement par les auteures.

Table des matières

Avant-propos

La carrière d'une enseignante ou d'un enseignant se vit en classe avec des groupes d'élèves. C'est une situation de travail complexe où l'imprévu fait appel à tout moment au raisonnement pédagogique. Cet ouvrage se veut un guide pour systématiser l'ensemble des gestes professionnels quotidiens que doit effectuer l'enseignante ou l'enseignant. La gestion de classe constitue l'une des principales compétences professionnelles qu'il doit développer. Les recherches en enseignement, tout comme notre expérience professionnelle, tant en formation qu'en supervision, mettent en évidence l'importance de réguler différents éléments au cœur de la gestion de classe. L'intérêt fondamental de cet ouvrage réside dans la modélisation de ces éléments pour qu'une gestion de classe soit efficace et réussie.

L'ouvrage présente la gestion de classe sous trois dimensions distinctes : la gestion de la planification de situations d'enseignement ; l'organisation du quotidien de la classe ; et le contrôle durant l'action, incluant l'intervention. Afin de dynamiser nos propos, nous aurons recours à différents témoignages de stagiaires et d'enseignantes et d'enseignants en exercice, ce qui apportera un autre éclairage sur une véritable pensée enseignante.

Ce livre s'adresse aux personnes qui se destinent à la profession enseignante ou qui l'exercent déjà. Il offre une initiation à la gestion de classe et des pistes de perfectionnement pour améliorer cette compétence. Il pourra aussi être utile aux formateurs d'enseignantes et d'enseignants ainsi qu'aux professionnels qui ont la responsabilité de les conseiller dans leur développement professionnel.

Comme le dit le proverbe : « Mieux vaut prévenir que guérir. » Le présent ouvrage ne contient pas de recettes miracles ni de trucs pour corriger des situations d'enseignement qui dérapent ou les comportements indisciplinés de certains élèves. Toutefois, nous croyons qu'une observation directe et méthodique des gestes professionnels de même qu'une réflexion ciblée permettront de décider du choix des moyens à prendre pour améliorer sa pratique d'enseignement. Cette approche préventive nous amène à concevoir la compétence à gérer une classe dans une perspective développementaliste et introspective.

Remerciements

Nous tenons à remercier chaleureusement les artisanes de la première édition de *L'enseignant et la gestion de classe*, publiée en 1994, à savoir Colette Flibotte, chargée de cours à l'UQAM, pour la recension des écrits, et Claire Guy, enseignante, pour l'analyse de journaux de stage en enseignement.

Merci à l'enseignante France Dufour, alias Nancy, pour son récit-témoignage dans l'introduction ainsi qu'aux enseignants qui ont témoigné éloquemment de situations de gestion variées.

Merci aux stagiaires en enseignement et à leur superviseur pour leurs témoignages révélateurs.

Merci à Judith Cantin et à Geneviève Nault pour la traduction de certains ouvrages de l'anglais au français.

Merci à Me Johanne Drolet, avocate, pour ses précieux conseils dans la section juridique du chapitre 6.

Merci aux enseignants expérimentés Francine et André pour leurs conseils judicieux lors de la relecture chapitre par chapitre de l'ouvrage.

Merci à nos proches pour le soutien indéfectible qu'ils nous ont accordé au cours de la préparation de cet ouvrage.

Introduction

Les vacances de Nancy étaient les bienvenues. Pour la première fois depuis quatre ans, elle se sentait libre. Elle avait enfin obtenu son diplôme d'enseignement qui allait lui permettre de solliciter un emploi. Tout ce qui manquait à son bonheur, c'était justement l'obtention d'un contrat. Elle attendait une réponse à ses nombreuses offres de service.

Aujourd'hui, alors qu'il ne reste plus que deux semaines avant la rentrée scolaire, voilà qu'elle vient de recevoir dans son courrier la confirmation tant attendue. Déjà, elle s'imagine en classe avec ses élèves, se laissant bercer par l'euphorie de ce rêve si souvent évoqué.

Le lendemain, à son réveil, cet état de bien-être fait place peu à peu à un sentiment d'angoisse. Les élèves modèles imaginaires auxquels elle a si souvent rêvé seront bientôt remplacés par de vrais élèves. Ce sentiment d'insécurité qui monte en elle la pousse à se rendre sur place afin d'examiner son local et le matériel dont elle pourra disposer pour enseigner.

Après avoir rencontré la direction de l'établissement d'enseignement, elle se procure le programme de formation ainsi que toute la documentation disponible sur les disciplines qu'elle enseignera. Au cours des jours qui suivent cette brève visite, elle prépare un cahier dans lequel elle planifie à long terme la répartition des contenus du programme de formation pour l'année scolaire. Elle divise les pages en trois colonnes : dans la première et la deuxième, elle inscrit les compétences et les contenus à maîtriser pour chacun des domaines de formation ; dans la troisième, elle identifie les stratégies, les activités et le matériel qu'elle utilisera. Puis, elle calcule avec le plus de précision possible le temps qu'elle prévoit consacrer à chacune des compétences pour en assurer la maîtrise.

Il ne reste plus que deux jours avant l'ouverture des classes. Pour Nancy, pas question d'aller à la plage ou de rendre visite à sa mère à La Malbaie ; une force inconsciente la pousse à réviser encore une fois sa planification. Malgré un fort sentiment de compétence dans les matières qu'elle enseignera, une inquiétude l'envahit : elle appréhende ce jour de la première rencontre avec ses élèves : qui seront-ils et comment se comporteront-ils ? Aura-t-elle de la facilité à se faire écouter ? À se faire aimer d'eux ? À les motiver ? Ces hésitations sont de courte durée ; devant des situations stressantes, Nancy peut compter sur son dynamisme et sa confiance naturelle.

La veille de la rentrée, Nancy se sent prête à passer à l'action et imagine sa première rencontre avec ses élèves. Elle se voit déjà le lendemain matin dans la cour de l'école en train de les rassembler. Elle cherche un moyen de leur faire garder le silence dans les corridors et, une fois en classe, elle procède à la répartition des places et à l'animation de la première rencontre qu'elle a soigneusement prévue.

En imaginant ainsi le fil des événements, elle découvre qu'il lui faudra établir des règles et des routines professionnelles nécessaires au bon fonctionnement de sa classe. Elle ouvre alors un autre cahier dans lequel elle consigne les façons de faire dans différentes situations telles que communiquer avec ses élèves, leur donner les devoirs et les leçons, organiser le travail en équipe, renforcer les bons comportements, etc.

Puis le grand jour arrive...

Le témoignage de Nancy reflète bien l'écart qui existe entre les gestes professionnels quotidiens imaginés et ceux auxquels l'enseignante doit faire face lors de sa première rencontre avec un groupe d'élèves, puis chaque jour qui suivra. Toutes les simulations vécues en formation initiale universitaire diffèrent de la réalité, tout comme celles imaginées dans l'attente d'un emploi. Les chercheurs décrivent ce phénomène comme un « choc de la réalité » qui peut prendre la forme d'un réveil brutal pour l'enseignante, que ce soit à cause d'élèves récalcitrants ou par manque de matériel, de planification ou d'organisation. Ces situations conduisent parfois à des découragements qui entraînent dans certains cas l'abandon de la carrière. Pourtant, la connaissance d'éléments clés de la gestion de classe et des moments cruciaux des situations d'enseignement, bien connus de l'enseignante expérimentée, pourrait éviter une foule de problèmes aux novices.

C'est évidemment la maîtrise des gestes quotidiens qui assure le succès des carrières professionnelles.

Le plaisir d'exercer la profession enseignante dépend à long terme de la maîtrise de la compétence à gérer une classe. C'est aussi ce que montrent plusieurs recherches dans ce domaine. Cette compétence peut certes s'acquérir au cours des années d'expérience. Cependant, une orientation systématique des principales dimensions de la gestion de classe permettra aux novices de prévenir de nombreuses maladresses et déceptions lorsqu'ils seront devant leurs propres élèves.

Il faut comprendre que « la gestion de classe évoque l'ensemble des [gestes professionnels] réfléchis et séquentiels que pose une enseignante pour construire des apprentissages ». (Nault, 1998 : 15) Cette compétence à gérer les situations en classe est directement liée à un bon système de gestion de la planification, lequel se traduit par une organisation consciente des réalités en classe.

Une visite à son école d'affectation avant la rentrée scolaire permet de mettre au point de nombreux aspects qui faciliteront le déroulement de l'année scolaire.

Étant donné l'importance pour la personne enseignante de maîtriser la compétence à gérer une classe, le premier chapitre porte sur la confrontation des représentations du concept de la gestion de classe. Il permet à l'enseignante ou à l'enseignant de découvrir son propre style à travers des approches et des modèles de gestion. Il systématise ses gestes professionnels dans un cycle de gestion.

Le chapitre 2 s'intéresse à l'application du concept de la gestion de classe lors des premières rencontres avec les élèves. Il étudie les caractéristiques des élèves avec lesquels l'enseignante ou l'enseignant va travailler et l'environnement dans lequel il évolue. Il doit partir du bon pied pour mettre en œuvre un climat de classe propice à la coopération et à la socialisation, en gardant toujours en tête le but ultime : l'apprentissage et la réussite scolaire des élèves.

Le chapitre 3 examine les principaux facteurs sur lesquels s'appuie la gestion de la planification de situations d'enseignement en fonction de l'environnement de la classe et des ressources disponibles ou non. Les transitions sont présentées comme la pierre angulaire du bon déroulement d'une situation d'enseignement.

Le chapitre 4 précise les routines professionnelles entourant les situations d'enseignement sur les plans interactionnel, spatiotemporel et de soutien à l'enseignement. Elles se rapportent à un ensemble de routines organisationnelles qui forment le cadre de fonctionnement garant de l'efficacité de l'action dans l'interaction de la classe.

Le chapitre 5 vérifie l'efficacité du système de planification et d'organisation des situations d'enseignement par le contrôle dans l'action. Il étudie les habiletés verbales, non verbales et de rétroaction, toutes essentielles à la conduite de la classe. Il y est aussi question, entre autres, de la façon d'établir, en collaboration avec les élèves, un *modus vivendi* en classe.

Le chapitre 6 étudie les actions de l'enseignante ou de l'enseignant dans différentes situations de la gestion de classe. Une démarche d'intervention est appliquée à ces classes de situations. Les différents aspects des droits, des responsabilités, des valeurs et de la culture de l'enseignante ou de l'enseignant y sont traités. La banque de situations de gestion proposée dans ce chapitre permet d'y voir plus clair sur ce mal nécessaire qu'est l'intervention.

Le chapitre 7 présente le processus de la pensée réflexive opérant dans l'action et sur l'action en situation de classe. La perspective développementaliste est présentée à partir de quelques modèles. Elle est suivie de l'inventaire des comportements en gestion de classe (ICGC) qui sert de cible à la pensée réflexive.

Des capsules de texte sont insérées pour apporter un complément d'information au lecteur :

À PROPOS : cette rubrique fournit une définition ou des précisions sur un concept.

CLIC ET DÉCLIC : cette rubrique suggère des ressources ou des références pour aller plus loin dans sa réflexion.

En plus de mettre l'accent sur trois grandes dimensions de la gestion de classe, chacun des chapitres propose des activités pour favoriser le développement du processus de la pensée réflexive chez l'enseignante ou l'enseignant, caractéristique que plusieurs spécialistes du domaine jugent essentielle à l'acquisition progressive d'une compétence professionnelle. Chacun des chapitres se referme sur un exercice de réflexion et d'intégration. La figure 1.0 résume l'ensemble des contenus de chacun des chapitres de l'ouvrage.

FIGURE 1.0

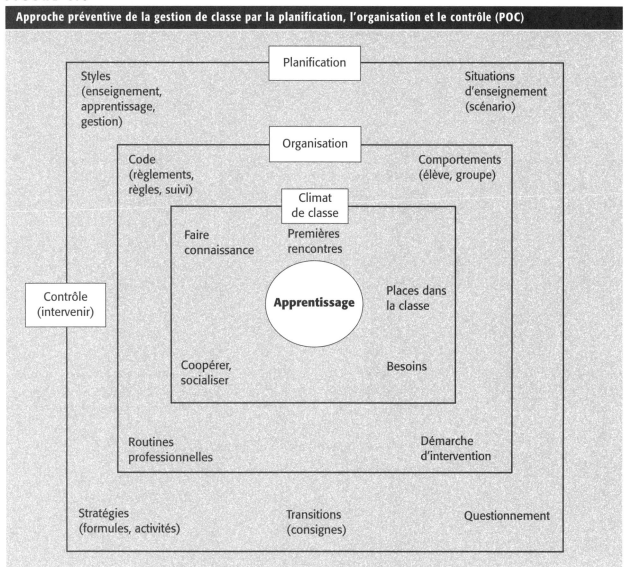

Approche préventive de la gestion de classe par la planification, l'organisation et le contrôle (POC)

La figure 1.0 est composée de trois rectangles concentriques. La cible de la gestion de classe, favoriser l'apprentissage de l'élève, se trouve au centre de la figure. L'enseignante ou l'enseignant crée d'abord le climat en faisant connaissance avec ses élèves, en permettant à chacun de trouver sa place en classe, en coopérant et en socialisant en équipe ou en groupe. Dans le second rectangle, il organise l'environnement et les conduites sociales en instaurant un code alors que le soutien à l'enseignement, les interactions et l'organisation spatiotemporelle sont pilotés par des routines professionnelles efficaces et par une démarche d'intervention. Toutes ces composantes de la gestion de classe sont les assises de la planification de situations d'enseignement. L'enseignante ou l'enseignant est celui qui contrôle et intervient avec sa personnalité, influencée à son tour par ses différents styles et ses croyances.

CHAPITRE 1

La gestion de classe, pour y voir un peu plus clair

 Intentions de gestion éducative

La lecture de ce chapitre permet :

- de se familiariser avec les différents styles, approches et modèles de la gestion de classe ;

- de comprendre le cycle de la gestion de classe.

La gestion de classe est pour les différents intervenants en éducation un concept nord-américain complexe et polysémique. Afin de le simplifier, nous proposons une définition de la gestion de classe qui tient compte de quelques perspectives actuelles. À l'aide d'approches et de modèles de gestion de classe présentés dans ce chapitre, l'enseignant pourra découvrir son style de gestion. Puis nous situons cette porte d'entrée conceptuelle au cycle de la gestion de classe dans le contexte de l'enseignement au Québec. Enfin, une activité de réflexion et d'intégration termine ce chapitre.

DÉFINITION DE LA GESTION DE CLASSE

La gestion de classe se transforme dans le temps au gré des valeurs et des structures sociales qui sous-tendent le système d'éducation en place. Comme le précise Lusignan (2001 : 19), « aujourd'hui les concepts de discipline et de gestion de classe sont bien distincts ». Pour plusieurs enseignants, gérer une classe se résume encore à faire de la discipline à l'instar de ces vieux adages : « Fais ce que je dis, pas ce que je fais », « Obéis, c'est pour ton bien ! ». Caron (2001) compare la gestion de classe à un « comment faire » (stratégies en vue de...) plutôt qu'à un « quoi faire » (trucs afin de...). Elle se situe dans une approche préventive et compréhensive. D'autres auteurs voient la gestion de classe comme l'ensemble des gestes professionnels qu'accomplit l'enseignant pour favoriser l'autonomie et la participation de l'élève aux différentes activités de même qu'au climat propice à l'apprentissage. Marsolais (2001 : 36) affirme que la « gestion de classe évoque une classe centrée sur l'activité d'apprentissage des élèves et non pas sur une écoute sage et passive de leur part ». Cette évolution du concept à travers le temps met en évidence le lien étroit entre l'enseignant et sa conception de l'enseignement. Une clarification de tous ces concepts s'impose.

UN CONCEPT QUI SE TRANSFORME
À TRAVERS L'HISTOIRE

Avec le texte des chercheurs québécois Bélanger, Gauthier et Tardif (1995), nous abordons l'évolution du concept de discipline scolaire sur la ligne du temps. Selon eux, c'est au XVIIe siècle, en Europe, que l'on voit apparaître pour la première fois ce concept sous les étiquettes de « conseils » et de « prescriptions » dans les traités de pédagogie. Il existe alors un discours prescriptif en rapport avec l'installation et le maintien de l'ordre en classe dans le but de contrer toute forme de désordre impropice à l'étude. La gestion de classe valorise le châtiment physique bien que l'on recommande dans des ouvrages pédagogiques la bienveillance envers l'enfant apprenant. Les Jésuites et les Frères des écoles chrétiennes, deux communautés qui se vouent à l'enseignement, ont mis en place une formation rigoureuse de leurs novices destinés à l'enseignement. Ces religieux ont instauré un ordre véritable dans toutes les classes [1], qu'elles soient situées en France, en Nouvelle-France ou ailleurs. Ainsi, avant les années 1960, au Québec, la discipline scolaire avait concédé à l'autorité un pouvoir parfois abusif, exigeant l'obéissance aux règles, à défaut de quoi il y avait punition verbale et corporelle. Ce pouvoir était encouragé par des règles similaires édictées par l'Église. Au Québec, à la suite du rapport Parent (1963-1965), les enseignants, s'inspirant pour une bonne part du mouvement humaniste de Carl Rogers, s'engagent dans la Réforme des années 1960-1970. Ils s'inscrivent dans le mouvement de la pédagogie nouvelle qui valorise une autodiscipline centrée sur l'élève et personnalisée par l'enseignant dans une organisation pédagogique démocratique. C'est une discipline vue comme l'apprentissage de la liberté, de la motivation intrinsèque : l'époque du « macramé power » et du « peace and love ». Or, à la même période émerge le courant néobéhavioriste de Skinner, axé sur la modification de comportement à l'aide du renforcement opérant et du renforcement positif et négatif. C'est une discipline axée sur la motivation extrinsèque : la récompense ou la crainte de la punition. Dans les années 1980 naît une discipline de compromis qui réconcilie les écoles traditionnelle et nouvelle. Le monde de l'éducation valorise alors le développement de l'identité à l'aide du groupe et le développement de l'autocontrôle de la personne. Aujourd'hui, on retrouve une certaine continuité dans ce développement des stratégies d'apprentissage et métacognitives chez les élèves ainsi que le développement des habiletés sociales mis en jeu dans l'apprentissage en classe.

Nous pouvons conclure que le concept de discipline scolaire a été largement répandu jusque dans les années 1980. La documentation du ministère de l'Éducation (MÉQ, 1995) utilise l'expression « gestion de classe » à partir de 1990, une traduction du terme anglo-saxon « Classroom Management » qu'emploient les auteurs américains en éducation.

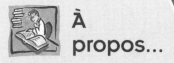
CONCEPTS PARENTS À LA GESTION DE CLASSE

Des auteurs tant américains que québécois, tels que McQueen (1992), Nault (1994 ; 1998), Burden (1995), Conseil supérieur de l'éducation du Québec (1995), Doyle (1986), Martineau, Gauthier et Desbiens (1999), et Archambault et Chouinard (2003) ont cherché à clarifier les concepts apparentés à la gestion de classe.

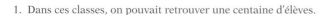

1. Dans ces classes, on pouvait retrouver une centaine d'élèves.

McQueen (1992) définit les concepts de discipline, de pouvoir et de gestion de classe. Cette chercheuse définit le concept de discipline comme le comportement de l'enseignant pour maintenir l'ordre dans la classe et garder l'élève concentré sur la tâche. La discipline est appliquée à la suite d'une infraction de l'élève pour aider celui-ci à bien se comporter et pour faire respecter une règle. Cette façon de faire, qui montre le contrôle et l'autorité de l'enseignant tel que l'exigent les parents, est souvent confondue avec la punition qui se traduit par une peine émotive ou physique. La punition est généralement une conséquence désagréable ou douloureuse appliquée pour éliminer un comportement indiscipliné qu'elle peut temporairement arrêter. Par contre, elle n'aide pas les élèves à se donner des moyens pour se comporter adéquatement et soutenir leur estime.

Selon McQueen (1992), le concept de gestion de classe se définit comme la direction et l'orchestration des interactions et des relations entre tous les éléments d'une classe. Les enseignants-gestionnaires efficaces gèrent leur comportement et celui des élèves de façon positive. Ils gèrent aussi l'aménagement spatial de la classe et le matériel, le temps d'enseignement, les approches pédagogiques, les attentes des élèves et les règles de l'école et de la classe. Le but ultime de l'enseignant-gestionnaire efficace est aussi de créer les conditions permettant aux élèves de gérer leur comportement.

McQueen (1992) mentionne que le concept de pouvoir est vu sous l'angle de l'autorité et du contrôle de l'enseignant, au même titre que le concept de discipline. Selon elle, il y aurait cinq types de pouvoir : le pouvoir légitime lié aux prérogatives de la fonction enseignante dont les deux principales seraient d'enseigner et de maintenir une classe disciplinée et sécuritaire pour les élèves ; le pouvoir de l'expertise basé sur la compétence dans un domaine, être perçu comme un expert surtout auprès des élèves plus âgés ; le pouvoir de l'influence [2], caractérisé par la capacité d'influencer l'élève à l'aide d'arguments persuasifs ou d'un raisonnement incitatif ; le pouvoir de rétroaction visant à encourager les succès des élèves, lié à l'expertise et à l'influence ; et, finalement, le pouvoir de coercition qui est la capacité de contraindre et de soumettre l'élève aux décisions et aux règles établies.

Les conclusions de l'analyse exhaustive d'une quarantaine de synthèses de recherches anglo-saxonnes portant sur la gestion de classe de Martineau, Gauthier et Desbiens (1999) vont dans le même sens : la compétence à gérer une classe est une variable susceptible de favoriser l'apprentissage des élèves et elle se trouve de plus en plus au cœur de l'effet enseignant où celui-ci fait la différence, selon l'expres-

À propos...

La gestion de classe

« La gestion de classe représente l'ensemble des [gestes professionnels] réfléchis et séquentiels que pose un enseignant pour produire des apprentissages. Cette habileté à gérer les situations en salle de classe est la conséquence directe d'un bon système de planification qui se traduira dans une organisation consciente des réalités de l'action. » (Nault, 1998 : 15)

---

2. Meirieu (1992), cité dans Proulx (1994, p. 259), parle d'autorité de coopération, une autorité qui exerce un pouvoir d'influence fondé sur la compétence et la capacité de l'enseignant à motiver ses élèves à apprendre.

FIGURE 1.1

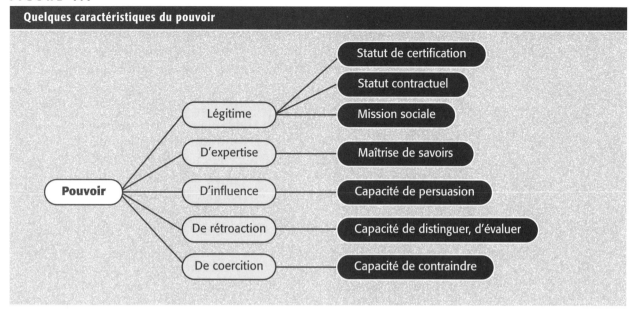

Quelques caractéristiques du pouvoir

sion consacrée de Good, Biddle et Brophy (1975). Les travaux de Bressoux et Dessus (2003) ont permis des avancées significatives en pointant la réalité de l'effet-maître et certains indicateurs d'efficacité, tels que la gestion du temps, la mobilisation des élèves, la prise en compte de leur culture, leur questionnement et leurs attentes.

Burden (1995) et Doyle (1986) mentionnent que la gestion de classe renvoie aux actions et aux stratégies de l'enseignant pour maintenir l'ordre dans la classe. La gestion de classe englobe des façons d'établir et de maintenir un bon climat de travail au sein de groupes d'élèves plutôt que des façons d'identifier et de punir les élèves présentant des comportements indisciplinés, de réduire les désordres ou d'obtenir l'attention de chacun. Le concept d'ordre signifie que les élèves exécutent correctement les actions exigées pour la réussite d'une activité en classe. L'ordre est ici observé dans un sens positif, il diffère du conformisme rigide lié à des règles préétablies ou à des comportements passifs des élèves. Le concept de discipline est la réaction de l'enseignant à un comportement indiscipliné d'un élève dans le but de rétablir l'ordre.

Au tournant des années 2000, le MÉQ (2001 : 97) spécifie que la gestion de classe consiste à « planifier, organiser et superviser le mode de fonctionnement du groupe classe en vue de favoriser l'apprentissage et la socialisation des élèves ». Une définition en harmonie avec la triple mission sociale de l'école québécoise qui est d'instruire, de socialiser et de qualifier le plus grand nombre d'élèves en soutenant le développement de leurs compétences.

Archambault et Chouinard (2003) définissent la gestion de classe comme un ensemble de pratiques éducatives auxquelles l'enseignant a recours dans la classe afin d'installer, de maintenir et parfois de restaurer des conditions favorables au développement des compétences des élèves. Cette définition contemporaine, par le regard qu'elle pose sur le développement de ces compétences, permet d'établir des relations avec les éléments du triangle pédagogique que sont l'enseignant, les élèves et les savoirs situés dans l'espace classe. Ces pratiques éducatives concernent tant les pratiques enseignantes hors-classe, c'est-à-dire l'espace social environnemental de l'école, que les pratiques d'enseignement à l'intérieur de la classe. Ces pratiques se veulent bienveillantes en vue du développement global de l'élève.

Toutes ces perspectives sur la gestion de classe montrent des tendances communes par-delà les frontières. Elles s'ouvrent sur l'essence de la fonction enseignante qui est d'aider l'élève à apprendre et à le guider dans la compréhension du monde dans lequel il vit dans le but de le responsabiliser et de permettre son émancipation humaine, civique et citoyenne.

Note sur les activités 1.1 et 1.2

Pour faire suite à ce rapide tour d'horizon des différents concepts apparentés à la définition de la gestion de classe, voici deux activités qui ont pour but de favoriser l'activation de vos connaissances antérieures et de vos représentations du concept de gestion de classe. Vous pouvez choisir l'activité qui convient le mieux à votre contexte d'apprentissage ou de pratique. Vous remarquerez que les activités sont présentées sous forme de contrat d'apprentissage, lequel contient un ensemble d'éléments de gestion, tels que le but de l'apprentissage à atteindre, la description du matériel, etc. On accorde une attention particulière à la gestion du temps. Une fiche de prise de notes, ou un autre outil semblable, accompagnera souvent ce type de contrat, permettant à chaque élève de garder une trace écrite des éléments clés de l'activité en cours. Des outils de gestion du même type seront repris tout au long de cet ouvrage pour accompagner d'autres activités.

Activité 1.1   Le cadavre exquis

Objectif :
Favoriser l'activation des connaissances antérieures et des représentations individuelles.

Modes de groupement et critère de formation :
Individuel ; groupe-classe.

Aménagement spatial et matériel :
Une feuille (8½ X 11) par personne, pliée en quatre sur le côté le plus long et dont chaque face doit être numérotée de 1 à 4 (afin d'illustrer le cadavre du jeu : tête, tronc, taille, jambes). Trois transparents (acétates). Un rétroprojecteur. Fiche de prise de notes.

Déroulement et consignes (± 15 min) :
- Plier une feuille sur la longueur en 4 parties égales. Numéroter les parties de 1 à 4 en haut, à gauche. (1 min)
- Écrire son nom en haut, à droite du rectangle n° 1 de sa feuille, puis sa représentation du concept de gestion de classe (le n° 1 étant la tête du cadavre). (2 min)
- Passer la feuille à la personne derrière soi ; lire la représentation reçue et écrire dans le rectangle n° 2 (tronc du cadavre) sa nouvelle représentation qui peut être différente de la première. (2 min)
- Passer de nouveau la feuille à la personne derrière soi ; lire les représentations et écrire de nouveau dans le rectangle n° 3 (taille du cadavre) une nouvelle représentation. (2 min)
- Retourner la feuille à la personne dont le nom apparaît en haut, à droite du rectangle n° 1 (tête du cadavre). (1 min)
- Lire les trois représentations sur sa feuille initiale et en faire une synthèse dans le rectangle n° 4 (ou sur les jambes du cadavre). (3 min)
- Comparer sa propre synthèse des définitions avec les définitions présentées à l'aide du rétroprojecteur par les autres personnes. (4 min)

Mise en commun (5 min) :
L'enseignant distribue au hasard trois transparents (acétates) dans le groupe. La personne désignée écrit sa représentation sur ce transparent. Elle vient la présenter au groupe à l'aide d'un rétroprojecteur. Chacun compare sa synthèse du rectangle n° 4 avec celles présentées à l'écran.

Objectif :

Favoriser l'activation des connaissances antérieures et des représentations de la gestion de classe à l'aide de la métaphore.

Modes de groupement et critère de formation :

Individuel ; sous-groupe de quatre à partir de la proximité des élèves.

Aménagement spatial et matériel :

Une feuille (8½ X 11) par personne. Trois transparents (acétates). Un rétroprojecteur ou tableau. Fiche de prise de notes. Nombre de cocardes, selon le nombre d'élèves, de 4 couleurs différentes pour chacun des 4 rôles : secrétaire, prend en note les choix des coéquipiers sur une feuille divisée en 6 rangées ; animateur, gère les tours de parole, résume et établit des liens entre les idées des participants ; chronométreur, gère le temps ; rapporteur, rapporte au grand groupe les choix retenus.

Déroulement et consignes (± 25 min) :

- Inscrire ses coordonnées en haut de sa feuille. (1 min)
- Écrire ses représentations de la gestion de classe (GC) à l'aide d'une métaphore. (5 min)
- Diviser sa feuille en 6 colonnes et écrire en haut de chacune un mot inducteur qui va permettre de choisir une métaphore dans les catégorisations suivantes : sport, verbe, partie du corps, outil, film, livre. (2 min)
- Écrire rapidement le nom d'un objet ou d'un élément sous chacune des catégorisations. (2 min)
- Expliquer brièvement par écrit pourquoi cet objet représente de façon métaphorique la GC. (4 min)
- Se regrouper en équipe de 4 et choisir un rôle. (3 min)
- Prendre connaissance des métaphores des autres selon chaque catégorie. (7 min)
- Retenir dans chaque catégorie une métaphore et les raisons de son choix. (6 min)

Mise en commun (5 min) :

L'enseignant distribue un transparent aux trois équipes qui terminent les premières. La personne rapporteuse vient présenter les idées de son équipe à l'aide du rétroprojecteur. L'enseignant conclut l'activité en faisant ressortir des éléments pour comprendre l'approche préventive de la GC.

Clarification du concept de gestion de classe (pour les activités 1.1 et 1.2)

Fiche 1.1

- Écrire ma définition de la gestion de classe.
- Comparer cette définition avec celles qui ont été inscrites sur le jeu du Cadavre exquis ou avec les métaphores du Portrait chinois.
- Comparer cette définition avec celles des auteurs susmentionnés.
- Que retenir pour améliorer ma pratique de l'enseignement au quotidien ?

STYLES, APPROCHES ET MODÈLES
DE LA GESTION DE CLASSE

Le degré de pouvoir qu'exerce un enseignant sur ses élèves reflète son style de gestion par rapport aux qualités d'autonomie qu'il reconnaît chez les personnes en formation. Sa manière d'établir, de maintenir et de rétablir l'ordre dans la classe avec l'adhésion ou non des élèves est un indicateur de son style de gestion de classe. Selon le questionnaire des Croyances sur les styles de gestion de classe (CSGC) de Wolfgang (1999 ; 2005), le style de l'enseignant se situe dans un continuum de pouvoir allant de faible à élevé. Ce questionnaire permet à l'enseignant d'évaluer ses opinions et ses croyances sur la discipline en classe et d'identifier son degré de contrôle dans sa relation enseignant-élèves en fonction de trois approches disciplinaires : non interventionniste axée sur une relation d'écoute ; interactionniste axée sur la confrontation et l'établissement d'un contrat ; et interventionniste axée sur les règles et les conséquences. En ce sens, Artaud (1989) cherche une voie sur ce continuum entre l'autoritarisme à outrance, qui a aliéné pendant très longtemps les élèves, et un laisser-aller marqué par une absence de modèles pour les jeunes.

Note sur le questionnaire 1.1

Nous vous suggérons de prendre le temps de répondre au questionnaire 1.1, « Croyances sur les styles de gestion de classe (CSGC) [3] », proposé à la page 18. Notez qu'il n'y a pas de bonne ou de mauvaise réponse, mais bien une indication de votre point de vue par rapport à ces croyances.

À propos...

La métaphore

La métaphore est un procédé par lequel on substitue à la signification d'un mot une autre signification qui s'y rapporte en vertu d'une analogie, d'une comparaison implicite (par exemple, la fleur de l'âge, à cheval sur un mur). La métaphore permet d'opérer une comparaison entre deux entités en fonction de caractéristiques communes. C'est la justification du choix de l'objet qui donne le sens. Nous pouvons parler aussi de projection à partir d'un matériau neutre, les personnes puisant dans leur vécu, leur culture et les expériences les motifs de leur choix pour tel objet. Elle permet une expression plus « brute », moins intellectualisée. La métaphore est la principale stratégie d'enseignement utilisée par le modèle de la Créativité mis au point au début des années 1960 par William Gordon.

---

3. Vous pouvez également consulter le lien suivant : http://www.unites.uqam.ca/gclasse/wolfgang.htm

Croyances sur les styles de gestion de classe[4]

Pour chacun des douze énoncés

- Choisir un énoncé parmi deux choix de valeurs concurrentielles ; certains sont faciles, d'autres sont difficiles, mais il faut choisir.
- Cocher devant l'énoncé « a » OU « b » celui qui caractérise le mieux votre opinion ; il n'y a pas de bonne ou de mauvaise réponse.

---

1. Je crois que :

☐ a) les élèves sont incapables de s'autodiscipliner, par conséquent, l'enseignant doit établir un ensemble de règles en classe.

OU

☑ b) chaque besoin affectif des élèves doit être pris en compte plutôt qu'un système de règles préétablies pour tous.

2. Habituellement, dans ma classe :

☑ a) c'est moi qui décide de la place (bureau) de chaque élève.

OU

☐ b) chaque élève choisit sa place dans ma classe.

3. Je crois que :

☑ a) les élèves devraient avoir le droit de choisir les travaux à faire et de prendre des décisions dans la classe.

OU

☐ b) l'enseignant décide des tâches que les élèves doivent faire en classe et du matériel dont ils ont besoin.

4. Quand il y a trop de bruit dans la classe,

☑ a) je tente de trouver un compromis sur le niveau de bruit pendant les périodes d'activités après en avoir discuté avec mes élèves.

OU

☐ b) je laisse aller les choses tant qu'aucun élève ne s'en plaint.

5. Si, en classe, un élève se querelle avec un autre élève,

☐ a) je blâme les deux élèves et je leur demande de cesser de se disputer.

OU

☑ b) je laisse les élèves régler ce problème entre eux.

6. Si tous les élèves ne sont pas d'accord avec un règlement et demandent de le changer, bien que je ne partage pas leur opinion,

☐ a) je maintiens quand même ce règlement en place.

OU

☑ b) je demande aux élèves de proposer un règlement de remplacement.

7. Quand un élève refuse de participer à une activité en classe,

☐ a) je tente de le persuader que l'activité a une grande valeur pour lui.

OU

☑ b) j'essaie de comprendre les raisons de son refus de participer et je modifie l'activité en fonction de ses raisons.

---

4. C. H. Wolfgang, 2005, traduction libre.

8. Durant les premières semaines de classe,

☐ a) je laisse les élèves vivre sans règles dans le but de vérifier leur capacité à s'entendre entre eux.

OU

☑ b) je présente les règles et informe les élèves des conséquences d'une infraction à ces règles.

9. Lorsqu'un élève est rejeté par son équipe,

☐ a) je lui permets de travailler seul, considérant sa difficulté à s'intégrer à un groupe.

OU

☑ b) je maintiens sa présence au sein de l'équipe et je lui demande, ainsi qu'à ses coéquipiers, les raisons de ce rejet et les solutions qu'ils proposent pour un meilleur fonctionnement.

10. Si, pendant mon exposé, un élève bavarde constamment avec un voisin,

☐ a) je l'éloigne des autres et poursuis mon enseignement.

OU

☑ b) je lui fais savoir discrètement à quel point cette situation m'est désagréable. Je lui demande aussi comment il se sentirait si quelqu'un parlait pendant qu'il est en train de donner une explication.

11. Je crois que :

☑ a) un bon enseignant doit être ferme et juste envers un élève qui viole une règle de l'école.

OU

☐ b) un bon enseignant propose plusieurs solutions de rechange à cet élève.

12. Quand un élève ne remet pas un travail à temps,

☐ a) je suppose qu'il a des raisons valables et qu'il remettra son travail plus tard.

OU

☑ b) j'avertis l'élève que les travaux doivent être remis à temps et je rappelle la conséquence pour ce retard ou cette non-remise.

Analysez vos réponses au CSGC

L'analyse des réponses au CSGC se fait en trois étapes. La première étape consiste à transposer et à encercler les réponses sur les tables ci-dessous. La deuxième exige de calculer le total des réponses dans chacune des tables. La dernière étape consiste à interpréter les résultats à l'aide de la description des trois styles ainsi que des modèles de gestion de classe synthétisés à partir de trois ouvrages.

Étape 1 : TRANSPOSEZ et ENCERCLEZ vos réponses dans les tables suivantes :

Table 1 Interventionniste (Règles et conséquences)		Table 2 Non interventionniste (Relation d'écoute)		Table 3 Interactionniste (Confronter et contractualiser)	
(2A)	1A	4B	(1B)	2B	(4A)
3B	5A	6A	(5B)	(3A)	(6B)
7A	(8B)	9A	8A	(7B)	(9B)
(11A)	10A	12A	(10B)	11B	(12B)

(suite p. 20)

Étape 2 : CALCULEZ le total de vos réponses dans chaque table.

3 Total de la table 1 :   (Style interventionniste : pouvoir élevé)
3 Total de la table 2 :   (Style non interventionniste : faible pouvoir)
6 Total de la table 3 :   (Style interactionniste : pouvoir moyen)

La table ayant le plus de réponses encerclées représente l'approche disciplinaire qui illustre le mieux vos croyances ; celle qui vient en deuxième représente une approche intermédiaire et celle qui vient en dernier correspond à l'approche disciplinaire à laquelle vous croyez le moins. Si deux tables ou trois tables ont un même nombre de réponses encerclées, cela signifie que votre approche disciplinaire est éclectique. Ces résultats présentent une vision globale de ce que vous croyez fermement dans chacune de ces trois approches disciplinaires. L'hypothèse de Wolfgang, celui qui a créé cet outil d'évaluation, est que l'enseignant croit et agit en concordance avec ces trois approches et qu'inévitablement une approche prédomine sur les autres.

Étape 3 : EXAMINEZ vos croyances selon l'information contenue dans le tableau 1.1 et interprétez vos résultats à l'aide des modèles de gestion de classe décrits ci-dessous.

TABLEAU 1.1

Styles de gestion de classe (adapté de Burden, 1995 : 37, traduction libre)		
Style non interventionniste	**Style interactionniste**	**Style interventionniste**
POUVOIR SUR L'ÉLÈVE		
Faible	**Moyen**	**Élevé**
L'ENSEIGNANT CROIT QUE…		
L'élève est autonome	**L'élève est responsable**	**L'élève est dépendant et soumis**
Il peut se développer et se discipliner (potentiel inné) par la motivation intrinsèque.	Il peut se discipliner à l'aide du groupe et de son environnement par : • la conscientisation ; • la coopération.	Il peut modifier son comportement à l'aide de renforcements (stimuli) positifs (récompense) ou négatifs (punition) par la motivation extrinsèque.

Clarifions d'abord les désignations attribuées aux trois styles de gestion de Wolfgang (1999, 2005).

L'examen de votre style de gestion de classe se fait en interprétant vos réponses selon les trois approches décrites ci-après. En commençant par les pôles des extrémités du continuum, les enseignants dits « interventionnistes » (pouvoir élevé) croient que le développement des élèves est fortement influencé par des conditions environnementales plutôt que par leur motivation intrinsèque ou leur potentiel inné. Selon eux, l'enseignant est l'une de ces conditions déterminantes. Son rôle est alors de contrôler l'environnement des élèves et de modifier leur comportement. Ce type d'enseignant pense généralement que les élèves ne peuvent s'autodiscipliner. Il pratique une gestion centrée sur le comportement de l'individu plutôt que sur celui du groupe. Cet enseignant édicte les règles et les procédures à suivre dans la classe sans la participation des élèves. La modification du comportement et les renforcements caractérisent cette approche qui s'inspire de la pensée skinnérienne, laquelle privilégie le conditionnement opérant et la modification de comportement. Jones (1987) propose des idées pour structurer la classe, des techniques d'organisation et de coopération, et des procédures de rétroaction pour traiter les comportements indisciplinés de chaque élève. Quant à Dobson (2003), il va même jusqu'à suggérer la punition corporelle pour modifier le comportement d'un élève [5]. Pour leur part, Canter et Canter (1976 : 135) présentent un modèle de discipline axé sur l'affirmation de soi chez l'enseignant et qui consiste « à être positif, ferme et cohérent... ne pas s'effacer, se montrer hostile, commettre des abus ou proférer des menaces ». En somme, les enseignants interventionnistes croient aux règles et à leurs conséquences.

Les enseignants dits « non interventionnistes » (faible pouvoir) croient, en général, qu'ils n'ont qu'à fournir un environnement facilitant et aidant pour assurer le développement des élèves. Par exemple, au moment d'établir des règles en classe, ces enseignants pilotent les échanges, aident les élèves à sélectionner, en fonction de leurs besoins, les règles à observer et à déterminer les conséquences associées au manquement. Ces enseignants croient que les élèves possèdent une motivation intrinsèque et un autocontrôle de leur comportement. S'ils sont peu contrôlés par leur enseignant, ces élèves peuvent modifier leur comportement et prendre des décisions appropriées. Dans cette approche, les élèves ont un haut degré d'autonomie et l'enseignant, un faible degré de pouvoir sur leur comportement. Le rapport Parent (1963-1965) a valorisé dans ce sens le développement de la confiance

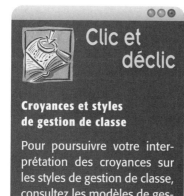

Croyances et styles de gestion de classe

Pour poursuivre votre interprétation des croyances sur les styles de gestion de classe, consultez les modèles de gestion de classe présentés dans les ouvrages de Safty (1993 : 111-133), Charles (1997 : 101-248) et Nault et Léveillé (1997 : 12-30). Les références se trouvent à la fin de l'ouvrage.

---

5. Sur le plan pénal, le *Code criminel* interdit de façon générale de recourir à la force physique pour résoudre les tensions engendrées par les relations humaines, que ce soit dans la famille, à l'école ou ailleurs, par le biais des infractions de voies de fait ou autres infractions connexes. Le 1er janvier 1994, l'article 651 du *Code civil du Québec* qui stipulait que le titulaire de l'autorité parentale a sur l'enfant un droit de correction modérée et raisonnable est disparu (voir aussi page 221, chapitre 6).

en soi chez l'élève, la liberté de choix et une conscience en ce qui a trait au respect des droits et de la liberté des autres. Pour traiter les comportements indisciplinés, les enseignants qui croient en cette approche utilisent l'analyse transactionnelle (TA) (Harris, 1969) portant sur la manière de parler aux élèves ; la communication congruente (Ginott, 1971) qui traite de la façon dont les enseignants expriment aux élèves leur soutien et leur acceptation ; et la manière de gérer les forces sociales et psychologiques émanant du groupe ou des individus (Redl et Wattenberg, 1959). Dans cette approche, mentionnons aussi les orientations de Carl Rogers (1969) et de Thomas Gordon (1979) qui valorisent l'émancipation de la personne à travers la liberté de choix de chaque apprenant et sa responsabilisation. En somme, les enseignants non interventionnistes croient à l'écoute active, à la communication congruente et aux relations interpersonnelles.

Les enseignants dits « interactionnistes » (pouvoir moyen) croient que le développement des élèves est assuré par une combinaison de la motivation intrinsèque de l'élève, ou de ses forces intérieures, et des conditions environnementales. Les conflits ne peuvent alors être résolus sans une responsabilité partagée ni une complète participation de tous les individus impliqués dans un conflit. Ce qui importe est la façon dont les conflits sont résolus pour maintenir les relations de confiance intactes afin que les deux parties répondent à leurs besoins respectifs. Il existe une visée de solution gagnant/gagnant et de recherche d'équité. Notre point de vue est que l'apprentissage se vivant dans un contexte de groupe, les besoins du groupe prédominent sur les besoins de l'individu. Par exemple, les règles et les procédures de la classe sont établies en collaboration et incluent les règles du code de vie de l'école. Pour traiter les comportements indisciplinés, les enseignants utilisent les conséquences logiques, des normes connues de tous. L'approche de Dreikurs et Cassel (1972), la thérapie de la réalité, la théorie du contrôle de Glasser (1969 ; 1986 ; 1993) et la discipline par la gestion de l'action en classe de Kounin (1977) proposent des techniques et des stratégies qui valorisent cette perspective contemporaine de la régulation sociale des comportements individuels. En somme, les enseignants interactionnistes croient en l'aspect positif de la confrontation des idées et en l'établissement d'un contrat de communication, ou d'un contrat social, ou, encore, d'un contrat de comportement qui conduit vers les bénéfices d'un bon climat de classe et la réussite pour tous. Selon Ginott (1972), tout enseignant a le pouvoir de rendre la vie d'un élève triste ou joyeuse. Il peut être un instrument de torture ou un objet d'inspiration. Il peut humilier ou ménager, meurtrir ou guérir.

Long (1987) conforte ces trois approches en proposant un modèle très intéressant d'intervention en classe. Dans ses observations en classe, il a constaté que les élèves ne se comportent pas tous de la même manière en effectuant une tâche d'apprentissage. En conséquence, l'enseignant devrait utiliser différents styles de gestion tout en étant en accord avec ses croyances philosophiques, sinon, il y aura incompatibilité entre sa personnalité et ses interventions. Le modèle de gestion proposé par Long est l'adaptation du leader situationnel (*Situational Leadership*) de Hersey (1989). Tout comme le CSGC de Wolfgang (2005), il renvoie à trois approches idéologiques d'intervention : l'approche non interventionniste, l'approche interactionniste et l'approche béhavioriste ou interventionniste. Le modèle de Long (1987) comprend quatre styles de leadership liés au degré de maturité des élèves en fonction d'une tâche spécifique.

Le premier style (*directing*) s'emploie lorsque l'élève veut apprendre tout en n'ayant pas l'habileté requise pour accomplir la tâche. Le second style (*coaching*) s'emploie lorsque l'élève est découragé face à la tâche. Le troisième style (*supporting*) s'emploie quand l'élève montre qu'il a quelques habiletés lui permettant de réaliser la tâche seul. Dans le quatrième style (*delegating*), la responsabilité de la tâche est remise à l'élève. Ce dernier style s'emploie lorsque l'élève n'a pas besoin d'enseignement ou d'encouragements. Deux facteurs sont alors importants : actualiser l'aptitude (pouvoir faire : *capability*) à une tâche et la volonté (vouloir-faire : engagement) de l'élève.

Le travail par tutorat permet de déléguer la responsabilité d'une tâche d'apprentissage aux élèves.

Les modèles énumérés ci-après complètent les trois ouvrages qui vous ont été suggérés pour analyser votre style de gestion. Le modèle proactif de Brophy (1984) offre des indicateurs de comportement pour les styles un et deux, tout comme le modèle interventionniste de modification de comportement. Les styles deux et trois sont représentés par les modèles interactionnistes de Glasser (1965) et Dreikurs et Cassel (1972). Les indicateurs pour le style quatre sont représentés dans les modèles de Gordon (1979) et Ginott (1971). Long suggère que les enseignants reçoivent de la formation sur ce modèle de gestion des interventions.

CYCLE DE LA GESTION DE CLASSE

Nous définissons le cycle de la gestion de classe à partir des concepts qui le composent. Un cycle renvoie à la répétition d'un ensemble d'éléments observables dans un ordre donné. Comme la gestion de classe représente l'ensemble des gestes professionnels réfléchis et séquentiels qu'accomplit un enseignant pour produire des apprentissages, les gestes de l'enseignant sont donc ces comportements observables dans les dimensions de la gestion de classe qui se déroulent dans un ordre donné pour constituer le cycle de la gestion de classe. Un système de gestion naît de ce cycle pour gérer l'acte d'enseigner. Selon notre définition de la gestion de classe, ce système comprend la gestion de la planification de situations d'enseignement, l'organisation du quotidien de la classe et le contrôle durant l'action. Les gestes professionnels de l'enseignant sont réfléchis à chaque cycle pour ainsi former une boucle itérative. La figure 1.2 illustre le cycle de la gestion de classe.

FIGURE 1.2

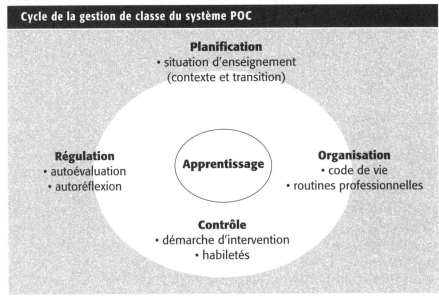

Dans cette perspective, la compétence à gérer une classe est un processus complexe qui préside à la planification, à l'organisation et au contrôle d'un ensemble d'éléments contextuel, matériel et temporel, sans pour autant porter sur les contenus spécifiques aux disciplines ni sur des habiletés didactiques. Toutefois, la gestion de classe est une compétence intimement liée à l'enseignement, elle lui sert en quelque sorte d'enveloppe protectrice. Bien sûr, sans l'aide de la gestion de classe, on arrive toujours à enseigner quelque chose, mais il sera difficile de maîtriser la situation à moyen et à long termes. Dans notre approche préventive, le cycle de gestion se déroule en trois phases précises. La planification et l'organisation des situations d'enseignement se présentent avant l'action, nous parlons alors d'une phase proactive qui prépare le contrôle en classe. Lors de la mise en œuvre de la planification, il s'agit de l'action en interaction nommée aussi phase « interactive ». Puis la réflexion dans la phase postactive réoriente le cycle de gestion pour le relancer avec une autre situation d'enseignement. C'est ainsi que renaît le cycle de la gestion de classe.

GESTION DE CLASSE, CULTURE, FAMILLE ET SOCIÉTÉ

En toile de fond, outre les savoirs, les notions de styles et les pistes d'intervention à emprunter dans une classe, les questions complexes de culture, de famille et de société influent sur la gestion de classe. Il convient de cerner ces différents éléments qui déterminent l'évaluation de l'efficacité de la gestion de classe en regard des courants de pensée contemporains qui se confrontent parfois. Pour aller à l'essentiel et au risque d'effleurer des postures épistémologiques existantes, comme celle de placer l'élève au centre de ses apprentissages selon les Rousseau, Piaget et Vygotsky, mentionnons que la gestion de classe génère la question de la frontière idéologique par rapport aux diverses conceptions familiales et sociétales du comportement civique et citoyen attendu.

Avant d'entrer dans la classe, des normes et des structures de participation sont valorisées dans les microcultures que sont la société, l'école et la famille. Elles ont pour effet de valoriser un certain mode de fonctionnement interactif en société qui influe nécessairement sur la pratique de gestion de l'enseignant. D'ailleurs, lui-même transporte dans ses choix de gestion ses propres croyances et comportements animés par les influences de sa famille et des premières institutions sociales qu'il a fréquentées.

La famille, cellule de base de la société actuelle, offre une unité de vie dans un espace convivial et clos qui favorise en général la tolérance et les échanges réciproques entre les personnes (Lacourse, 2005). Vivre en famille, peu importe le modèle et la culture, c'est partager « des valeurs, des modèles de conduite, une façon de voir le monde qui est commune aux membres de la famille et qui a été transmise par les parents aux enfants ». (Lacourse, 1994 : 12) Cet héritage transmis par les parents est aussi un maillon de l'héritage social et culturel plus global des générations âgées aux générations plus jeunes. Par voie de conséquence, cette transmission ou ce passage de la culture première est indispensable non seulement pour assurer la reproduction des sociétés humaines dans une certaine continuité, mais aussi pour nous permettre de vivre en société. La famille constitue donc le premier lieu de l'apprentissage de la vie en société, ce que la sociologie nomme la « socialisation ». Être socialisé, c'est connaître l'essentiel des codes culturels, des *habitus* nécessaires pour bien vivre et s'adapter dans une société, pour se développer et s'émanciper, et, enfin, pour devenir un acteur social intégré dans son milieu de vie et dans la société entière.

La famille constitue le ferment du désir de contribuer à la vie civique et citoyenne. Par extension, l'enseignant poursuit cette socialisation obligatoire dans la salle de classe en continuité avec certaines valeurs familiales et parfois en rupture. La mission sociale que lui confère l'État concerne entre autres la transmission de l'héritage culturel et le soutien à l'apprentissage des connaissances et de la vie en société aux générations futures. D'ailleurs, une des compétences dans le domaine des fondements du référentiel de formation des futurs enseignants

À propos...

L'*habitus*

Selon Bourdieu (1980), l'*habitus* désigne des manières d'être, de penser et de faire communes à plusieurs personnes de même origine sociale, issues de l'incorporation non consciente des normes et pratiques véhiculées par le groupe d'appartenance. L'*habitus* devient une grammaire de l'action, une manière de pensée de façon cohérente chez une personne.

articule clairement cette visée et s'énonce comme suit : « agir en tant que professionnelle ou professionnel héritier, critique et interprète d'objets de savoirs ou de culture dans l'exercice de ses fonctions ». Il s'agit bien là d'une volonté de continuité de la culture, ce qui n'exclut pas certaines ruptures. En fait, même si nous vivons au XXIᵉ siècle, nous avons un besoin de repères, de limites et la nécessité de contrôler des comportements qui interdisent de mettre en péril le respect de la vie humaine et de l'ordre social, comme l'avancent Deslauriers et Jutras (2006).

EN CONCLUSION

Nous pouvons retenir que le concept de la gestion de classe a évolué au Québec au cours de plusieurs décennies en passant de la correction de l'indiscipline par le châtiment corporel à une reconnaissance de la capacité de l'élève à l'autocontrôle et à la responsabilisation avec le soutien de l'enseignant et des parents. Dans cette perspective, le concept de prévention devient le creuset d'une bonne gestion de classe. La prévention est axée sur trois dimensions : la planification, l'organisation et le contrôle (POC) dans le but de construire des apprentissages de qualité, c'est-à-dire des savoirs, des savoir-faire et des savoir-vivre ensemble chez les élèves. La gestion de classe se définit ici comme l'ensemble des gestes professionnels réfléchis et séquentiels que fait un enseignant pour produire des apprentissages.

Les définitions de la gestion de classe présentées ont en commun des indicateurs tels qu'un ensemble de pratiques pour établir, maintenir et parfois rétablir un bon climat de travail en vue de favoriser l'apprentissage, la socialisation et le développement des compétences des élèves. Elles favorisent d'une certaine manière un espace de discussion pour émettre des opinions, éviter le dogmatisme et soutenir le savoir-vivre ensemble dans une société démocratique contemporaine et plurielle. En plus des définitions de la gestion de classe, trois styles de gestion ont été abordés au regard de divers types de pouvoir : le style interventionniste, le style interactionniste et le style non interventionniste. Chacun des styles relève de la conception que se fait l'enseignant de ses rapports avec ses élèves dans l'environnement classe. Le style de gestion de classe de chacun est un maillon de son propre héritage social et culturel ; toutefois, il doit s'harmoniser avec les attentes sociales actuelles des parents et des institutions. Ces ingrédients communs ajoutés au style de chaque enseignant permettront de favoriser l'apprentissage des élèves et, par extension, leur réussite. La gestion de classe est donc une manière d'être (style) et de faire (gestes quotidiens) qui colore ce que l'on enseigne. Pourrait-on aller jusqu'à dire : autant d'enseignants, autant de manières de gérer une classe ?

Exercice de réflexion et d'intégration

Carte trouée

Complétez la carte trouée ci-dessous à l'aide de la liste des concepts du chapitre. Comparez ensuite vos réponses avec celles figurant au bas de la page.

confrontation et contrat • pouvoir élevé • pouvoir faible • pouvoir moyen • cycle de la gestion de classe • dimensions • élève autonome • automotivation • pouvoir • élève dépendant • élève responsable • gestion de classe • interactionniste • intervention-niste • motivation extrinsèque • motivation intrinsèque • non interventionniste • organisa-tion • phase interactive • phase proactive • planification • punition • récompense • réflexion • règles et conséquences • relation d'écoute • styles

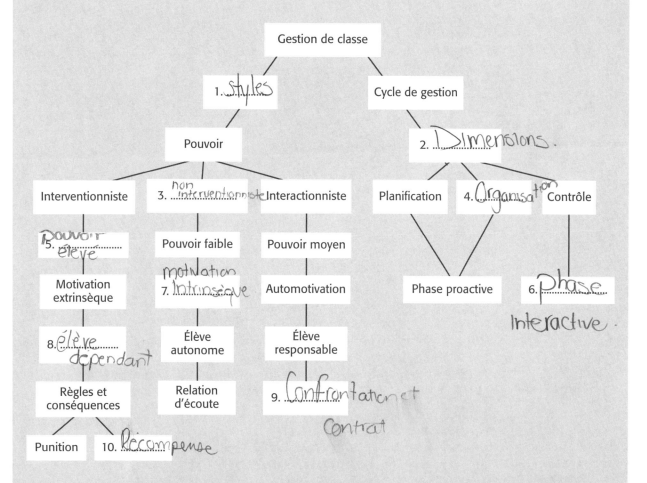

Les premières rencontres avec les élèves

 Intentions de gestion éducative

La lecture de ce chapitre permet :

- de planifier une première organisation de classe ;

- de créer un climat de classe ;

- de développer un esprit de groupe et d'équipe.

L'ouverture de la classe, soit les premiers gestes que fait l'enseignante et les premiers mots qu'elle dit, est une étape cruciale. Qu'il s'agisse d'une ouverture en début d'année scolaire ou lors d'un contrat de remplacement, elle donne le coup d'envoi pour le reste de l'année. Ce chapitre met l'accent sur l'importance d'avoir une connaissance du milieu et de mettre en place des règles de vie afin d'établir le climat de la classe. Plusieurs chercheurs accordent également de l'importance au premier contact de l'enseignante avec ses élèves. Nous élaborons ensuite les différents aspects pour développer un esprit de groupe et d'équipe. Ces éléments de gestion sont primordiaux pour partir du bon pied. Une activité de réflexion et d'intégration termine ce chapitre.

RÉUSSIR OU RATER LES PREMIÈRES RENCONTRES

Veenman (1984) affirme que rien n'est plus dévastateur pour l'estime d'une enseignante novice qu'une incompétence en gestion de classe. Le danger qui guette l'enseignante, plus particulièrement celle qui débute, est la perte de confiance en soi due à des maladresses survenues lors du contrôle de l'action en classe. Dans cette foulée, de nombreuses études montrent l'importance de la planification et de l'organisation du contrôle dès les premiers jours et les premières semaines de classe. Doyle (1980 ; 1986), Emmer, Evertson et Anderson (1980) et McQueen (1992) affirment que le début de l'année scolaire est un moment critique pour établir l'ordre dans la classe. De la réussite ou de l'échec de ces premiers jours de classe dépendront les interactions futures de la vie en groupe. Pour leur part, Evertson et Anderson (1979), Brooks (1985) et Grubaugh et Houston (1990) s'intéressent aux types d'activités réalisées en classe au premier jour d'école. Ces activités sont destinées à créer un climat de classe propice à l'apprentissage, à établir un code de conduite et à tenir compte de la sensibilité des élèves en rapport avec la disposition de la classe, l'apparence de l'enseignante et la nature de ses premiers contacts. Ils suggèrent même à l'enseignante :

1. de planifier des activités intéressantes, simples et faciles, avec des consignes claires qui permettent aux élèves de travailler seuls à leur place sous une supervision active et efficace de la part de l'enseignante ;
2. de déterminer à l'avance des règles et des routines de gestion des conduites sociales et de communication, les faire approuver par les élèves et les enseigner pour prévenir les comportements indisciplinés de certains d'entre eux ;
3. de réagir sur-le-champ aux comportements indisciplinés afin d'établir sa crédibilité, un pouvoir d'influence dont elle fera preuve dès les premières rencontres avec ses élèves.

Toutefois, comme le mentionnent Arends (1988) et Nault (1999), ces éléments de planification sont loin d'être une panacée pour solutionner tous les problèmes qui surgiront au cours d'une année scolaire. L'enseignante devra toujours être vigilante et en alerte pour adapter ses interventions à divers contextes.

L'une des étapes importantes au cours de la première visite à l'école d'affectation consiste à faire connaissance avec les membres de la direction.

Compte tenu de l'importance de savoir gérer sa classe dès les premières rencontres enseignante-élèves, nous préconisons une approche proactive axée sur la prévention. Ainsi, durant les premières semaines de classe, l'enseignante s'efforcera de créer un climat propice à l'apprentissage par une préparation minutieuse des situations d'enseignement qui tiendra compte des éléments de l'environnement scolaire et culturel, assises de la gestion de l'organisation sociale, physique et matérielle de la classe. Des conditions préalables à l'action en classe sont essentielles à la mise en scène des premières rencontres avec des groupes d'élèves.

CONNAÎTRE L'ENVIRONNEMENT SCOLAIRE ET CULTUREL

Pour illustrer l'importance de la connaissance de l'environnement scolaire et culturel, voyons le cas d'Alexandre, un enseignant d'écologie au premier jour de son contrat de remplacement, en septembre. C'est la première fois qu'il enseigne cette discipline. Il succède à une enseignante qui a pris sa retraite. Six groupes d'élèves en 1re secondaire lui ont été confiés. Deux de ces groupes sont jugés forts, trois sont de niveau régulier et un dernier, appelé « récupération faible », comprend 28 élèves âgés de 13 à 16 ans, dont certains présentent des difficultés d'apprentissage. C'est avec ce dernier groupe qu'il va vivre la situation ci-après.

Dans ma planification, j'avais prévu un travail d'équipe à la suite d'un exposé théorique. Pour ce faire, l'aménagement spatial de ma classe devait permettre le regroupement des élèves autour d'îlots de travail, selon une disposition évitant les interférences entre les équipes. Dès mon entrée en classe, je constate que les bureaux des élèves sont fixés au sol. J'ai donc dû improviser, sans doute bien maladroitement, une autre activité. Cette façon de faire a démotivé les élèves et entraîné le chaos dans la classe. Cette perte de contrôle que je n'ai pu surmonter a fait naître en moi, à ce moment, un sentiment d'incompétence.

Importance de l'aménagement spatial

Ce témoignage rappelle que « les gens n'apprennent pas nécessairement de l'expérience, il faut y penser et prendre la responsabilité de la créer » (Holborn, 1992 : 85), c'est-à-dire qu'il faut réfléchir sur l'expérience pour la transformer en apprentissage. Ainsi, pour que l'enseignante parvienne à contrer des situations souvent causées par la méconnaissance de l'environnement scolaire au moment des premières rencontres avec ses élèves, nous suggérons des activités de planification de la gestion de classe, en particulier au moment de l'arrivée de l'enseignante dans une nouvelle école et un nouveau local.

Avant la rentrée officielle, il est recommandé à l'enseignante de visiter son école d'affectation et de se présenter à la direction et au personnel de soutien. Au cours de cette visite, elle pourra recueillir l'information nécessaire au bon déroulement de son enseignement et obtenir les documents pertinents à sa fonction :

- les documents officiels de son ordre d'enseignement (programme de formation, Loi sur l'instruction publique [L.I.P.], règlement sur le régime pédagogique, etc.) dans lesquels elle pourra consulter ses droits et responsabilités ainsi que ceux de l'élève (ces documents sont accessibles auprès de la direction régionale du MÉLS de son secteur ou à l'aide de ce lien : **http://www.mels.gouv.qc.ca/publications/menu-pub-ped.htm**, ou à son *alma mater*) ;
- la convention collective (que l'on peut se procurer au bureau de son syndicat ou sur son site **http://www.mels.gouv.qc.ca/publications/menu-conv_collect.htm**) ;
- les documents se rapportant aux assurances collectives (au service des ressources humaines de la commission scolaire) ;
- le document d'orientation des politiques et des modes de fonctionnement de l'école. À tout le moins, il lui faut recueillir des explications sur les éléments qui la concernent directement (par exemple, le calendrier de l'année scolaire, l'agenda, les horaires, la tâche et les responsabilités qui sont reliées à sa tâche, par exemple les périodes de surveillance ; les procédures de l'école, entre autres la signification des différentes sonneries, le contrôle des présences, l'évacuation d'urgence, l'interphone, les clés de l'école dont elle aura besoin ; le matériel imposé par la commission scolaire et obligatoire dans l'école afin de gérer la planification des situations d'enseignement et la trousse d'intégration pour le nouveau personnel contenant par exemple un plan des lieux auxquels elle aura accès dès la rentrée, tels que le secrétariat, les salles de classe, la salle d'imprimerie, etc.).

Au cours de cette visite, ou à une autre occasion, l'enseignante poursuivra sa collecte de données afin d'obtenir :

- l'information relative à son local-classe : l'identification du local (son nom et la discipline) ; la localisation des tableaux (tableaux d'honneur, d'affichage et de nouvelles) ; le plan de classe (disposition des bureaux pour la distribution des places aux élèves, etc.) ;

- les façons d'agir avec les élèves dans diverses situations régies par le code de vie ; la démarche d'intervention auprès de la direction, le soutien spécialisé (élèves en difficulté d'apprentissage ou autres) ; les mesures d'urgence de l'école (problèmes de santé, accidents, conflits graves entre élèves, etc.) ;
- les us et coutumes de ses collègues (leur expertise, surtout celle venant de pairs qui enseignent la même discipline ou au même cycle par exemple, l'horaire des rencontres de planification, les repas communautaires, etc.). Cette façon de faire permet de s'intégrer plus facilement dans une équipe et de se faire accepter. En outre, le fait de se sentir à l'aise pour consulter un collègue peut s'avérer très utile dans des situations difficiles ;
- la liste et les caractéristiques des élèves qui lui seront confiés (avoir des notions des différences interindividuelles et culturelles, apprendre leur nom et intégrer certaines de leurs particularités pour la planification de la première journée de classe ; voir l'activité 2.2, « Chasse à l'inconnu ») ;
- les caractéristiques du milieu socioéconomique de l'école (taux de chômage, élèves qui occupent un emploi, taux de décrochage, collaboration des parents, etc.) dans le but de préparer la première rencontre de parents.

Toutefois, attention à l'effet Pygmalion, particulièrement dans un contexte pédagogique, celui qui consiste à émettre des hypothèses sur le devenir scolaire d'un élève et à les voir se réaliser (Rosenthal et Jakobson, 1971). Il faut surtout éviter de faire une prophétie de non-réussite d'un élève en partant d'une information partielle et anecdotique.

La connaissance des éléments physique et culturel de l'environnement scolaire de l'école d'affectation est à la base d'une planification et d'une organisation réalistes des premières rencontres. Tout comme dans le témoignage de notre enseignant d'écologie, toute méconnaissance en ce domaine peut avoir des conséquences sur le climat et le fonctionnement futur avec ses élèves.

Plusieurs aspects ont un impact sur la tâche de l'enseignante. Il importe de prendre connaissance de toute l'information préalable avant la rentrée.

PLANIFIER UNE PREMIÈRE ORGANISATION DE CLASSE

Voici, ci-après, une autre situation de pratique vécue par Ariane, une enseignante novice au troisième cycle du primaire, illustrant l'importance de soigner l'organisation au quotidien en classe dès les premières rencontres avec ses élèves.

J'avais des difficultés à maintenir l'ordre dans mes classes, et ce, même à la fin de la deuxième semaine de la rentrée scolaire. J'improvisais des interventions et des sanctions en fonction de problèmes qui survenaient de plus en plus souvent en classe. Par exemple, dès le deuxième jour d'école, j'ai imposé des retenues à des élèves retardataires, sans les avoir prévenus d'une telle sanction. Devant les doléances des élèves, j'ai finalement remplacé les retenues par une copie à faire en devoir. Dans un autre cas, j'ai annulé une sortie extérieure planifiée depuis un certain temps, sans en préciser la raison ni la date du report. Une autre fois, pendant que je faisais un exposé, j'ai envoyé dans le corridor un élève qui bavardait avec sa voisine sans avoir au préalable informé les élèves de la possibilité d'une telle sanction.

À la lumière de cette situation, nous constatons que certains problèmes de la gestion de classe sont la plupart du temps liés à l'absence de consignes claires et à un manque d'information à propos de mesures disciplinaires. Pour éviter une telle incohérence de fonctionnement, un premier type de tâches de gestion portant sur les comportements sociaux et le fonctionnement en classe pourrait corriger ces improvisations dans l'organisation sociale, didactique, matérielle et spatiale en classe. Les tâches de la gestion de classe visant à gérer ces types de comportement et le fonctionnement en classe sont les suivantes :

- mettre en place des routines de gestion pour les va-et-vient dans la classe, le respect et le rangement du matériel, l'ouverture et la fermeture d'une période d'enseignement, d'une leçon, etc. ;
- planifier certaines tâches administratives : assignation des vestiaires, liste des fournitures scolaires, distribution de certaines tâches aux élèves, etc. ;
- préparer quelques règles de conduite de base pour les retards, les prises de parole en classe, la communication entre camarades, etc. « Les élèves aiment savoir ce qu'on attend d'eux sur la façon de se comporter et de travailler. » (Nault, 1999 : 157)

Ces premières tâches sont précédées d'une planification élaborée plusieurs semaines avant l'ouverture des classes, tout comme l'a fait Nancy dans le témoignage mentionné en introduction :

- planifier à long, à moyen et à court termes les stratégies et les activités d'enseignement, le matériel nécessaire ainsi que les modalités d'évaluation en fonction des contenus de la discipline enseignée ; faire valider ses planifications auprès de collègues ; prévoir des activités supplémentaires qui respecteront la diversité des rythmes et des styles d'apprentissage des élèves ;

- préparer le dossier du suppléant comprenant l'information générale sur le fonctionnement de l'école et de la classe, sur certains élèves, sur quelques activités de dépannage, etc. ;
- mettre en place une politique des devoirs comprenant le but à atteindre, le nombre, la fréquence et les procédures pour réaliser chaque devoir en précisant les conséquences d'un devoir non fait. Cette politique pourra être présentée aux élèves sous forme verbale, écrite et transmise aux parents ;
- organiser pour les premiers jours de classe des activités signifiantes et faciles à réussir, en grand groupe plutôt qu'en équipe, en appliquant une gestion minutieuse du temps pour éviter les temps morts et garder les élèves présents à la tâche ;
- imaginer des stratégies pour répondre aux imprévus, entre autres l'accueil d'un nouvel élève, le retard d'un autre, le manque d'un matériel quelconque, etc.

La connaissance de l'environnement scolaire et culturel ainsi que les tâches liées à l'organisation de la classe sont essentielles à la création du climat de classe. Mais comment créer un climat de classe propice à la confiance mutuelle et à l'apprentissage ?

CRÉER UN CLIMAT DE CLASSE

Le climat de classe passe d'abord par la relation qu'ont les élèves entre eux et par la relation qu'entretient l'enseignante avec ses élèves. Fournir l'occasion aux élèves de faire connaissance entre eux est un bon point de départ. Et pour l'enseignante, apprendre le nom de ses élèves, connaître leurs besoins et leurs intérêts sont aussi d'excellents moyens d'établir une bonne relation. L'élève, constatant que l'enseignante s'intéresse à lui, sera sensible à ses marques d'attention.

Faire connaissance pour faire confiance

En fonction du nombre d'élèves par groupe, l'enseignante met en place, dès les premiers jours de classe, quelques activités pour faire la connaissance de ses élèves. Par exemple, elle peut :

- remettre un carton d'identification (tente ou cocarde) à chacun de ses élèves ;
- faire un tour de classe qui permet à chaque élève de se présenter ou d'être présenté par un camarade ;
- avoir sous la main un plan de classe sur lequel elle note au fur et à mesure, devant le nom de l'élève, ses caractéristiques (place dans la classe, intérêts, traits particuliers, etc.) ;
- faire l'expérience en classe, le tout premier jour, de l'activité 2.1, « Carte d'identité » et, quelques jours après, la 2.2, « Chasse à l'inconnu », que nous développons ici sous forme de contrat.

Les deux activités qui suivent ont pour but de vous aider à créer un climat de classe propice aux apprentissages. L'activité « Carte d'identité », qui pourrait tout aussi bien s'appeler « Carte des intérêts des élèves », ou porter un autre titre en fonction de ce que vous souhaitez retenir de chacun en rapport avec ses intérêts (sport dans lequel chaque élève excelle, émission de télévision ou mets préféré, par exemple).

Activité 2.1　Carte d'identité[1]

Durée : ± 15 min

Objectifs :
Créer un climat de classe. Connaître ses élèves et leurs intérêts. Favoriser l'établissement d'une relation positive entre les élèves.

Modes de groupement et critères de formation :
Individuel ; équipes de 2 formées à partir de paires de chiffres figurant au verso de la carte d'identité ; équipes de 4 formées à partir de la couleur de la carte remise aux élèves et du carton sur l'îlot ; grand groupe.

Aménagement spatial et matériel :
Nombre d'îlots de 4 bureaux selon le nombre d'élèves avec, au centre de chacun, un carton de couleur identique aux couleurs des cartes remises aux élèves ; une carte de couleur par élève avec une paire de chiffres au verso, selon le nombre d'élèves divisé par 4 ; transparent (ou contrat papier) pour présenter les consignes de la tâche.

Déroulement et consignes (± 12 min) :
- Remettre une carte à chaque élève à son entrée en classe avec sourire et salutation.
- Remplir individuellement sa carte en écrivant sur le côté vierge ce qui correspond aux renseignements sur la fiche-activité 2.1 (3 min).
- Trouver son partenaire selon les paires de chiffres indiqués au verso de la carte et former un groupe de deux ; rester debout sur place ; se présenter l'un à l'autre ; écouter attentivement l'autre, car vous devrez réaliser quelque chose avec la description de votre partenaire (5 min).
- Retrouver l'îlot de bureaux correspondant à la couleur de sa carte pour former des groupes de 4 ; présenter son partenaire à l'autre couple de participants (4 min).

Mise en commun (± 5 min) :
- Tracer un portrait du groupe d'élèves selon l'information recueillie sur les cartes.
- Trouver des variantes à cette activité pour réinvestir l'information recueillie sur les élèves : créer un jeu de devinettes pour les prochaines rencontres, par exemple : « Qui, dans la classe, est né en Algérie ? » Planifier une activité en univers social en plaçant les lieux de naissance sur une mappemonde ou utiliser les talents du groupe pour former des équipes, etc.

Fiche-activité 2.1

Information sur l'identité d'un élève

Lieu de naissance		Expérience de travail
	NOM OU SURNOM	
	Dernier diplôme	
Un talent		Projet futur ou en cours

1. Adaptation des activités « La fiche d'identité » de Howden et Martin (1997 : 41), « Fiches patronymiques » d'Abrami, Chambers, Poulsen, De Simone, D'Apollonia et Howden (1996 : 53) et « La fiche d'une élève » de Barbeau, Montini et Roy (1997 : 35).

À l'instar de l'activité 2.1, l'activité 2.2 permet aux élèves de faire connaissance. Il s'agit de trouver dans le groupe un élève qui possède l'une des compétences ou fait l'une des activités mentionnées sur une liste prédéterminée. La liste de compétences et d'activités des élèves de la fiche-activité 2.2 doit être adaptée à votre groupe d'élèves. Le portrait d'un groupe d'élèves obtenu à partir des activités « Carte d'identité » ou « Chasse à l'inconnu », ou de toute autre activité permettant de connaître ses élèves, peut être complété par le questionnaire 2.1 « États et ressentis des élèves dans leur classe ».

Activité 2.2 — Chasse à l'inconnu [2]

Durée : ± 15 min

Objectifs :
Connaître les élèves de la classe sous leurs différents aspects. Connaître les forces et les habiletés de certains élèves. Écouter ce que chacun a à exprimer. Partager l'information.

Mode de groupement et critère de formation :
Individuellement.

Aménagement spatial et matériel :
Nombre de grilles de compétences et d'activités correspondant au nombre d'élèves dans un groupe ; tableau du groupe où sont inscrits les noms des élèves en ordonnée et leurs compétences et activités en abscisse.

Déroulement et consignes (± 10 min) :
- Remettre une grille de compétences et d'activités par élève.
- Faire le tour de la classe et demander, sous forme de question, à un élève à la fois, s'il possède une compétence ou exerce une activité mentionnée sur la grille (pas plus de deux questions par élève).
L'élève qui répond « oui » signe dans l'espace de la fiche plutôt que l'intervieweur, celui qui a posé les questions.

Mise en commun (± 5 min) :
Chaque intervieweur rédige un court texte descriptif à partir des réponses recueillies de manière à obtenir un portrait du participant qu'il a interrogé. Il le remet ensuite à ce dernier pour le faire valider.
Le participant dont on a tracé le portrait remet celui-ci à l'enseignante. Cet outil d'information pourra être réutilisé dans la planification de situations d'enseignement ou de projets de classe.

Fiche-activité 2.2 — Exemple de compétences et d'activités des élèves

Sait réparer son vélo	Clavarde 10 heures /semaine sur Internet	Connaît quelqu'un qui est artiste	Fait un travail rémunéré	Aime écrire des histoires
Adore les sciences	Suit des cours de tennis	Regarde 5 films par semaine	A déjà été responsable d'une équipe de travail	Est parfaitement bilingue
Fait du camping régulièrement	N'est jamais en retard à l'école	Fait partie d'une famille de 3 enfants	A déjà fait du théâtre	A déjà participé à un concours de chant
Possède un animal domestique	Lit au moins 5 livres par année	A déjà fait un voyage d'aventure	Fait de la danse classique	A reçu un trophée
Fait de l'équitation	Connaît bien le fonctionnement d'un ordinateur	Joue d'un instrument de musique	Fait de la photo	Fait du bénévolat

2. Adaptation des activités « La chasse à la personne » de Howden et Martin (1997 : 41) et « Avis de recherche » d'Abrami, Chambers, Poulsen, De Simone, D'Apollonia et Howden (1996 : 57).

Inventorier les besoins des élèves

La connaissance des besoins et des attentes des élèves est un autre moyen de connaître ces derniers et de créer une relation harmonieuse et positive en classe. Dans ce sens, le questionnaire 2.1, « États et ressentis des élèves dans leur classe », poursuit un double but, soit celui de permettre aux élèves d'exprimer leurs besoins dans la classe et celui de conscientiser l'enseignante à des situations défavorables au climat de classe. Ainsi, elle pourra créer des stratégies pour combler les besoins insatisfaits.

Le questionnaire 2.1 doit être adapté au préalable à un groupe d'élèves. Il suffit ensuite de trouver un moment propice pour le présenter et l'interpréter. Il importe de préparer adéquatement les élèves en leur présentant brièvement les raisons pour lesquelles l'enseignante demande leur participation à cette activité. Elle prendra soin d'insister sur le fait que cette activité est sérieuse et que les élèves doivent se sentir libres d'y répondre, et ce, le plus honnêtement possible.

QUESTIONNAIRE 2.1

États et ressentis des élèves dans leur classe (adapté de Jones, 1998 : 62-64)

Ce que les élèves pensent de leur classe	Toujours	La plupart du temps	Quelquefois	Rarement	Jamais
BESOINS PHYSIOLOGIQUES					
1. Prends-tu un bon déjeuner chaque matin ?					
2. Vois-tu bien au tableau ou à l'écran de ta place ?					
3. Ton enseignante parle-t-elle assez fort et assez clairement pour que tu l'entendes ?					
4. Selon toi, as-tu assez de temps pour effectuer les tâches demandées en classe ?					
5. Est-ce que le déroulement de la classe va trop vite pour toi ?					
6. As-tu besoin d'une période d'étude à la fin de la journée ?					
7. Ta classe est-elle un endroit tranquille pour travailler ?					
Commentaires					

Ce que les élèves pensent de leur classe	Toujours	La plupart du temps	Quelquefois	Rarement	Jamais
BESOINS DE SÉCURITÉ ET DE PLAISIR					
8. Selon toi, es-tu classé dans le bon groupe ?					
9. Est-ce que chaque jour de classe te semble bien organisé ?					
10. Respectes-tu les règles de l'école et de la classe ?					
11. Selon toi, la discipline exigée en classe est-elle juste ?					
12. Peux-tu suggérer des activités que tu aimerais faire dans ta classe ou des objets que tu aimerais y retrouver ?					
13. Te sens-tu à l'aise pour poser des questions en classe ?					
14. Reçois-tu de l'aide quand tu en as besoin ?					
15. Es-tu détendu quand tu apportes ton bulletin à la maison ?					
Commentaires					
BESOINS D'AMOUR ET D'APPARTENANCE					
16. Aimes-tu te retrouver dans ta classe ?					
17. As-tu l'impression que les autres élèves de la classe t'aiment ?					
18. Les autres élèves sont-ils amicaux et souriants avec toi ?					
19. Ton enseignante te consacre-t-elle du temps chaque jour ?					
20. As-tu l'impression qu'on est content de te voir ?					

(suite p. 40)

Ce que les élèves pensent de leur classe	Toujours	La plupart du temps	Quelquefois	Rarement	Jamais
BESOINS D'AMOUR ET D'APPARTENANCE					
21. Sens-tu que l'on t'écoute quand tu dis avoir un problème ?					
22. Reçois-tu des félicitations quand tu le mérites ?					
23. Les autres élèves respectent-ils les choses qui t'appartiennent ?					
24. Sens-tu que l'on écoute tes suggestions ?					

Commentaires

	Toujours	La plupart du temps	Quelquefois	Rarement	Jamais
BESOIN : ESTIME DE SOI					
25. As-tu l'impression de participer à l'amélioration du climat de ta classe ?					
26. Es-tu fier(ère) quand tu partages des projets avec ta classe ?					
27. Participes-tu aux discussions de ta classe ?					
28. As-tu du succès dans toutes les disciplines ?					
29. Peux-tu suggérer des manières pour t'améliorer ?					

Commentaires

	Toujours	La plupart du temps	Quelquefois	Rarement	Jamais
BESOIN : ACTUALISATION DE SOI					
30. Te sens-tu capable d'apprendre ?					

Commentaires

Interprétation des réponses

La compilation des réponses des élèves peut se faire en relevant les fréquences pour chacun des énoncés du questionnaire 2.1, tel que présenté ci-après.

GRILLE 2.1 · INTERPRÉTATION DES RÉPONSES					
Ce que les élèves pensent de leur classe	Toujours	La plupart du temps	Quelquefois	Rarement	Jamais
BESOINS PHYSIOLOGIQUES					
1. Prends-tu un bon déjeuner chaque matin ?	✔	✔	✔✔	✔✔	
2. Est-ce que ton enseignante s'intéresse à toi en classe ?	✔✔✔✔ ✔✔	✔✔✔✔✔✔	✔✔✔✔✔	✔✔	
3. Vois-tu bien au tableau ou à l'écran de ta place ?	✔✔✔✔ ✔✔	✔✔✔✔✔✔	✔✔✔	✔✔	
4. Ton enseignante parle-t-elle assez fort et assez clairement pour que tu l'entendes ?	✔✔✔✔ ✔✔	✔✔✔✔✔✔	✔✔✔		
5. As-tu du temps pour te détendre dans la journée ?	✔✔	✔✔✔✔✔✔		✔✔	✔✔✔ ✔
6. As-tu assez de temps pour effectuer les tâches demandées en classe ?	✔✔✔✔ ✔	✔✔✔✔	✔✔✔	✔✔	

Les indications sur la fréquence des états et des ressentis des élèves dans leur classe peuvent aider l'enseignante à identifier des situations de classe qui ne répondent pas aux besoins des élèves. L'enseignante décide des interventions à faire en fonction des zones critiques identifiées. Ces indications s'ajoutent à la connaissance des forces des élèves (attitudes et sentiments des élèves).

Pour commenter les besoins des élèves retenus dans la grille 2.1, nous utiliserons le tableau 2.1 (adaptation de la pyramide de Maslow, 1970, et des besoins de Glasser, 1984). Selon Maslow (1970), le développement global de la personne passe par la satisfaction de ses propres besoins en fonction de cinq niveaux hiérarchisés, allant du plus primaire au plus élevé dans l'accomplissement de la personne. La satisfaction des besoins plus élevés dépend en grande partie de la satisfaction de ceux qui se situent au bas de la pyramide, en tenant compte qu'un palier peut parfois être sauté. Dans la catégorie au bas de la pyramide, nous avons retenu les besoins physiologiques de sécurité et de plaisir, le besoin d'amour et d'appartenance, et le besoin d'estime de soi. Dans l'autre catégorie, le besoin d'actualisation de soi a été retenu. Toutefois, les travaux de William Glasser, après 1985, mettent en lumière à peu près les mêmes besoins fondamentaux que ceux mentionnés par Maslow. Selon Glasser (1999), les élèves comme les adultes cherchent continuellement, avec récurrence, à satisfaire leurs besoins de survie, d'appartenance, de pouvoir, de plaisir et de liberté.

À l'aide du tableau 2.1, nous pouvons analyser chacun des besoins retenus dans la grille de compilation des réponses au questionnaire « États et ressentis des élèves dans leur classe », les significations et les manifestations lorsqu'un besoin reste sans réponse ainsi que les stratégies pour intervenir, s'il y a lieu.

TABLEAU 2.1

Pyramide des besoins (adaptation de la pyramide de Maslow, 1970 et des besoins de Glasser, 1985)

BESOINS	SIGNIFICATIONS	MANIFESTATIONS DE L'ÉLÈVE	STRATÉGIES D'INTERVENTION
Besoins physiologiques	• se nourrir, s'abriter, bouger, être à l'aise, bien voir, entendre ; • travailler à son rythme, avoir un endroit calme.	S'endort, n'est pas concentré.	• fournir certaines ressources ; • fournir des mouchoirs de papier ; • demander le soutien d'une association, etc.
Besoin de sécurité	• se sentir à l'abri des menaces, être encadré, avoir des modèles.	Est impatient d'obtenir l'attention de l'enseignante (est souvent au bureau de l'enseignante, lève la main et demande sans cesse, se désorganise, s'excite et s'énerve face à tout changement, se plaint régulièrement, est menacé ou intimidé par les autres).	• installer un climat de confiance ; • maintenir un environnement physique ordonné, stable ; • proposer des activités de groupe variées, stimulantes.
Besoin de plaisir	• rire, s'amuser, être heureux de faire des activités.	Fait le pitre, pose des questions stupides.	• utiliser l'humour ; • donner des responsabilités.
Besoin d'amour et d'appartenance	• aimer et se sentir aimé, être accepté dans un groupe.	Crée peu de liens, attire l'attention de façon négative, se lie à un gang pour faire des coups, provoque l'enseignante ou les élèves, s'isole.	• favoriser un sentiment d'appartenance en clarifiant les valeurs, les attentes ; • établir un code de vie avec des règles, des balises et des conséquences claires.
Besoin de pouvoir et d'estime	• se sentir compétent, être reconnu par ses pairs, être écouté, respecté, apprécié.	Ne se reconnaît aucune compétence, effronté, insolent, opposant, démotivé, convaincu de son incapacité, n'accepte pas ses erreurs, argumente, se fâche, perd son contrôle.	• susciter un sentiment de pouvoir en regard des compétences, d'une expertise, d'un talent, etc. ; • discuter des sujets à étudier et des méthodes de travail, offrir des occasions d'émettre son opinion.
Besoin de liberté et d'actualisation de soi	• faire des choix, s'améliorer et·se réaliser sur le plan personnel.	N'accepte pas les contraintes, s'oppose à l'autorité.	• proposer des projets ; • travailler en résolution de problèmes ; • réaliser des débats, etc.

Le modèle de gestion de classe de Dreikurs et Cassel (1972) va également ment dans ce sens. Influencé par les théories de la psychologie sociale d'Alfred Adler, ce modèle est basé sur les besoins de l'individu, tels qu'être accepté par les autres, être reconnu socialement et appartenir à un groupe. L'idée maîtresse de l'approche de Dreikurs et Cassel est que tous les élèves ont un mobile d'action erroné qui conditionne leurs comportements pour être acceptés dans un groupe. Ils ont isolé quatre mobiles d'action erronés : 1. attirer l'attention ; 2. chercher le pouvoir ; 3. se venger ; et 4. voiler sa compétence. Ce modèle de gestion développe le principe fondamental de la relation entre le comportement d'un individu et la reconnaissance sociale. Dreikurs et Cassel croient que l'encouragement ou le renforcement sont des éléments importants pour prévenir un problème de comportement. Ils présentent une approche démocratique dans laquelle l'enseignante et ses élèves décident ensemble des règles et des conséquences ; ensemble ils sont coresponsables du maintien d'un climat de confiance favorable au travail. L'enseignante joue un rôle de conseiller. Elle favorise le développement de l'autodiscipline chez l'élève et encourage celui-ci à fixer lui-même ses propres limites. Voici un résumé des principes de base du modèle dreikurien :

Clic et déclic

Enseignement démocratique

Pour en savoir davantage sur ce modèle de discipline axée sur l'enseignement démocratique et la neutralisation des mobiles d'action erronés, consultez l'ouvrage de Dreikurs et Cassel (1972 ; 1990) ; de Charles (1997 : 99-127) et de Safty (1993 : 121-125).

1. La discipline n'est pas une punition. Elle enseigne aux élèves à s'imposer eux-mêmes leurs limites et, ainsi, à s'autodiscipliner.

2. L'enseignante démocratique donne une ferme orientation de ses attentes et impose son leadership. Elle permet aux élèves d'avoir leur mot à dire dans l'établissement des règles et des conséquences. Chaque élève décide ensuite de ce qu'il veut faire.

3. Tous les élèves désirent avoir un sentiment d'appartenance à un groupe. Ils veulent une place et être reconnus. La plupart des comportements des élèves visent à augmenter ce sentiment d'appartenance au groupe.

4. Les comportements des élèves reflètent des croyances erronées (mobile d'action) que ces derniers utilisent pour obtenir ce qu'ils veulent.

5. Les comportements des élèves sont associés à quatre mobiles d'action inconscients : 1. chercher l'attention ; 2. chercher le pouvoir ; 3. chercher la vengeance ; 4. montrer son découragement. L'enseignante expose le mobile d'action erroné et questionne l'élève tour à tour, par exemple : Cherches-tu à attirer l'attention ? Quel pouvoir aimes-tu détenir ? Et ainsi de suite.

6. L'enseignante identifie des mobiles d'action et agit de façon à ne pas les renforcer. Elle exprime comment elle se sent devant le comportement des élèves et observe leur réaction à la suite de son intervention.

7. L'enseignante encourage les efforts des élèves, mais elle évite de vanter leur travail ou leurs traits de caractère. La rétroaction concerne des éléments du travail et de l'apprentissage.

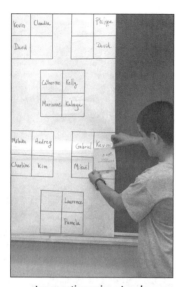

Le questionnaire « La place en classe » permet de tenir compte des préférences de l'élève quant au choix de sa place en classe.

8. L'enseignante enseigne aux élèves que des conséquences désagréables, telles que convenues au préalable, découleront de leurs comportements inadéquats.

9. Selon Dreikurs et Cassel, une période de 30 minutes devrait être allouée à la discussion. C'est une méthode préventive qui permet de trouver des solutions aux problèmes de gestion de classe. La discussion de groupe aide les élèves à se comprendre eux-mêmes et à comprendre les autres. Les thèmes peuvent varier. Il peut s'agir d'événements agréables récents ; de façons de s'améliorer au cours d'une semaine ; de problèmes personnels ; de responsabilités ; de plans futurs, etc.

Prendre sa place en classe

Le climat de classe peut aussi être affecté par la place que chacun occupe dans la classe. Certaines enseignantes ont développé des habitudes à cet égard. Elles organisent la classe à leur manière tandis que d'autres sont plus souples et prennent en compte les idées de leurs élèves.

Tout comme les indications que vous avez obtenues au questionnaire 2.1, vous vous situez sur un continuum représentant un degré de pouvoir sur vos élèves. Le questionnaire 2.2, « La place en classe, version enseignant » (Girard et Chalvin, 1997 : 179-182)[3], vous aidera à découvrir vos habitudes pour cet élément de la gestion de classe.

 QUESTIONNAIRE 2.2

La place en classe, version enseignant (Girard et Chalvin, 1997 : 179-180)

Répondez par oui ou par non à chacun des énoncés.	OUI	NON
1. J'impose des places en classe.	●	●
2. Je place les élèves suivant l'ordre alphabétique.	●	●
3. Placer mes élèves me permet de mieux les surveiller.	●	●
4. Je n'aime pas qu'on m'impose une place, donc je ne place pas mes élèves.	●	●
5. À mon avis, il n'y a pas de loi dans le choix de la place en classe par les élèves, on trouve des agités, des démotivés et des tricheurs à toutes les places.	●	●
6. J'enseigne derrière mon bureau entre mon matériel et le tableau.	●	●
7. Dans la classe, comme chaque élève a sa place, je reste à la mienne.	●	●

(suite p. 45)

---

3. Girard, V. et Chalvin, M.J. (1997). *Un corps pour comprendre et apprendre*. Paris : Nathan, p. 179-182. Les questionnaires 2.2 et 2.3 ont été reproduits avec l'aimable autorisation de l'éditeur.

	OUI	NON
8. J'aimerais imposer une place à chacun mais je n'ose pas le faire.	●	●
9. Je change les places à date régulière et je l'annonce d'avance.	●	●
10. Je me méfie des élèves qui choisissent le fond de la classe, ils sont souvent cause d'ennuis.	●	●
11. Placer les élèves me permet d'obtenir le calme.	●	●
12. Je manque d'organisation et je n'arrive pas à placer les élèves en classe.	●	●
13. Je circule beaucoup dans la classe.	●	●
14. À mon avis, les élèves n'aiment pas que l'enseignante circule dans la classe.	●	●
15. Les élèves qui se placent en avant de la classe sont des travailleurs qui souhaitent réussir.	●	●
16. Imposer une place à l'élève, c'est nuire à sa liberté.	●	●
17. J'accepte de changer un élève de place à sa demande.	●	●
18. Placer mes élèves me facilite la vie.	●	●
19. J'évite de les placer, je suis distrait, j'oublie de les rappeler à l'ordre.	●	●
20. Quand je fais un contrôle, je m'amuse à observer les changements de place.	●	●
21. J'aimerais circuler dans la classe mais j'ai peur que les élèves fassent des bêtises.	●	●
22. Quand je m'assieds à côté d'un élève, il est surpris mais il apprécie généralement.	●	●
23. L'avantage du plan de classe, c'est de repérer très vite les agités et de les empêcher de détruire l'ambiance de la classe.	●	●
24. J'ai toujours le plan de classe sous les yeux et je veille à ce que les élèves le respectent.	●	●
25. Les élèves ont le droit de changer de place d'un cours à un autre. Ils sont sensibles à l'ambiance ou au voisinage et je respecte ça.	●	●
26. Placer les élèves me permet de mémoriser rapidement les noms et les prénoms.	●	●
27. Ceux qui imposent une place à leurs élèves sont rigides et comprennent peu les élèves.	●	●
28. Je m'assieds souvent au fond de la classe quand j'interroge un élève au tableau, ça les impressionne. Je les surveille mieux !	●	●
29. Bouger dans la classe me permet de voir les élèves sous un autre aspect et la classe sous un autre angle. C'est instructif.	●	●
30. Je ne supporte pas l'idée de surveiller l'endroit où s'installe un élève.	●	●

Girard et Chalvin (1997) proposent cette façon d'interpréter vos réponses au questionnaire 2.2. Parmi les séries de chiffres qui suivent, entourez ceux pour lesquels vous avez répondu oui. Vous aurez ainsi un aperçu de votre style pour gérer les places en classe.

Si vous avez répondu **oui** aux questions : **3-6-7-10-14-15-23-24-28**
Vous manquez de décontraction et votre style, très directif, impose aux élèves une immobilité et une tension corporelle sans doute excessive pour beaucoup d'entre eux. Donnez-leur un peu plus de liberté, ils ne vous envahiront pas et seront plus réceptifs à ce que vous leur enseignez.

Si vous avez répondu **oui** aux questions : **1-2-5-9-11-17-18-20-22-26-29**
Vous permettez aux élèves de vivre dans un climat de sécurité en classe sans trop de contraintes corporelles. Vous instaurez un bon climat et une ambiance favorable au travail.

Si vous avez répondu **oui** aux questions : **4-8-12-13-16-19-21-25-27-30**
Interrogez-vous sur les limites que vous instaurez dans la classe et sur celles que vous installez entre vous et vos élèves. Ils risquent de se lasser par l'absence de lois claires... Attention aux contradictions et aux doubles liens !

Le questionnaire 2.2 concerne votre style de gestion en classe. Il ne s'agit pas d'un test. Si vos réponses sont réparties dans les trois catégories de la grille d'interprétation, considérez ces observations comme une manière d'amorcer une réflexion.

Dans le cas où votre groupe d'élèves serait ouvert et disposé à faire un exercice de réflexion, Girard et Chalvin (1997) suggèrent de demander aux élèves de répondre à votre place. Pour ce faire, il s'agit d'effectuer la version pour l'élève, proposée dans le questionnaire 2.3. Les élèves vous révéleront ainsi l'image qu'ils ont de vous. C'est une autre manière de réfléchir sur le système relationnel dans la classe.

Ce questionnaire, soumis au début de l'année par l'enseignante titulaire, permet de repérer les habitudes des élèves, leur notion de territoire et leur besoin de limites autant que de comprendre les valeurs qu'ils attachent aux places dans la classe. Soumettez aux élèves le questionnaire qui suit, accompagné du plan de classe où la place de chacun d'entre eux est identifiée par un numéro.

Le questionnaire 2.3, « La place en classe, version élève », doit être adapté au plan de la classe ou au niveau des élèves (primaire, secondaire, collégial, etc.). Au primaire, certaines classes possédant plusieurs coins bien définis, l'enseignante est en mesure d'orienter son questionnaire vers les coins où se déroule chaque activité proposée :

- l'endroit où je me place quand je lis individuellement ;
- l'endroit où je me place quand je travaille ;
- l'endroit où je me place quand je fais des activités (bricolage ou autres) ;
- l'endroit où je me place quand j'ai envie de me détendre.

QUESTIONNAIRE 2.3

1. Répondez aux questions en indiquant le (ou les) numéro (s) des places correspondant au plan :

- Les meilleures places sont : À ton avis : n° _____ Selon l'avis de tes enseignantes : n° _____
- Les moins bonnes places sont : À ton avis : n° _____ Selon l'avis de tes enseignantes : n° _____
- Quelle est ta place préférée : n° _____
- Quelle est la place que tu détestes le plus : n° _____
- Quelle est la place où tu travailles le mieux : n° _____
- Est-ce que tu aimes changer de place ? (Mets une croix dans la case de ton choix.) oui ☐ non ☐
- Est-ce que tu préfères... (mets une croix dans la case de ton choix)
  - les enseignantes qui imposent une place en classe ☐
  - les enseignantes qui laissent les élèves libres de choisir leur place à chaque cours ☐

2. Pour quelles raisons a-t-on envie de changer de place ?

(Mets une croix devant les raisons qui t'ont poussé à vouloir changer de place.

Plusieurs réponses sont possibles.)

☐ être près de mon enseignante   ☐ être devant le tableau

☐ travailler   ☐ écouter

☐ me faire entendre   ☐ être à côté de la porte

☐ être à côté de la fenêtre   ☐ voir la classe

☐ voir mon enseignante   ☐ avoir chaud

☐ avoir de l'air   ☐ éviter un copain

☐ j'en veux à mon voisin   ☐ je suis nul dans cette matière

☐ je suis fort dans cette matière   ☐ je ne veux pas me faire repérer

☐ on va faire une activité qui ne m'intéresse pas   ☐ il va y avoir un contrôle

☐ je n'aime pas mon enseignante   ☐ j'aime bien mon enseignante

☐ je veux me reposer (je ne suis pas en forme)

L'enseignante qui tient à connaître l'opinion de ses élèves sur la place en classe pourra utiliser les réponses au questionnaire « La place en classe, version élève » afin d'adapter le plan de classe (changement de tables et de chaises) ; elle évitera de placer autoritairement les élèves ou, au contraire, elle les placera si la demande est forte et que le changement semble garantir une sécurité plus grande ; elle condamnera une place jugée indésirable par la majorité (si les tables sont par ailleurs assez nombreuses). L'enseignante apprend beaucoup sur la socialisation des élèves et sur leurs conceptions grâce à ce questionnaire. Toutefois, il ne faut jamais oublier que tout instrument, aussi pertinent soit-il, comporte des limites.

DÉVELOPPER UN ESPRIT DE GROUPE ET D'ÉQUIPE

Une fois que chaque élève a fait connaissance et trouvé sa place en classe, une dynamique de groupe et un climat de classe commencent à se créer. Il s'agit ensuite de travailler à instaurer un esprit de groupe et d'équipe. Cet aspect est considéré comme essentiel au processus d'apprentissage dynamique et collaboratif, basé sur la participation et le dialogue entre individus. Un esprit de groupe et d'équipe entre les élèves favorise les échanges de propos, le partage, l'entraide et la confrontation des idées, tout en développant une vraie communauté d'apprentissage au sein de laquelle ils apprennent ensemble (Wenger, 1998). Quelques exemples tirés et adaptés des livres d'Abrami *et al.* (1996) et de Howden et Martin (1997) sont proposés pour former des équipes et instaurer certaines routines professionnelles lors des premières semaines de classe. Nous développons dans les pages qui suivent quelques-unes de ces activités sous la forme de contrat d'une tâche d'apprentissage.

Former des équipes

Pour amener les élèves à coopérer et à collaborer, il faut former des équipes et faire travailler les élèves ensemble. Quelles caractéristiques vais-je retenir pour former ces équipes ? Vais-je former des équipes homogènes ou hétérogènes ? Quelle technique ou quel critère vais-je utiliser pour grouper les élèves ? Combien d'élèves doit-il y avoir par équipe ? Ces questions sont d'une extrême importance car, au moment de former des équipes, certains élèves peuvent se sentir mal à l'aise ou rejetés par leurs pairs (Évangéliste-Perron, Sabourinet Sinagra, 1995).

Former des équipes en groupant les élèves est donc une tâche qui demande temps et réflexion. Il ne suffit pas d'inviter les élèves à se placer ensemble pour qu'ils se mettent à coopérer et à collaborer. Généralement, la formation des équipes se fait de trois façons : 1. aléatoire ou au hasard, à partir de critères précis, souvent externes aux élèves (cartes de jeux, lettres, numéros, mots, couleurs, symboles, etc.) ; 2. libre, lorsque les élèves se choisissent eux-mêmes ; et 3. imposée, lorsque c'est l'enseignante qui forme les équipes à partir de critères tenant compte des caractéristiques des élèves (notes scolaires, compétences, sexe, origines culturelles, intérêts, etc.). Ces différentes manières de former les équipes donnent des compositions homogènes ou hétérogènes.

Il existe plusieurs types de groupements ou d'équipes. Le premier est sans aucun doute le groupe-classe. Il est inexistant au départ et se forme progressivement au fil des jours, créant ainsi son historicité. Une classe est un groupe d'interactions directes, car ses membres ont une influence les uns sur les autres et les normes qui s'y développent exercent une action sur eux ; c'est aussi un groupe de travail et non un groupe ludique ; un groupe formel parce que les membres ne se sont pas choisis et que la structure est imposée par l'institution.

En bref, un groupe-classe est un ensemble d'élèves obligatoirement groupés selon certains critères scolaires et chacun d'eux nourrit des objectifs différents en classe. Il revient à l'enseignante d'être attentive afin de diriger subtilement la consolidation du groupe-classe en canalisant les énergies de chacun, en créant un but commun, celui d'apprendre et de réussir, et en construisant l'historicité des événements vécus en classe.

Un deuxième type de groupement est celui de dyades informelles : une équipe de deux élèves se forme spontanément, souvent influencée par la proximité des bureaux, pour effectuer un travail. Par la suite, ces dyades peuvent s'intégrer à une autre dyade pour réaliser une mise en commun des apprentissages en équipe de quatre. Il n'y a pas de nombre idéal pour former une équipe. Cependant, dans une équipe de plus de quatre élèves, la participation individuelle devient plus difficile à gérer.

Il y a aussi le groupement permanent mis en place dès le début de l'année, généralement formé de quatre élèves, qu'on appelle « équipe de base ». Par exemple, quand les élèves entrent en classe, ils retrouvent leur équipe de base. Jones et Jones (1998) définissent l'équipe de base comme un groupement de quatre élèves qui s'entraident pendant une étape ou une année scolaire. Tel un groupe coopératif, l'équipe de base est hétérogène par rapport aux résultats scolaires de ses membres, au sexe et aux origines culturelles. Travailler sous forme d'équipes de base est une façon d'augmenter la collaboration entre les élèves.

Parfois, les équipes de base se défont pour former des équipes d'experts sur un sujet précis, chaque équipe détenant alors une information que nulle autre ne connaît. Parfois, un membre de chacune de ces équipes d'experts se joint à un panel ou à une table ronde de super experts afin de communiquer au grand groupe l'information qu'il détient. Ce fonctionnement appartient à l'activité coopérative « Casse-tête » ou « Jigsaw ». Les élèves reviennent en équipe de base à la fin de l'activité et font une mise en commun (voir page 57).

Une dernière catégorie d'équipe dite « de controverse » est celle qui répartit le groupe-classe en deux équipes : les pour et les contre. L'équipe de controverse (Mathieu, 2003) est utilisée dans les stratégies de débat ou de combat lorsque le groupe-classe se divise en deux équipes égales qui débattront ou se mesureront entre elles sur un sujet donné.

En d'autres occasions, l'enseignante groupe elle-même les élèves en fonction de leurs caractéristiques, de la tâche à effectuer ou du sujet à étudier. Elle pourra former des équipes homogènes ou hétérogènes.

À propos...

L'historicité

En pédagogie, l'historicité est composée des événements affectifs, émotifs et singuliers qui se déroulent durant l'année en classe. L'enseignante se doit d'en créer dès le début de l'année scolaire, peu importe le niveau d'enseignement, dans le but de construire sa dynamique de groupe.

Les équipes de travail sont souvent hétérogènes car la diversité enrichit l'équipe : plus les élèves sont différents, plus grande est l'interdépendance positive.

Des équipes homogènes sont parfois formées en vue de participer à des activités ponctuelles, en fonction de critères précis. Une équipe homogène est composée d'élèves ayant des forces ou des caractéristiques semblables : sexe, matière scolaire, rendement scolaire, intérêts, etc. D'autres critères tels que le travail sur un thème choisi, une période d'histoire, un aspect d'un projet, un choix de tâche ou autres peuvent servir à former des équipes homogènes. En général, l'enseignante fait une utilisation judicieuse de l'homogénéité pour éviter, entre les équipes, toute discrimination se fondant sur la langue, l'ethnie, les compétences, les milieux socioéconomiques, etc. À cet effet, un modèle idéal d'interaction dans une équipe est celui qui présente une grande diversité sur le plan des habiletés, des intérêts et des savoirs des élèves : « Cela veut dire qu'il n'existe pas de différences dans la capacité de contribuer aux tâches. » (Cohen, 1994 : 37)

En résumé, la catégorie d'une équipe ou d'un groupe (dyade, triade, équipe de base, d'experts, de controverse, groupe-classe) se définit par sa dimension (2, 3, 4... groupe-classe), sa composition de type homogène ou hétérogène, et son mode de formation libre, imposée ou aléatoire selon le but visé pour l'apprentissage. Il est recommandé de structurer le travail d'équipe et coopératif de façon progressive, c'est-à-dire d'organiser la structure du travail en paliers d'escalier.

FIGURE 2.1

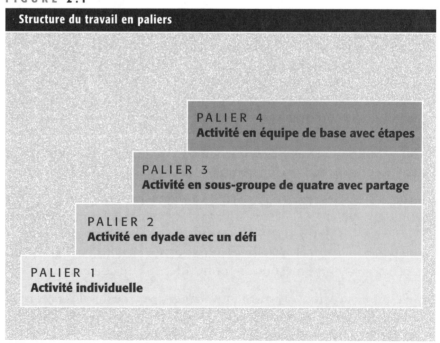

Structure du travail en paliers

PALIER 4
Activité en équipe de base avec étapes

PALIER 3
Activité en sous-groupe de quatre avec partage

PALIER 2
Activité en dyade avec un défi

PALIER 1
Activité individuelle

Comme le mentionne Gwynn-Paquette (2006), l'apprentissage d'une approche pédagogique, par exemple le travail d'équipe ou coopératif, n'est pas une entreprise facile, même pour les enseignantes expérimentées. Plusieurs compétences étant sollicitées, il faut planifier rigoureusement chaque étape du travail, les déplacements et le temps alloué pour assurer une gestion de classe qui favorise la réussite des apprentissages. Il y a donc avantage à commencer progressivement avec des groupes motivés qui ont à effectuer des tâches signifiantes.

Enseigner les rôles dans une équipe

L'enseignante explique aux élèves les rôles jugés essentiels au bon fonctionnement de chaque équipe ou à la réalisation d'une tâche. Chaque élève a une responsabilité précise dans la réalisation d'une tâche d'apprentissage et doit faire sa part pour atteindre l'objectif de l'activité. L'enseignante peut par exemple modéliser le type de communication respectueuse à utiliser : « ton idée est bonne, mais j'ajouterais que... », « ta solution est intéressante, mais est-ce que tu peux la simplifier ? », etc. Elle encourage la considération inconditionnelle de l'autre. Elle explique comment le non-verbal contribue ou non à faire avancer le travail du groupe. L'enseignante veille à organiser une rotation des rôles au sein de chaque équipe afin que chaque élève développe des compétences et soit en mesure de choisir un rôle parmi ceux qui sont reliés directement à la tâche d'apprentissage et au fonctionnement de l'équipe. Cela permet également la répartition du pouvoir entre les élèves ainsi qu'une reconnaissance de soi par les autres.

Rôles liés directement à la tâche d'apprentissage :
- porte-parole, rapporteur ou afficheur : rapporte, expose ou affiche les résultats de son équipe au groupe-classe et justifie l'idée de son équipe ;
- secrétaire, scripteur, scribe ou gratte-papier : prend des notes et rédige le compte rendu ;
- bricoleur, colleur, correcteur, découpeur, messager ou responsable du matériel : s'occupe de l'organisation matérielle du travail, apporte ou rapporte le matériel ;
- relationniste : pose des questions à l'enseignante et rapporte les réponses à son équipe.

Rôles liés au fonctionnement de l'équipe :
- observateur ou scrutateur : observe, compile et comptabilise des faits observables, présente ses observations à l'équipe ou à la classe lors de la mise en commun et note les progrès de l'équipe ;
- vérificateur : vérifie le travail à chaque étape, conserve les productions de l'équipe, vérifie la compréhension de chacun et si tout le monde est d'accord ;

Clic et déclic

Le concept de « grouping »

Pour approfondir le concept de « grouping », consultez *Analyse de la relation pédagogique en termes de négociation*, de Van Der Maren (1987). Cet auteur présente une interprétation historique de la classe comme groupe, les objectifs du groupe-classe, le concept de leadership, les interactions et les rôles des élèves dans un groupe-classe, les normes et la cohésion du groupe, l'évolution, la stabilité et le changement du groupe, de même qu'une excellente démonstration de la technique du sociogramme.

- chronométreur ou gardien du temps : gère le temps, suggère une répartition du temps, annonce les délais ;
- animateur, modérateur ou facilitateur : responsable du climat, encourage, félicite et tente d'éviter les conflits en suggérant des pistes de solution, lit et rappelle les consignes, fait respecter les rôles de chacun, donne les droits de parole, fait des liens entre les idées émises, etc.

Ces deux catégories de rôles font souvent l'objet de l'évaluation du travail d'équipe. La grille 2.3 peut servir de modèle d'évaluation à cet effet.

GRILLE 2.3 - ÉVALUATION DES RÔLES DANS UNE ÉQUIPE

Nom : _____ Titre du projet ou de la tâche et date : _____

Nom des coéquipiers : _____

1. Évaluation individuelle du fonctionnement de l'équipe et des habiletés sociales
(une page environ par coéquipier) portant sur les points suivants :

- rythme de travail, présence aux rencontres ;
- collaboration entre les membres de l'équipe ;
- répartition des tâches ou distribution égalitaire des tâches ;
- prise en compte des idées de chacun, écoute et respect ;
- prise de décision et négociation : respecter la majorité lors d'un conflit entre les membres de l'équipe ;
- ce que j'ai appris... si c'était à refaire... suggestions pour améliorer ce travail.

2. Évaluation des rôles en équipe

Mon nom : _____	Responsabilités (tâches)	Évaluation (cochez la lettre)		
Nom des coéquipiers		**A**	**B**	**C**
A = Mieux que moi B = Comme moi C = Moins bien que moi				
Commentaires sur chaque équipier :				

L'évaluation individuelle, comparée à l'évaluation des membres de l'équipe, permet de pondérer la note finale par l'enseignante. En effet, l'enseignante peut répartir les points alloués au travail plus équitablement lorsque l'élève spécifie lui-même qu'un pair a mieux contribué ou moins bien que lui. L'enseignante qui utilise cette procédure reçoit moins de récriminations de la part des élèves en regard du partage des notes. Cette stratégie est régulièrement utilisée par les formateurs universitaires pour évaluer des projets d'équipe, à long terme, entre autres en ingénierie.

Orienter le travail d'équipe

Après la formation des équipes et l'enseignement des rôles, il faut travailler à créer un climat propice au travail d'équipe en incitant les élèves à se connaître pour développer la confiance au sein des équipes. Les normes et les habiletés de la classe traditionnelle ne conviennent plus. Les élèves doivent apprendre à travailler ensemble. Toutefois, initier les élèves à bien travailler en équipe est une autre tâche complexe pour l'enseignante. Pour y parvenir, elle peut mettre en place des activités qui invitent les élèves à la coopération, consolident l'esprit d'équipe ou les amènent à connaître les principales étapes du déroulement d'une tâche coopérative. Les éléments suivants sont des clés essentielles au travail d'équipe et coopératif :

- la progression par paliers
- la communication féconde et respectueuse :
  — l'explicitation des attitudes
  — le registre de langue
  — la confiance
- les premiers succès
  — la simplicité, les transitions, le partage des rôles, les tâches signifiantes

Note sur les activités 2.3 à 2.5

Les activités 2.3 à 2.5 visent à orienter le travail d'équipe et à consolider l'esprit d'équipe.

Objectif :
Développer l'entraide et la sensibilité aux besoins des élèves d'une même équipe.

Mode de groupement et critère de formation :
Équipes de 4 formées à partir des couleurs des coupons.

Aménagement spatial et matériel :
Nombre d'îlots de 4 bureaux selon le nombre d'élèves et le nombre de séries de 4 coupons d'une même couleur, identiques aux couleurs des 4 enveloppes déposées sur chacun des îlots ; placer trois pièces d'un même cercle coloriées sur un côté dans chacune des enveloppes ; un transparent avec un crayon délébile ; la fiche-activité 2.3.

Déroulement et consignes (± 10 min) :
• Distribuer 4 enveloppes à chaque équipe ; attendre le signal pour ouvrir son enveloppe ; placer les pièces devant soi, le côté colorié sur le dessus.
• Former en équipe 4 cercles en plaçant une pièce à la fois dans la main ou à côté des autres pièces d'un coéquipier.
• Jouer sans parler, sans faire de signe et sans placer une pièce dans le cercle d'un autre coéquipier.
  Le jeu est terminé quand tous les élèves d'une même équipe ont formé les 4 cercles.
• Évaluer le fonctionnement de son équipe en répondant aux questions de la fiche-activité 2.3.

Mise en commun (± 10 min) :
Le rapporteur de chaque équipe présente sur un transparent les réponses de son équipe. Pendant l'écoute, chacun valide ses réponses sur sa fiche-activité 2.3. Une fois l'activité terminée, l'enseignante revient sur les comportements qui ont facilité le déroulement de l'activité et d'autres qui ont ralenti sa réalisation. Ainsi, les élèves prennent conscience des conséquences de leurs gestes sur le fonctionnement de l'équipe.

Les comportements facilitateurs du travail en équipe

Fiche-activité 2.3

Quel objectif était visé par cette activité ?

Quels sont les comportements de vos coéquipiers qui ont aidé à former vos cercles ? Ceux qui ont nui à leur réalisation ?

Comportements facilitateurs	Comportements nuisibles

Si c'était à refaire, que pourriez-vous faire de mieux ou que corrigeriez-vous ?

---

4. Adaptation des activités « Carré coupé », p. 902, vol. 3 (résoudre un problème en silence) ou « Cercle dans un carré », p. 1298, vol. 4 (compétition/coopération) de Pfeiffer et Jones (1982).

Objectif :
Favoriser la consolidation du groupe de base. Communiquer ses goûts, ses intérêts, ses préférences aux membres de son équipe.

Mode de groupement et critère de formation :
En équipe de base.

Aménagement spatial et matériel :
Nombre d'îlots de 4 bureaux selon le nombre d'équipes de base ; une fiche-activité 2.4 par élève.

Déroulement et consignes (± 8 min) :
• Choisir le sujet d'échange du jour à l'ouverture de la classe, à tour de rôle, par équipe.
• Écrire, dès la première utilisation de sa fiche-activité 2.4, dans la colonne de gauche, son nom et celui de ses coéquipiers et, dans la deuxième case de la première rangée du haut, le sujet d'échange retenu.
• Chacun écrit ce qu'il pense du sujet retenu sur la ligne correspondant à son nom.
• En équipe, à tour de rôle, chacun exprime son opinion sur le sujet ; les autres écoutent puis écrivent vis-à-vis du nom de l'élève qui vient de parler ; des questions peuvent être posées dans le but de mieux connaître l'élève qui s'est exprimé. Il en va de même pour chacun des membres de l'équipe.
• Échanger des observations en équipe sur les ressemblances et les différences de points de vue entre coéquipiers.

Mise en commun (± 2 min) :
L'enseignante recueille les observations du groupe en posant quelques questions. Échange informel.

Remarque :
Reprendre cet exercice pendant plus ou moins 10 minutes chaque matin au cours des premières semaines de classe, puis espacer peu à peu jusqu'à ce que les équipes soient bien consolidées.

Fiche-activité 2.4

Sujet du jour				
Nom des coéquipiers	**Sujet du jour : groupe de musique préféré**			
Michel	Beatles			
Céline	Rolling Stones			
Claudine	Abba			
Janic	Beau Dommage			

---

5. Adaptation des activités « Chasse à la personne » de Howden et Martin (1997 : 41) et « Groupe de base » d'Abrami, Chambers, Poulsen, De Simone, D'Apollonia et Howden (1996 : 70).

L'activité 2.5, intitulée «Réflexion – Échange – Partage» (REP), présente le déroulement typique d'un travail d'équipe : les élèves sont invités à travailler individuellement, puis en équipe, et terminent en groupe-classe par une mise en commun. Ainsi, tous les modes de groupement sont mis à contribution pendant la réalisation d'une même tâche d'apprentissage. Cette activité est particulièrement intéressante parce qu'elle accorde une place importante au travail individuel lorsque chaque élève est invité à faire sa part. L'apport individuel de chacun crée l'interdépendance positive essentielle à la réalisation d'un vrai travail en équipe. L'enseignante pourra utiliser le travail individuel comme objet d'évaluation pendant la période d'initiation au travail d'équipe jusqu'à ce que l'élève soit suffisamment responsabilisé à l'importance de sa participation dans l'équipe.

Activité 2.5 Réflexion – Échange – Partage (REP) [6] — Durée : variable

Objectifs :
Encourager l'élève à participer, à exprimer son opinion sur un sujet devant les autres élèves. Créer un sentiment d'appartenance à l'équipe et au groupe. Développer l'estime de soi.

Modes de groupement et critères de formation :
Individuel, dyade imposée à partir du mois de naissance, groupe-classe.

Aménagement spatial et matériel :
Nombre d'îlots de 2 bureaux et nombre de séries de noms des mois selon le nombre d'élèves ainsi que les dates de naissance de chacun des élèves ; un sujet ouvert et signifiant pour les élèves ; grand carton ou tableau ; feuille de papier (8½ X 11) ; crayon.

Déroulement et consignes :
- L'enseignante pose une question au groupe sur un sujet ouvert et signifiant pour lui.
- Chaque élève y réfléchit individuellement. Il résume ses idées sur la feuille (8½ X 11).
- En dyade : chaque élève retrouve un camarade dont le mois de naissance est le même et partage ses idées.

Mise en commun :
En groupe-classe, un membre de chaque dyade exprime ses idées à la classe ou va écrire ses réflexions au tableau ou sur un grand carton prévu à cet effet par l'enseignante.

Variantes :
Pense-Pair-Carré (Gwynn-Paquette, 2006 : 56) [7].
L'enseignante pose une question, demande de résoudre un problème ou lance un défi.
Chaque élève, individuellement, recherche une solution et écrit le fruit de ses réflexions. Il communique ses idées et ses suggestions à son voisin et en discute avec lui. Tous deux s'entendent sur une solution. Ils proposent leur solution en grand groupe. Ce partage d'idées peut s'étendre à des groupes de quatre ou de huit.
OU
PPP (penser, pairer, partager) : les trois P de Mathieu (2003) [8].
Penser individuellement à un sujet donné.
Se pairer avec un élève pour communiquer le fruit de ses réflexions.
Partager ses idées en groupe-classe.

6. Adaptation de l'activité «Réflexion-Discussion-Communication» d'Abrami, Chambers, Poulsen, De Simone, D'Apollonia et Howden, J. (1996 : 61).
7. Gwynn-Paquette, C. (2006 : 56). Apprendre l'approche coopérative pour répondre à une clientèle étudiante multiculturelle : qui peut aider ? *In* Mujawamariya, D. (dir.), *L'éducation multiculturelle dans la formation des enseignants au Canada : dilemmes et défis* (49-76). Bern : Peter Lang.
8. Mathieu, C. (2003). *Vivre la coopération*. Montréal : Activité régionale de réflexion et de partage sur la réforme au secondaire.

L'activité 2.5 peut être transformée en routine d'entrée en classe. Chaque dyade se joint à une autre dyade et lui communique le fruit de ses réflexions. Vallières (1999) remplace le sujet d'échange par une question posée aux élèves. Puis, au fil des jours, les élèves répondent à la question qui leur est soumise en ouverture de classe. Cette routine, appelée « routine de la relation avec les élèves », devient peu à peu un temps de discussion au début de chaque journée de classe. L'auteur constate que « le cours est beaucoup plus facile à donner, l'écoute est plus active et les élèves ne craignent pas de m'interrompre pour poser des questions » (Vallières, 1999 : 27).

Les groupements peuvent être utilisés pour instaurer une dynamique d'apprentissage entre les élèves. Deux dyades, par exemple, peuvent se réunir pour résumer à tour de rôle le contenu enseigné.

Une autre façon d'enseigner aux élèves à apprendre en coopérant est l'activité « boule de neige ». Les élèves, regroupés en équipes de quatre, doivent faire en sorte que chacun puisse maîtriser le contenu à l'étude. Par la suite, chaque membre de l'équipe explique aux autres membres, oralement ou à l'aide d'une fiche, les notions qu'il a travaillées. Cette activité peut se réaliser sous forme de rallye de la matière, de jeu de rôles, de production d'affiches, etc.

L'activité « Jigsaw », qui adopte différents noms selon les auteurs, tels que « puzzle », « racine carrée », « équipes reconstituées », « casse-tête d'expertise », est un autre moyen d'entraîner les élèves à la coopération. Il s'agit de grouper les élèves en équipes de base. Chaque élève d'une même équipe reçoit et examine de la documentation différente sur une partie des connaissances à construire. Après une durée prédéterminée, des équipes d'experts sont formées au sein desquelles se retrouvent les élèves qui ont tous lu le même texte. Leur tâche consiste à bien comprendre les notions et à trouver une manière de les enseigner aux membres de leur équipe de base. Une fois les équipes d'experts bien préparées, toujours selon une durée prédéterminée, chacun retourne dans son équipe de base et explique à ses coéquipiers ce qu'il a compris de la matière à l'étude. À la fin de l'activité d'apprentissage, tous les membres devraient en maîtriser les notions. Par la suite, l'enseignante vérifiera la qualité des apprentissages.

Enfin, une dernière série d'activités, proposées par Dubois (1993), prend en compte l'accueil des élèves dès le début de l'année. L'auteur s'est inspiré des travaux de Glasser (1965) et Gossen (1997) pour établir une relation entre l'autorité dite « scolaire » et la non-violence. Pour lui un encadrement non violent consiste à voir en chaque élève une personne unique capable de développer son individualité. Dubois utilise son pouvoir d'influence (voir chapitre 1, page 12) et non la coercition pour mettre en place un système démocratique de gestion de classe au sein duquel l'élève est responsable de ses actes. Cette forme de gestion passe par la création d'un climat de classe qui respecte la dignité de l'élève. Il prévoit un temps d'échange de points de vue avec les élèves qui éprouvent des difficultés et des discussions sur des sujets d'actualité.

Pour créer ce climat, Dubois (1993) planifie soigneusement ses cinq premières rencontres avec ses élèves. Dès leur arrivée en classe, il prévoit des activités leur permettant de faire connaissance. En s'inspirant de l'approche de Dubois (1993), nous suggérons l'approche qui suit.

- Première rencontre : présentations de part et d'autre en utilisant la « Carte d'identité » ou d'autres activités permettant aux élèves de mieux se connaître entre eux et de faire la connaissance de leur enseignante (voir page 36).
- Deuxième rencontre : l'enseignante précise ses attentes, ses droits et devoirs ainsi que ses limites. Elle invite les élèves à en faire autant en proposant des activités suggérées à la page 153.
- Troisième rencontre : dans un climat démocratique où enseignante et élèves conviennent ensemble des règles de la classe en fonction de leurs attentes respectives et en tenant compte des conséquences d'une infraction à ces règles, l'enseignante demande la collaboration des élèves à l'aide de l'activité 5.2, « Graffiti de la rentrée », page 157.
- Quatrième rencontre : l'enseignante met en place des routines et des procédures visant l'organisation au quotidien ; l'enseignante se sensibilise aux routines professionnelles (voir activité 4.1, page 123) et se sert de ces routines au besoin.
- Cinquième rencontre : l'enseignante invite l'élève à examiner ses capacités, sa motivation, son estime de soi ou ses stratégies d'apprentissage. Cette prise de conscience peut se faire au moyen de petits tests ou de l'activité 2.6, « Mon autoportrait » (voir page 59).

Tout au long de ces cinq premières rencontres, l'enseignante intéresse l'élève au contenu et à l'utilité de ses disciplines par divers moyens, par exemple une carte des concepts de son ou ses programmes disciplinaires, des témoignages de spécialistes ou de parents, des échanges, des démonstrations, des documents d'actualité, de grands reportages et ainsi de suite.

L'activité 2.6 peut être réalisée sous forme de projet durant le premier mois de classe. Pour la mise en commun, la classe est transformée en galerie d'exposition des autoportraits des élèves d'un groupe ou de tous les groupes d'un même niveau-cycle.

Activité 2.6   Mon autoportrait

Durée : ± 1 mois

Objectif :
Amener l'élève à se définir comme apprenant. Plus spécifiquement, lui faire prendre conscience de son style et de ses stratégies d'apprentissage.

Modes de groupement et critère de formation :
Individuellement ; grand groupe.

Aménagement spatial et matériel :
Revues ; grande feuille-conférence ou ordinateur doté du logiciel PowerPoint.

Déroulement en trois phases et consignes :

A Phase de cueillette de l'information :

1. Décrire « Ce que j'ai appris ou ce que j'apprends » :
   • les connaissances apprises à l'école durant chaque année scolaire ;
   • les connaissances apprises ailleurs (télévision, livres, échanges...) ;
   • comment j'utilise ces connaissances au quotidien.

2. Découvrir « Comment j'apprends » :
   • mon style d'apprentissage à l'aide d'un test pertinent [9] ;
   • mes stratégies d'apprentissage à l'aide d'un test pertinent [10].

B Phase de synthèse de l'information :

3. Synthétiser « Qui suis-je comme apprenant ? » :
   • mes réponses aux points 1 et 2 sur une seule page.

C Phase de communication :

4. Exposer son autoportrait :
   • un poster sur les murs de la classe ou un diaporama (PPT).

---

9. Par exemple, Fortin, G., Chevrier, J., Théberge, M., LeBlanc, R et Amyot, É. (2000). Le LSQ-Fa : une version française abrégée de l'instrument de mesure des styles d'apprentissage de Honey et Mumford. *Le style d'apprentissage* (Association canadienne d'éducation de langue française), XXIII (1), ou à l'adresse suivante : http://www.acelf.ca/c/revue/revuehtml/28-1/07-chevrier.html
10. Par exemple, le test LASSI (*Learning and Study Strategies Inventory*) de Weinstein, Palmer et Schulte (1987).

EN CONCLUSION

Tout ce chapitre repose sur la planification et l'organisation attentive des premières rencontres avec les élèves. Le premier contact de l'enseignante avec ses élèves ou son groupe-classe érige les fondations de son système de gestion de classe et le climat de confiance qui régnera au cours de l'année scolaire. Nous avons tenté de porter un nouveau regard sur certaines problématiques.

La première à laquelle l'enseignante doit faire face concerne la connaissance de l'environnement de sa classe. Il lui faut également faire la connaissance de ses collègues de travail de manière à pouvoir compter sur leur collaboration pour mieux connaître les us et coutumes du milieu. De plus, prendre connaissance du milieu socio-économique des parents et des élèves complétera la connaissance sociologique qu'elle doit avoir de l'environnement socioculturel et éducatif de son école d'affectation.

La deuxième problématique concerne la procédure à mettre en place pour établir des relations interpersonnelles de confiance entre elle et ses élèves et entre les élèves eux-mêmes en vue de créer un climat de classe propice aux apprentissages. L'enseignante doit déterminer les places dans la classe à partir des intérêts et des besoins des élèves, et organiser la composition des équipes d'apprentissage de manière à favoriser la coopération et la collaboration de chacun. Ensuite, nous l'invitons à examiner les types de groupement et leurs caractéristiques. Enfin, l'enseignante a intérêt à se rappeler les clés indispensables à un travail d'équipe ou de coopération fructueux. Ce sont entre autres la progression par paliers, la communication respectueuse et les premiers succès obtenus à partir de tâches signifiantes et simples. Omettre ces dimensions de planification et d'organisation pourrait nuire grandement à la mise en place d'une bonne gestion de classe. En ce sens, il lui faut accorder une grande importance à la prévention dès ses premiers contacts avec les élèves.

Exercices de réflexion et d'intégration

Second regard sur le style de gestion de classe

A Comparez les styles de gestion de classe qui se sont dégagés aux questionnaires 1.1 et 2.1. Pour ce faire, réfléchissez à vos façons de faire dans les situations suivantes :
- établir les règles de vie dans votre classe ;
- réagir au bruit ou au bavardage excessif en classe ;
- intervenir auprès d'un élève qui détruit du matériel, qui est en retard dans la remise des travaux ou qui produit un travail insatisfaisant.

En comparant vos réponses, où vous situez-vous par rapport aux trois approches disciplinaires ?
- interventionniste et directive, axée sur les règles et les conséquences ;
- non interventionniste, hésitation, contradiction axée sur une relation d'écoute ;
- interactionniste, axée sur la confrontation et la production de contrat.

B Examinez votre ou vos styles de gestion de classe en rapport avec le paradigme de l'apprentissage axé sur le développement de l'autonomie et de l'autoresponsabilisation de l'élève, valeurs actuelles de la société québécoise.

Pense-bête avant les premières rencontres avec les élèves

Parmi cet ensemble de tâches, cochez celles que vous faites régulièrement avant d'ouvrir votre classe en début d'année ou lors d'un contrat de remplacement de longue durée.

1. Se procurer le programme de formation de son ordre d'enseignement.
2. Se procurer la loi de l'instruction publique.
3. Se procurer le règlement sur le régime pédagogique de son ordre d'enseignement.
4. Se procurer la convention collective.
5. Obtenir la politique et les modes de fonctionnement de l'établissement scolaire.
6. Obtenir sa tâche d'enseignement et ses différentes responsabilités.
7. Rencontrer le personnel de soutien de l'établissement d'affectation.
8. Situer et visiter les endroits stratégiques de l'établissement d'affectation.
9. Recueillir de l'information sur les élèves de son ou ses groupes.
10. Répartir les contenus du programme de formation pour la première étape ou selon la durée du contrat.
11. Sélectionner les stratégies et les activités d'enseignement ainsi que les modalités d'évaluation pour la première étape du calendrier scolaire ou selon la date de début du contrat.
12. Valider sa planification auprès de ses collègues de même niveau.
13. Dessiner le plan de classe.
14. Établir les règles de vie de base.
15. Élaborer une politique des devoirs.
16. Élaborer une planification pour accueillir un suppléant dans sa classe.
17. Préparer la première rencontre de parents.
18. Établir les routines de base (déplacement en classe, respect et rangement du matériel).
19. Planifier l'accueil des élèves.
20. Initier les élèves au travail d'équipe.

Autres : _____

La planification de situations d'enseignement

 Intentions de gestion éducative

La lecture de ce chapitre permet :

• de gérer la planification d'une situation d'enseignement ;

• de saisir l'importance de la planification des transitions pour le déroulement d'une situation d'enseignement.

Peut-on imaginer un enseignant qui se présenterait devant un groupe d'élèves sans aucune préparation, sans même savoir ce qu'il aurait à leur dire ? Il est évident qu'une pareille improvisation susciterait des tentatives désordonnées qui ne mèneraient nulle part. Ce chapitre met l'accent, dans un premier temps, sur l'importance à accorder à certains facteurs contextuels qui influent sur la planification d'une situation d'enseignement : contenus à présenter, variation des stimuli, équilibre entre la participation de l'enseignant et celle des élèves, gestion de moments particuliers, aménagement et adaptation de l'espace et du matériel, dosage du temps d'apprentissage. Dans un deuxième temps, nous verrons l'importance des transitions dans la gestion de la planification et du déroulement des situations d'enseignement. Une activité de réflexion et d'intégration termine ce chapitre.

DÉFINITION DE LA PLANIFICATION DES SITUATIONS D'ENSEIGNEMENT

La connaissance du programme de formation par l'enseignant est essentielle. Toutefois, elle ne permet pas à elle seule d'atteindre les buts visés par le programme de formation. Pour y arriver, l'enseignant doit anticiper le fil des événements d'une période, d'une journée ou d'une semaine de classe. Nous avons été témoins de telles situations lors d'une étude sur l'insertion professionnelle des enseignants, au cours du stage probatoire. La direction d'un établissement scolaire avait besoin, au pied levé, d'un enseignant remplaçant pour enseigner la physique en 5e secondaire ; Léon, le novice choisi pour cette tâche, a dû se présenter sans avoir eu le temps de se préparer. Dans son récit d'expérience personnelle, il raconte avec amertume qu'il avait perdu deux semaines à réparer les pots cassés après ses premières rencontres avec les groupes d'élèves.

L'activité de la gestion de classe qui tend à systématiser la séquence des actions de l'enseignant dans le cadre spatiotemporel d'une salle de classe en vue de construire l'apprentissage, c'est la planification. La planification est comme une anticipation de l'action. Selon Schuman (1987), le contexte joue un rôle particulièrement important dans l'élaboration et la mise en œuvre de l'action. Ainsi, son point de vue se démarque-t-il de celui selon lequel la réalisation de l'action serait tout entière réglée par un plan d'actions préalable. Pour elle, l'objectif de la planification curriculaire quotidienne n'est pas de régler tous les détails de la situation d'indétermination, mais de placer l'acteur dans des conditions lui permettant d'utiliser efficacement ses habiletés ou ses compétences incorporées dont dépend son succès. Pour Schuman, l'anticipation des détails du cours de l'action dans l'interaction n'est pas possible avant que l'acteur n'atteigne un certain point de son action. Dans cette conception, l'acteur, l'activité et le groupe se constituent chacun réciproquement (Lacourse, 2004).

DES FACTEURS CONTEXTUELS DE GESTION

Certains facteurs liés aux situations dans lesquelles se déroule l'enseignement jouent un rôle primordial dans la gestion de la planification d'une situation d'enseignement : ce sont les caractéristiques des élèves, la discipline enseignée, les compétences visées, les activités d'enseignement, le matériel didactique et la gestion du temps. Parmi ces facteurs, l'enseignant prend d'abord en considération la discipline, le matériel didactique et la gestion du temps, puis, en deuxième lieu, les intérêts et les aptitudes des élèves. Ce n'est qu'en troisième lieu qu'il tiendra compte des compétences, de sa philosophie de l'éducation et des activités d'enseignement et d'évaluation (Worsham, 1983). Bien que cet énoncé soit une réalité, la difficulté du métier consiste à être sur tous les axes à la fois du triangle pédagogique : celui de l'élève, celui du savoir et celui de l'enseignant.

Clic et déclic

Modes de groupement

Pour appliquer différents modes de groupement en classe (exposés, travail individuel, travail en groupe...), consultez le lien suivant :
http://www.tact.fse.ulaval.ca/ fr/html/cours/coursgcr/chap1g cr.html

Toutefois, l'enseignant doit également prêter une attention particulière à d'autres facteurs complémentaires à la gestion de la planification d'une situation d'enseignement :

- la présentation des contenus à enseigner ;
- la variation de stimuli ;
- la participation de l'enseignant et des élèves en classe ;
- les moments parfois critiques dans une journée ;
- l'aménagement spatial et le matériel ;
- le temps réel d'apprentissage.

Ces différents facteurs peuvent constituer la « trousse » de base d'une pédagogie différenciée. Elle consiste, selon Leduc-Claire et Py (2005 : 256), « à multiplier les itinéraires d'apprentissage en fonction des différences existant entre les élèves ». La différenciation renvoie à des façons différentes de présenter les compétences à développer plutôt que des éléments du contenu à acquérir. Elle nécessite une évaluation des préalables avant que l'on amorce un enseignement, tout comme des activités d'enseignement et un matériel didactique variés. De plus, l'enseignant doit effectuer un important suivi individuel de l'élève, selon les caractéristiques de ses élèves et ses disponibilités. La différenciation peut se vivre dans des groupes hétérogènes où les tâches visent des objectifs communs tout en variant le matériel, les approches pédagogiques et les modes de groupement des élèves. Les élèves peuvent aussi être regroupés selon leurs besoins lorsque sont proposées des tâches adaptées à leur niveau. On fait aussi appel à la différenciation pour mieux tenir compte des différents rythmes d'apprentissage des élèves. Comme le mentionnent ces auteurs, la pédagogie différenciée n'exclut pas la poursuite d'objectifs communs. Elle permet de proposer des moyens et des fins à l'élève afin qu'il devienne de plus en plus responsable et autonome dans la gestion de son travail scolaire.

LA PRÉSENTATION DES CONTENUS À ENSEIGNER

La motivation de l'élève contribue à augmenter sa participation en classe. Cette motivation et la compréhension de l'élève se trouvent améliorées quand la présentation du contenu repose sur trois variables importantes : la clarté, l'organisation logique et l'illustration (Ausubel, 1968 ; Brophy, 1984 ; Darveau et Viau, 1999 ; Viau, 1994, 1997). Un contenu présenté selon une structure logique, par exemple à partir d'un idéateur, favorise l'apprentissage et la rétention chez les élèves. De la même manière, l'illustration de l'information par des exemples, des contre-exemples et des démonstrations amplifie la motivation et la compréhension (Bruner, 1999 ; Taba, 1967).

Les leçons se déroulent également mieux, tant sur le plan de la motivation que sur celui de la compréhension, quand l'enseignant commence sa leçon en présentant aux élèves les compétences disciplinaires et le contenu. Ainsi, ceux-ci savent déjà quel effort cognitif et quel comportement ils devront développer à la fin d'une situation d'enseignement. Il en est de même lorsqu'un enseignant présente sa planification à long terme en début d'année à l'aide d'un schéma heuristique, d'une arborescence, d'un tableau synoptique ou d'une carte de connaissances ou de concepts. Il identifie les compétences transversales du programme de formation et situe les élèves globalement, puis partiellement, par rapport au contenu à étudier dans chacun des domaines d'apprentissage. Comme le programme de formation présente le curriculum disciplinaire de chacune des disciplines, l'enseignant se doit de situer l'élève dans le continuum de chaque discipline, depuis le primaire jusqu'à la fin du cours secondaire. De plus, l'enseignant doit présenter les interrelations avec les domaines disciplinaires connexes. Par exemple, l'enseignant chargé de groupes d'élèves de 3e secondaire en univers social a intérêt à connaître les éléments du contenu de formation enseignés en 1re et 5e secondaires, ainsi que ceux du primaire, s'il désire établir des relations entre les notions antérieures et celles à venir. Cette stratégie évite la perte de sens des contenus par une certaine parcellisation des disciplines d'un niveau à l'autre. En fait, l'enseignant doit être capable de dire clairement ce que ses élèves devraient connaître pour le temps qu'ils passeront ensemble et les aider à établir des relations entre les différents apprentissages qu'ils ont faits ou qu'ils feront dans les disciplines qui leur seront enseignées. En somme, la rétention, l'organisation et la réutilisation (transfert) de l'information pour produire des connaissances se font plus facilement lorsque les éléments du contenu de formation sont présentés dans une structure logique. Selon Cartier (2002), l'information suivrait un parcours de navigation très structuré pour se transformer en compétence. Elle passerait des perceptions aux données (brutes et organisées), à l'information (interne, grise et externe), aux connaissances (explicites et tacites), au savoir et aux choix d'actions pour se transformer en compétence.

Clic et déclic

L'idéateur

L'idéateur est un logiciel qui permet de structurer les concepts, les idées, les tâches, etc. Le RÉCIT (Réseau pour le développement des compétences par l'intégration des technologies) en offre un bel exemple que vous pouvez consulter au lien suivant :

http://www.recitadaptscol.qc.ca /spip.php?rubrique36

Les programmes de formation au primaire et au secondaire présentent une structure logique et intégrative de ses composantes, à savoir les domaines généraux de formation, les compétences transversales et les domaines d'apprentissage. Ces programmes sont vus comme un référentiel pédagogique où toutes ses composantes sont interdépendantes et en continuité entre les ordres d'enseignement. Le contenu de formation de chaque domaine disciplinaire concourt à la compréhension du monde chez l'apprenant situé au centre de son apprentissage. Il constitue l'outil quotidien de chaque enseignant pour pouvoir planifier les contenus des situations d'enseignement et pour organiser le développement des savoirs, savoir-faire et savoir-être.

L'identification des préalables des élèves par l'enseignant est vue comme une prémisse très importante de la gestion des éléments du contenu de formation de chacun des programmes disciplinaires (Ausubel, 1968 ; Barth, 1993). Selon ces auteurs, il y aurait deux sortes de connaissances antérieures : celles déjà acquises et les autres, qui sont des représentations de connaissances à venir. Déjà, en 1968, Aylwin (1992 : 4) trouve chez Ausubel l'importance des préalables ; selon lui, « le facteur le plus déterminant dans l'apprentissage est ce que l'élève connaît déjà ». L'enseignant qui vérifie ce que ses élèves connaissent déjà au début de l'année scolaire et avant un enseignement est en mesure d'identifier les compétences sur lesquelles il doit insister et celles pour lesquelles une révision ou un approfondissement est nécessaire. L'administration de courts tests ciblés sur les connaissances antérieures en début d'année scolaire ou avant d'amorcer un nouveau contenu permet de découvrir les lacunes des élèves (Tye, 1984). Il existe d'autres moyens de vérifier les préalables, par exemple étudier les dossiers des élèves, les questionner ou encore leur demander d'accomplir des tâches en rapport avec les compétences à vérifier. De cette façon, l'enseignant peut différencier son enseignement, en planifiant et en organisant des situations d'enseignement mieux adaptées aux besoins de ses élèves. Il s'assure alors d'une progression des apprentissages tout en évitant de perdre du temps et d'exposer ses élèves à des risques d'échec et, par conséquent, à une démotivation qui pourrait être à l'origine de difficultés dans sa gestion de classe.

Un enseignant qui omet de vérifier les connaissances de ses élèves pourrait leur assigner une tâche trop facile ou trop difficile. Si la tâche est trop facile, les élèves risquent de s'ennuyer, car ils la perçoivent comme une répétition. Lorsque la tâche est trop difficile, ou trop rigide au sens de l'élève (c'est-à-dire une tâche pour laquelle soit il ne peut emprunter différentes voies, soit il ne peut modifier ou changer les conditions pour l'accomplir, soit il est incapable de la réaliser), elle a pour effet d'accroître son stress plutôt que de lui permettre de s'adapter. L'élève a alors l'impression de subir la tâche en question et de n'avoir aucun pouvoir sur son apprentissage. Quand l'élève se

Clic et déclic

Les programmes de formation

Pour approfondir la structure des programmes de formation pour l'éducation préscolaire et l'enseignement au primaire, de même que pour l'enseignement au secondaire, consultez les liens suivants :

Éducation préscolaire et enseignement au primaire :

http://www.mels.gouv.qc.ca/dfgj/dp/programme_de_formation/primaire/pdf/prform2001/tableau-synthese.pdf

Enseignement au secondaire :

http://www.mels.gouv.qc.ca/DGFJ/dp/programme_de_formation/secondaire/pdf/prform2004/chapitre001v2.pdf trouve devant une tâche trop difficile, il se produit chez lui un combat intérieur : la perception négative qu'il a de lui-même vient entraver sa volonté d'accomplir la tâche (Viau, 1994). Dans les deux cas, il y a perte de temps, car l'enseignant, en voyant le nombre d'échecs, doit reconsidérer sa planification. La progression des apprentissages se trouve ainsi interrompue. Les élèves subissent une déstabilisation sur le plan des apprentissages ; donc, une diminution de la motivation, ce qui risque d'engendrer des problèmes d'indiscipline ou de décrochage.

LA VARIATION DE STIMULI

La variation de stimuli favorise l'attention des élèves, laquelle maintient l'intérêt vers un objet d'apprentissage. Par variation de stimuli, nous entendons la variété dans les activités d'enseignement et le matériel didactique. C'est un aspect important à prendre en considération au moment de la gestion de la planification d'une situation d'enseignement et de la mise en œuvre d'une pédagogie différenciée. Varier les activités d'enseignement est associé chez les élèves à un niveau plus élevé de concentration durant le travail individuel et à des attitudes positives ainsi qu'à de meilleurs résultats (Worsham, 1983). Ce sont là des choix que l'enseignant se donne. Planifier, c'est faire des choix éclairés qu'on peut justifier.

Dans la gestion de la planification d'une situation d'enseignement, l'enseignant doit également penser au matériel didactique qu'il utilisera en relation avec les activités d'enseignement dont l'éventail est plutôt restreint. Il utilise surtout des manuels scolaires et du matériel complémentaire. En ce qui concerne les types d'activités, celles-ci prennent généralement la forme d'un cours magistral ou de réponses à des questions écrites tel que nous l'avons constaté avec Nathalie, une autre enseignante novice.

Paradigme de l'enseignement

Par peur d'intégrer différentes méthodes d'enseignement, j'ai organisé mes planifications de façon séquentielle : 1. sensibilisation des élèves ; 2. exposé magistral ; 3. exercices d'application. Je me suis vite rendu compte que le déroulement que j'avais établi devenait monotone et ennuyant pour les élèves (et même pour moi !).

Le peu d'innovation en matière d'activités d'enseignement et de matériel didactique est imputable notamment à trois raisons : les budgets limités qui restreignent l'acquisition de matériel complémentaire ; une méconnaissance quant à la manipulation du nouveau matériel ; la peur de perdre le contrôle de la classe par la mise en œuvre d'activités plus actives telles que des sketches ou des débats. Il y a aussi le fait que l'enseignant se trouve régulièrement dans la situation d'accomplir plusieurs tâches en concomitance. Par conséquent, il n'a pas le temps de réfléchir à ses actions et aux réactions de ses élèves, ce qui pourrait l'aider à remodeler ses actions futures. Pour que le processus de la pensée réflexive, pensée-en-acte, soit amorcé en action, l'enseignant doit demeurer présent à tout ce qui se passe dans sa classe, se questionner, s'intéresser à de nouvelles approches ou à de nouveaux outils, échanger des idées avec ses collègues, travailler en équipe, etc. Tous ces aspects contribuent non seulement à son perfectionnement, mais à son bien-être. Par exemple, l'enseignant pourrait consulter divers sites éducatifs du MÉLS, du site national du Récit, de sa commission scolaire ou de son association professionnelle, participer à des congrès, s'inscrire à Édu-ressources, pour créer et planifier des projets, les proposer à ses élèves et solliciter la participation d'autres collègues. Par ailleurs, il importe que l'enseignant consacre du temps à la lecture et aux arts en visitant des expositions et en assistant à des productions théâtrales, cinématographiques et musicales.

Enfin, il existe un lien direct entre les styles d'enseignement et la réussite scolaire, c'est l'effet-maître : on enseigne avec ce qu'on est, ce qu'on sait et ce qu'on a... Ce lien est nourri par cette capacité qu'a l'enseignant de s'adapter et de trouver des solutions à des situations créant des obstacles à l'apprentissage. Même si, depuis le rapport Parent (1963-1965), l'enseignant se voit suggérer d'adopter une approche pédagogique qui engagerait davantage les élèves dans leur apprentissage et développerait leurs habiletés de réflexion et de coopération ; il effectue des choix en fonction de sa personnalité afin de demeurer authentique et à l'aise dans son enseignement et sa gestion de classe. Toutefois, le recours à une variété d'activités lui permettra de différencier les situations d'enseignement et, par conséquent, d'atteindre un plus grand nombre d'élèves. Chacun se souvient du prof qui lui a donné le goût de sa matière, le goût d'apprendre, de se dépasser et de transcender ses rêves.

L'exemple qui suit, « Bienvenue dans ma seigneurie », illustre les activités d'enseignement d'un projet visant l'atteinte de certaines compétences transversales du programme de formation au primaire.

Clic et déclic

Ressources pédagogiques

De nombreuses ressources éducatives, accessibles dans Internet, peuvent vous inspirer dans votre enseignement ou vous apporter un soutien professionnel. En voici quelques-unes :

· RÉCIT. Réseau de personnes-ressources dédié à l'intégration pédagogique des technologies de l'information et des communications (TIC) dans les écoles du Québec : **http://www.recit.qc.ca/rubrique.php3?id_rubrique=69&id_secteur=67**

· ÉDU-RESSOURCES. Liste de discussions consacrée aux ressources pédagogiques dans Internet et à leur intégration en classe : **http://liste.rtsq.qc.ca/mailman/listinfo/edu-ressources**

· PROF-INET. Carrefour pour la télécollaboration destiné aux enseignants du primaire et du secondaire leur permettant d'échanger avec des collègues partout dans le monde dans le but d'établir des liens et de réaliser des activités pédagogiques : **http://prof-inet.cslaval.qc.ca/**

EXEMPLE D'UNE CARTE DES ACTIVITÉS D'UN PROJET

Carte du projet intitulé
Bienvenue dans ma seigneurie

PHASE DE PRÉPARATION

Situation A : J'habite à la ville ou à la campagne
Activité : Simulation d'une mission.
CD : À l'aide d'une vidéo de l'intendant Hocquart et d'une carte des activités du projet, sensibiliser les élèves au projet intitulé « Bienvenue dans ma seigneurie ».
Durée : 60 min

Situation B : Ce que je sais ?
Activité : Activation des connaissances à l'aide d'un jeu d'association.
CD : À partir d'un tableau des changements entre 1645 et 1745 et du texte de source première intitulé *Nous sommes 55 000*, classer les changements de la société entre 1645 et 1745 selon certains critères (territoire, population, langue, religion, gouvernement et économie) et indiquer ses observations sur chacun des changements.
Durée : 60 min

PHASE DE RÉALISATION

Situation C : Je découvre une seigneurie
Activité : Remue-méninges à l'aide d'une carte d'exploration collective.
CD : À partir d'une photographie et du texte de source première intitulé *Une seigneurie à vol d'oiseau*, identifier et regrouper les différents éléments caractéristiques d'une seigneurie.
Durée : 55 min

Situation D : J'enrichis mon vocabulaire
Activité : À la recherche de mots inconnus.
CD : Lire le texte de source première intitulé *Une seigneurie à vol d'oiseau*.
CD : Lire des textes variés.
Durée : 60 min

Situation E : J'utilise l'ordinateur
Activité : Analyse de photographies de l'époque et retour sur la question de départ. Choisir les photos et les numériser.
CT : Exercer son jugement critique, exploiter les TIC.
Durée : 45 min

Situation F : Je joue...
Activité : Jeu de table et carte d'exploration collective.
CD : Lire l'organisation d'une société sur son territoire.
Durée : 20 min

Situation G : J'enseigne à mes pairs
Activité : *Jigsaw*, ou enseigner à ses pairs ce que nous avons retenu.
CD : Communiquer oralement.
CT : Exploiter l'information.
Durée : 2 X 20 min

Situation H : Je dessine ma seigneurie
Activité : Fais-moi un dessin.
CD : À partir de l'information recueillie, identifier avec les élèves les éléments composant une seigneurie et en dessiner un croquis dont le plan sera fait à l'ordinateur à l'aide d'un logiciel de dessin.
CT : Mettre en œuvre sa pensée créatrice.
Durée : 2 X 45 min

Situation I : Je décris ma seigneurie
Activité : Rédaction d'un texte décrivant ma seigneurie à l'aide de l'ordinateur.
CD : Écrire des textes variés.
CT : Exploiter l'information, mettre en œuvre sa pensée créatrice.
Durée : 2 X 45 min

PHASE D'INTÉGRATION

Situation J : J'expose ma seigneurie
Activité : Exposition des albums de seigneurie.
CD : Lire l'organisation d'une société sur son territoire.
CT : Exploiter l'information, mettre en œuvre sa pensée créatrice.
Durée : 2 X 60 min

CARNET DE BORD
Objectif : permettre de garder des traces des différentes productions écrites durant le projet.

CD : compétence disciplinaire **CT :** compétence transversale

Une autre façon d'aborder les activités d'enseignement est d'établir des relations avec les technologies de manière à amener les élèves à les utiliser en tant qu'outils de consultation, de gestion de l'information, d'exerciseur et de communication.

L'expérience de Rudolph au cours de son stage en enseignement révèle que les élèves doivent être bien préparés à vivre une activité nouvelle avant de la mettre en place.

Depuis que je prends en charge la classe [...], j'essaie de changer les habitudes des élèves de manière à les faire travailler sur les raisonnements importants en maths (notions sur les fractions, 1re secondaire). Cinq minutes après avoir commencé ma première leçon, je constate que les élèves ne sont pas intéressés à comprendre comment raisonner, mais désirent plutôt connaître des méthodes à appliquer sans les comprendre. Malheureusement, ils apprennent des règles toutes faites depuis le primaire et n'ont pas envie qu'on les oblige à réfléchir. Je dois donc oublier ma planification pour ce cours et improviser pour le reste du cours afin d'arriver à maintenir leur attention. Je me suis alors conformé à des façons plus classiques d'enseigner les mathématiques parce que je me suis rendu compte que les élèves ne sont pas préparés à d'autres approches, ou peut-être pas ouverts à cela pour l'instant.

Résistance au changement

Rudolph poursuit sa réflexion sur ses façons de faire. Il inscrit même une question à cet effet sur le forum de discussion regroupant ses collègues dans sa formation universitaire pendant son deuxième stage d'enseignement.

Dois-je continuer d'essayer d'installer des raisonnements chez les élèves en risquant de perdre l'attention de ma classe ou dois-je mettre mes idées « didactiques » de côté jusqu'à ce que j'aie une classe à moi ? Dois-je enseigner d'une façon plus classique d'ici là pour ne pas bousculer les élèves ?

Style d'enseignement

Dans cette situation, nous voyons que les élèves résistent fortement à une autre façon d'apprendre. Nous croyons qu'il en est ainsi pour tous les ordres d'enseignement, en particulier au secondaire. Les élèves ont-ils été conditionnés à apprendre en mémorisant ? Quelle est leur façon d'apprendre à ce jour ? Quelles stratégies d'enseignement peut employer l'enseignant pour transformer leur processus d'apprentissage ? La façon d'apprendre a une influence directe sur la motivation scolaire et, par conséquent, sur la gestion de classe. Pour favoriser une transformation dans le processus d'apprentissage et prévenir les perturbations en classe, l'enseignant fait appel à la didactique de sa discipline en donnant du sens aux apprentissages afin de susciter l'intérêt et de capter l'attention des élèves. Par exemple :

- développer la mémorisation à l'aide de la mnémotechnie ;
- sensibiliser l'élève à ses propres stratégies d'apprentissage ;
- aider à la décontextualisation et au transfert des savoirs en utilisant des situations vécues par les élèves ;
- favoriser le processus d'abstraction, de conceptualisation et de raisonnement à l'aide d'une question, d'une mise en perspective, d'une démonstration, d'un contre-exemple, etc. ;
- faciliter la compréhension en classant l'information à l'aide de la numérotation, d'un tableau-synthèse, d'une carte de concepts ou d'une arborescence ;
- prendre en compte les conceptions initiales des élèves et, bien sûr, travailler sur les difficultés.

FIGURE 3.1

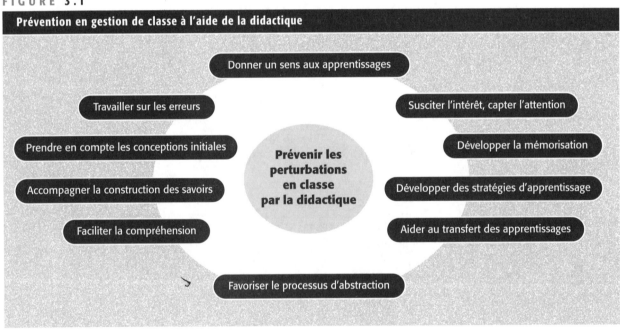

Prévention en gestion de classe à l'aide de la didactique

Donner un sens aux apprentissages

Travailler sur les erreurs

Suciter l'intérêt, capter l'attention

Prendre en compte les conceptions initiales

Développer la mémorisation

Prévenir les perturbations en classe par la didactique

Accompagner la construction des savoirs

Développer des stratégies d'apprentissage

Faciliter la compréhension

Aider au transfert des apprentissages

Favoriser le processus d'abstraction

La figure 3.1 présente l'ensemble des moyens énumérés. Tous ces moyens favorisant la gestion de la didactique générale trouvent leur utilité dans la planification des situations d'enseignement. Ces moyens peuvent être utilisés aussi dans le cadre d'une recherche-action sur sa pratique d'enseignement ou de la préparation d'un mémoire professionnel pour les étudiants en enseignement.

LA PARTICIPATION DE L'ENSEIGNANT ET DES ÉLÈVES EN CLASSE

Pour assurer une gestion efficace de la mise en œuvre de la planification des situations d'enseignement, l'enseignant doit non seulement prévoir les exigences liées à sa participation, mais aussi organiser les exigences en séquences sur le plan de la participation des élèves. L'enseignant sait également qu'une faible participation des élèves les conduit souvent à manifester des comportements indisciplinés. Une situation d'enseignement doit prévoir une alternance entre les actions de l'enseignant et celles des élèves. L'indicateur d'une bonne gestion est, selon Doyle (1986), le degré de coopération entre les élèves, de même qu'entre les élèves et l'enseignant. Pour leur part, Weade et Evertson (1988 : 203 et 210, traduction libre) ont montré que l'efficacité de la gestion en enseignement et la réussite des élèves étaient liées à au moins deux facteurs :

1. La progression des exigences scolaires dans l'évolution de la structure d'une situation d'enseignement est séquentielle et précise (le niveau de complexité augmentant graduellement). C'est ensuite à l'aide d'indices que l'enseignant efficace guide les élèves dans la compréhension de la tâche d'apprentissage à réaliser.

2. Les exigences liées à l'organisation sociale, matérielle et communicationnelle sont réduites au minimum pour ne pas nuire à l'apprentissage. L'enseignant ne demande pas trop de changements aux élèves dans le déroulement d'une leçon, car ces dérangements pourraient entraîner une perte de temps. Il devrait établir des routines organisationnelles en matière d'interventions pour signifier le qui, le quand, le où et le comment des tâches à réaliser. Il en sera de même pour les déplacements en classe ainsi que pour l'obtention du matériel nécessaire. C'est ce que nous verrons au chapitre 4, qui exposera ces différentes catégories de routines professionnelles.

Le tableau 3.1 illustre cet important facteur de gestion de la participation de l'enseignant et des élèves pendant le déroulement d'une situation d'enseignement. La partie de gauche (3.1A) présente un déroulement équilibré, tandis que celui de la partie de droite (3.1B) est plutôt déséquilibré.

Clic et déclic

Utilisation des TIC et pédagogie

Le Site des scénaristes du CEMIS (Centre d'enrichissement en micro-informatique de la Pointe-de-l'Île) propose un résumé très intéressant sur, entre autres, la pertinence de l'utilisation des TIC et les différentes formules pédagogiques.
Vous vous familiariserez avec cette perspective en consultant le lien suivant :
http://www.scedu.umontreal.ca/profs/viens/scenarios/Tempo/Site_scenaristes/images/tabl-3.htm

TABLEAU 3.1

Équilibre et déséquilibre entre les actions de l'enseignant et celles des élèves (adapté de Weade et Evertson, 1988)

A. DÉROULEMENT ÉQUILIBRÉ				B. DÉROULEMENT DÉSÉQUILIBRÉ			
1. Aménage-ment spatial et matériel	L'enseignant dépose une grammaire sur le bureau de chaque élève. Il écrit le menu au tableau avec calembour et matériel : «ouvrez votre cahier d'exercices de français à la p. 25 et votre grammaire p. 20.»			**1. Aménage-ment spatial et matériel**	L'enseignant écrit le menu au tableau et le calembour.		
Déroulement (étapes)	**Nombre d'ac-tions**	**Actions de l'enseignant**	**Actions des élèves**	**Déroulement (étapes)**	**Nombre d'ac-tions**	**Actions de l'enseignant**	**Actions des élèves**
2. Déclencheurs (menu et calembour)	4	Il choisit un élève au hasard pour répon-dre au calembour.	Les élèves lisent le menu à l'entrée en classe. Ils préparent le matériel. Un élève répond au calembour.	**2. Déclencheurs (menu et calembour)**	3	Il choisit un élève au hasard pour répon-dre à la devinette.	Les élèves lisent. Un élève répond au calembour.
3. Lecture de la règle dans la grammaire	2	Il désigne un élève ayant la main levée pour lire la règle.	Un élève lit la règle.	**3. Lecture de la règle dans la grammaire**	6	Il dit : «Procurez-vous une grammaire sur la table du matériel.» Il ajoute : «Ouvrez-la à la page 20, n° 5.» Il désigne un élève ayant la main levée pour lire la règle.	Ils se procurent une grammaire. Ils l'ouvrent à la p. 20, n° 5. Un élève lit la règle.
4. Application de la règle	5	Il choisit un élève au hasard et lui de-mande de lire la phrase et d'accorder le verbe.	Un élève lit la phrase. Il accorde le verbe.	**4. Application de la règle**	9	Il dit : «Sortez votre cahier d'exercices.» Il ajoute : «Ouvrez-le à la p. 25.» Il choisit un élève au hasard pour lire la phrase et accorder le verbe.	Ils sortent leur cahier. Ils l'ouvrent à la p. 25. Un élève lit la phrase et ac-corde le verbe.
	11	5	6		18	9	9

Le tableau 3.1A compte sept actions de moins que le tableau 3.1B. Dans le tableau 3.1A, le nombre d'actions ou de changements effectués dans cette situation d'enseignement a été presque réduit de moitié si on le compare à celui du tableau 3.1B. Cet enseignant-gestionnaire efficace a planifié les exigences liées au bon déroulement de son enseignement. La situation d'enseignement présentée dans le tableau 3.1B met l'accent sur les exigences liées à la participation sociale plutôt qu'à la participation scolaire. Cet ajout d'exigences diminue le temps réel d'apprentissage et, par conséquent, peut entraîner des problèmes de gestion.

Un enseignant-gestionnaire efficace gère la séquence des actions. Il est celui qui :

- anticipe les différentes actions dans le déroulement d'un enseignement ;
- établit un équilibre entre ses actions et celles des élèves ;
- les inclut dans la planification d'une situation d'enseignement.

En situation d'enseignement, les actions de l'enseignant commandent celles des élèves et vice-versa. L'enseignant et les élèves se trouvent ainsi en interaction constante. Il va de soi que cette dynamique semble plus présente dans un contexte d'enseignement frontal que dans celui d'un enseignement coopératif.

LES MOMENTS PARFOIS CRITIQUES DANS UNE JOURNÉE

Une bonne planification peut aussi être perturbée par des événements forts qui font partie d'une journée de classe. Les première et dernière périodes d'une journée en général, les périodes du vendredi après-midi, ainsi qu'une période suivant une activité intense, telle qu'un cours d'éducation physique, sont rapportées comme des moments critiques en ce qui concerne la gestion de classe. Certaines études se sont penchées sur les problèmes associés à la réalisation d'une tâche d'apprentissage après une période d'activité physique, une récréation ou un dîner. On a observé que le taux de participation des élèves au début d'une tâche d'apprentissage est particulièrement faible après une récréation. De la même manière, le fait de raconter une histoire aux élèves immédiatement après la récréation est associé à un faible taux d'écoute et de participation (Doyle, 1986). Par contre, le taux d'écoute augmente avec l'insertion d'une période de détente entre la récréation et cette activité.

Dans la planification de situations d'enseignement, il est donc essentiel que l'enseignant soit conscient des ajustements à faire en fonction du moment de la journée et de certains événements afin d'obtenir une participation maximale de ses élèves. Certains enseignants vont systématiquement utiliser un temps de lecture en début de période pour installer à la fois le calme et la concentration, voire donner le goût de lire aux élèves. Ce procédé, que l'on pourrait appeler « bibliothérapie », peut aussi être utilisé avec des élèves qui éprouvent certaines difficultés affectives ponctuelles. Par exemple, la perte d'amis à la suite d'un déménagement ou celle d'un parent à la suite d'une maladie ou d'un accident. Dans une telle situation, l'enseignant peut proposer un livre traitant de ce sujet (roman ou autres) et discuter de ces aspects avec l'élève concerné. Des enseignants vont aussi recourir à des exercices de respiration (de yoga, par exemple) pour détendre les élèves avant de relancer une activité d'enseignement ou de les remettre à la tâche, tel que nous le décrivons ci-après.

Après un moment critique

Nous avons déjà tenté une expérience combinant musique et relaxation avec un groupe d'élèves de 4ᵉ secondaire que nous recevions dans notre classe d'anglais, le vendredi après-midi, juste après un cours d'éducation physique. Sur le son des vagues de la mer, nous demandions (en anglais) aux élèves de poser leur tête sur leur bureau et de fermer les yeux, et nous les guidions pendant deux minutes comme suit : « Descendez les escaliers qui mènent à la plage. Étendez-vous sur le sable chaud. Sentez la chaleur bienfaisante du soleil. Enfoncez vos bras dans le sable chaud. Sentez la chaleur relaxante du soleil. Enfoncez vos jambes dans le sable chaud. Sentez la chaleur relaxante du soleil. Enfoncez votre tête dans le sable chaud. Sentez la chaleur relaxante du soleil, profitez de cette chaleur bienfaisante. Respirez profondément. Maintenant, étirez votre tête très loin, étirez ensuite vos jambes très loin. Étirez vos bras très loin. Remontez les dix marches de la plage, un, deux, trois... dix et ouvrez vos yeux. On commence le cours ! »

Ce temps de relaxation de deux minutes avant les activités d'enseignement permettait de créer un climat propice aux apprentissages.

L'AMÉNAGEMENT SPATIAL DU LOCAL ET LE MATÉRIEL

L'aménagement de l'espace-classe et du matériel fait partie intégrante de la gestion de la planification d'une situation d'enseignement. À l'instar de l'écriture d'un scénario de film, tous les éléments en périphérie de l'action sont prévus, sinon le déroulement de l'action serait interrompu à tout moment. Le fait de ne pas prévoir l'aménagement spatial et le matériel empiète sur le temps réel d'apprentissage. Un aménagement adéquat peut aider à répondre aux exigences complexes de l'enseignement en réduisant les interruptions, les attentes et les temps morts, tout en maintenant un environnement qui facilite l'apprentissage.

Burden (1995 : 88-92, traduction libre) introduit six fonctions dans l'aménagement de l'espace-classe et du matériel : sécurité et confort, plaisir, socialisation, appartenance, instrumentation et développement intellectuel.

Fonction de sécurité et de confort

La fonction de sécurité et de confort des élèves influe directement sur leur condition physique et sur leurs perceptions sensorielles. Un certain nombre de moyens permettent d'assurer ces conditions :

- maintenir une température confortable et une aération régulière du local ;
- éliminer les bruits distrayants (par exemple si le plancher craque, circuler sur les côtés, mettre des balles de tennis sous les pieds des chaises) ;

- ajuster l'éclairage en fonction des activités (contrôleur d'intensité pour réduire *l'a giorno* du local);
- ajouter des éléments qui adoucissent l'environnement (couleurs, textures, plantes...);
- diminuer les distractions (par exemple s'éloigner des zones de circulation telles que celles où sont placés le taille-crayon et la poubelle);
- aménager un coin privé de travail (par exemple, coin ordinateur, coin lecture, coin livres de référence...).

Fonction de plaisir

La fonction de sécurité et de confort est directement liée à la fonction de plaisir, qui rend le local attrayant. Weinstein et Mignano (1993) ont observé que les élèves fréquentant un local attrayant ont tendance à être plus persistants à la tâche et ont une meilleure attention. Un local attrayant favoriserait aussi une plus grande cohésion dans le groupe et une participation active aux discussions. Pour assurer cette fonction l'enseignant pourrait entre autres:

- varier les couleurs chaudes et les couleurs froides;
- utiliser des textures ou des surfaces allant du doux au rugueux;
- offrir une variété d'espaces: ouvert, fermé, formel, informel, etc.

Fonction de socialisation

La fonction de socialisation favorise au moins trois types d'échanges: entre les élèves; entre les élèves et l'enseignant; et entre l'enseignant et les élèves. Le degré d'interaction varie en fonction du type d'aménagement des bureaux des élèves. La disposition des bureaux des élèves est habituellement: en rangées; en îlots de deux bureaux ou plus; en demi-cercle ou en U. La disposition en rangées est un aménagement généralement centré sur l'enseignant, tandis que celle en îlots est plutôt centrée sur les élèves. Les nouveaux enseignants préfèrent placer les élèves en rangées en début d'année et, en cours d'année, varier l'aménagement. Adams et Biddle (1970) ont rapporté que l'enseignant interagit plus fréquemment avec les élèves situés dans la « zone d'action de l'enseignant », soit au centre et en avant de la classe. Les élèves placés dans cette zone participent, questionnent et commentent plus que les autres. L'enseignant interagit davantage avec ses élèves quand il est au centre ou en avant de la classe. Burden (1995) propose quelques moyens pour assurer cette fonction:

La disposition des bureaux et l'aménagement de différentes aires dans la classe contribuent entre autres à augmenter les interactions entre les élèves eux-mêmes et entre les élèves et l'enseignant.

- sélectionner un aménagement en cohérence avec le degré d'interaction que l'enseignant désire;
- interagir avec tous les élèves peu importe la place qu'ils occupent dans la classe.

Fonction d'appartenance

La fonction d'appartenance au local-classe consiste en une personnalisation de cet espace à l'aide d'objets, d'images ou de photos signifiants pour l'élève ou l'enseignant. Le moyen présenté pour assurer cette fonction est de réserver dans la classe un endroit pour exposer des objets personnels des élèves et de l'enseignant. Par exemple, photos de famille, d'activités, de voyage ou de lieux préférés, de travaux d'élèves (avec leur autorisation), de diplômes, de trophées ou autres marques de reconnaissance, etc.

Fonction d'instrumentation

La fonction d'instrumentation des situations d'enseignement se rapporte à l'aménagement spatial et au matériel nécessaire pour réaliser chaque activité. Une série de moyens est suggérée pour assurer cette fonction :

- prévoir l'accessibilité au matériel nécessaire ;
- s'assurer que les élèves connaissent l'emplacement du matériel ;
- s'assurer que les élèves replacent le matériel utilisé, particulièrement dans un atelier et un laboratoire ;
- planifier les étapes pour éviter la congestion et les distractions ;
- placer les élèves pour qu'ils voient bien les présentations, les démonstrations ;
- offrir aux élèves un espace personnel de travail ;
- placer le bureau de l'enseignant à un endroit stratégique ;
- séparer les activités incompatibles (calmes / bruyantes, etc.).

Fonction de développement intellectuel

La fonction de développement intellectuel requiert que l'aménagement de la classe permette plusieurs types d'enseignement, l'enseignement direct ou celui de la découverte, qui invite les élèves à explorer, à observer, à vérifier et à découvrir. L'enseignant doit aussi utiliser un questionnement tantôt fermé (réponse unique), tantôt ouvert (réponses multiples). Cet aspect sera abordé au chapitre 4 (routines sociocommunicationnelles). Pour assurer cette fonction, l'enseignant voit aussi :

- à varier les activités et le matériel d'enseignement ;
- à planifier des moments permettant d'utiliser du matériel varié.

Burden (1995 : 93-103, traduction libre) associe ces six fonctions à 10 facteurs pour favoriser un aménagement spatial efficace de la classe. Lors de la gestion de la planification de situations d'enseignement, l'enseignement devrait tenir compte de ces facteurs, tels que présentés au tableau 3.2.

TABLEAU 3.2

Facteurs	Description
1. Local-classe proprement dit	Les éléments fixes et immobiles : porte, fenêtres, toilettes, prises électriques et tables de laboratoire et autres doivent être accessibles en tout temps.
2. Matériel pédagogique	Le matériel didactique : livres, cartes et illustrations sont entreposés dans une armoire facilement accessible ou sur un chariot, limitant ainsi les pertes de temps en déplacements.
3. Proximité et libre circulation dans la classe	La porte ne doit pas être obstruée et des objets, tels que taille-crayon, armoire de rangement, poubelle, doivent être facilement accessibles. D'autres objets doivent être rangés pour assurer la sécurité, éviter les embouteillages et les distractions. Les sacs à dos ou porte-documents des élèves doivent aussi être placés sous les chaises afin de libérer les allées.
4. Création de différentes zones	• Zone de l'enseignant : 1. Cette zone délimite la place de travail de l'enseignant, l'endroit pour préparer le matériel, exposer ou démontrer ; 2. La situation de l'enseignant, peu importe la disposition des bureaux, doit lui permettre de voir chaque élève et de circuler librement. • Zone d'action : celle où l'enseignant interagit le plus avec les élèves. Cette zone varie en fonction de la disposition des bureaux. Par exemple, si les bureaux sont disposés en rangées, la zone d'action couvre les élèves au centre et ceux en avant. Le bureau de l'enseignant peut aussi être placé à l'arrière de la classe, surtout lorsqu'il surveille un examen. • Zone d'étude : un coin tranquille dans la classe et accessible. • Zone d'activités : un coin où l'on trouve des ordinateurs, un centre d'apprentissage, etc.
5. Aménagement préventif	Des frontières pour séparer certaines activités.
6. Champ de vision	L'enseignant doit facilement voir chaque élève, détecter un élève dérangeant ou inattentif, s'assurer que chaque élève voit et entend bien l'enseignant (par exemple, les bureaux placés en diagonale).
7. Disposition des bureaux	Rosenfield, Lambert et Black (1985) rapportaient que les élèves assis en cercle durant une activité de carte d'exploration (brainstorming) participent plus que les élèves assis en rangées ou en îlots. Également, les rencontres de classe sont facilitées par des dispositions en cercle ou en U.
8. Flexibilité	L'aménagement de la classe répond aux différentes activités d'enseignement mises en place.
9. Environnement de la classe	Les conditions environnementales et l'ambiance (éclairage, bruit, aération, température, couleur des murs, odeur, etc.) sont importantes. Les premières rencontres s'avèrent un moment propice pour personnaliser son local.
10. Besoins particuliers des élèves	Prévoir un espace approprié pour chaque élève ayant des besoins particuliers (handicap physique ou intellectuel).

Les élèves sont sensibles à la manière dont ils occupent l'espace et à la densité d'occupation de cet espace. Ils ont conscience des courants qui passent à l'intérieur du groupe ou des sous-groupes. Des liens différents unissent l'enseignant au groupe, aux sous-groupes et à chaque élève. Toutes ces relations ne peuvent être ignorées dans la dynamique du groupe-classe qui se développe et évolue au fil des rencontres.

Activité 3.1 — Une activité d'enseignement, un plan de classe

Durée : ± 40 min

Objectif :
Prendre conscience du lien entre l'aménagement spatial de la classe et les activités d'enseignement.

Modes de groupement et critère de formation :
Individuellement, en dyade ou en triade, à partir du nom de l'activité reçue en entrant en classe.

Aménagement spatial et matériel :
Former des îlots de 2 et de 3 bureaux selon le nombre d'élèves ; déposer sur chaque îlot une fiche-activité 3.1 (page 82) par élève, des ouvrages de référence (voir ci-dessous), la figure 3.2, « Exemples de plans de classe », le tableau 3.2, « Facteurs d'aménagement spatial efficace dans la classe » (page 79) et un transparent par équipe ; selon le nombre d'équipes, préparer des séries de coupons de 2 et de 3 des noms des activités se trouvant sur la fiche-activité 3.1.

Déroulement et consignes :

Étape 1 – Découverte du matériel (± 15 min)
Former les groupements de 2 et 3 élèves à partir du nom des activités.
Consignes :
- Prendre individuellement connaissance des 6 fonctions et des 10 facteurs pour l'aménagement d'un local-classe.
- Examiner les plans de classe proposés.
- Placer la fiche-activité 3.1 devant soi.

Étape 2 – Association d'activités d'enseignement, plans, fonctions et facteurs (± 15 min).
Consignes :
- Écrire une courte description de l'activité d'enseignement reçue à partir des ouvrages de référence.
- Identifier le plan de classe qui permettra de vivre l'activité reçue.
- Nommer les fonctions et les facteurs qui sont privilégiés. Expliquer son choix.
- Partager les rôles : l'animateur anime le consensus au sein de l'équipe et le rapporteur résume et illustre sur le transparent l'activité retenue ainsi que les associations faites par l'équipe.

Étape 3 – Mise en commun des associations (selon le nombre d'équipes) (± 10 min)
Consignes :
- Chaque rapporteur présente au groupe-classe le transparent de son équipe.
- Chaque élève remplit la fiche-activité 3.1.

Liste des ouvrages de référence pour l'activité 3.1

Chamberland, G. et G. Provost (1995). *Jeu, simulation et jeu de rôle*. Québec : Presses de l'Université du Québec.

Chamberland, G., Lavoie, L. et D. Marquis (1999). *20 formules pédagogiques*. Québec : Presses de l'Université du Québec.

Fournier, Sonia (2003). *Les intelligences multiples... une idée brillante !* Montréal : Les éditions CEC inc. (De la théorie à la pratique).

Francœur-Bellavance, S. (1997). *Le travail en projet*. Montréal : Integra Centre pédagogique transdiciplinaire.

Guilbert, L. et L. Ouellet (1997). *Étude de cas – Apprentissage par problèmes*. Québec : Presses de l'Université du Québec.

LeDoux, A. Michel ((2003). *Le travail en projet à votre portée*. Montréal : Les éditions CEC inc. (De la théorie à la pratique).

Martineau, S. et D. Simard (2001). *Les groupes de discussion*. Québec : Presses de l'Université du Québec.

Proulx, J. (1994). *Enseigner mieux*. Trois-Rivières : Cégep de Trois-Rivières.

Proulx, J. (1999). *Le travail en équipe*. Québec : Presses de l'Université du Québec.

Exemples de plans de classe

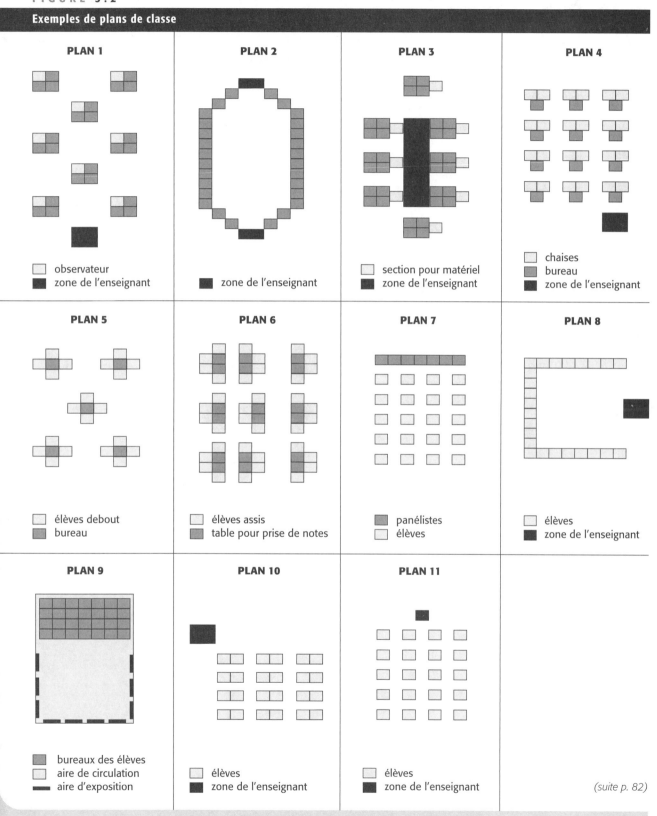

PLAN 1

☐ observateur
■ zone de l'enseignant

PLAN 2

■ zone de l'enseignant

PLAN 3

☐ section pour matériel
■ zone de l'enseignant

PLAN 4

☐ chaises
▨ bureau
■ zone de l'enseignant

PLAN 5

☐ élèves debout
▨ bureau

PLAN 6

☐ élèves assis
▨ table pour prise de notes

PLAN 7

▨ panélistes
☐ élèves

PLAN 8

☐ élèves
■ zone de l'enseignant

PLAN 9

▨ bureaux des élèves
☐ aire de circulation
▬ aire d'exposition

PLAN 10

☐ élèves
■ zone de l'enseignant

PLAN 11

☐ élèves
■ zone de l'enseignant

(suite p. 82)

Fiche-activité 3.1

Association activités d'enseignement, plans de classe, fonctions et facteurs d'un local

Associez un plan de classe de la figure 3.2 et mentionnez les fonctions et les facteurs à privilégier pour chacune des activités d'enseignement. Validez vos réponses à la fin seulement en vous inspirant du tableau 3.3.

Activités d'enseignement	Numéros de plan de classe	Explications : Fonction(s) et facteur(s) privilégiés
1. Exposé et exposé multimédia (démonstration)		
2. Le jeu de rôle		
3. Le tournoi (combat)		
4. L'étude de cas		
5. L'enseignement par les pairs ou tutorat		
6. Le groupe de discussion (plénière ; familles coopératives ; pause pédagogique)		
7. L'entrevue ou l'invité spécial		
8. Le débat ou la controverse		
9. Le panel ou la table ronde		
10. Le remue-méninges, le réseau de concepts ou le schéma d'idées collectif		
11. La galerie ou l'exposition ou le musée en classe		

TABLEAU 3.3

Plans de classe et facteurs à privilégier			

Activités d'enseignement	Numéros de plan de classe	Explications: Fonction(s) et facteur(s) privilégiés	
		Facteurs	**Fonctions**
1. Exposé et exposé multimédia (démonstration)	8 et 11	1, 4 et 6	instrumentation
2. Le jeu de rôle	1 observateur et protagonistes	3	socialisation
3. Le tournoi (combat)	2	3	socialisation
4. L'étude de cas	3	4, 6 et 7	instrumentation ; socialisation
5. L'enseignement par les pairs ou tutorat	4 ou 6 ou 10	3 et 6	instrumentation ; socialisation
6. Le groupe de discussion (plénière ; familles coopératives ; pause pédagogique)	5 ou 6	2 et 4	socialisation
7. L'entrevue ou l'invité spécial	4	5 et 7	circulation facile
8. Le débat ou la controverse	2	3	instrumentation ; prise de notes
9. Le panel ou la table ronde	7	6 et 7	instrumentation ; prise de notes
10. Le remue-méninges, le réseau de concepts ou le schéma d'idées collectif	8 ou 11	7	participation en cercle ; développement intellectuel
11. La galerie ou l'exposition ou le musée en classe	9	3	appartenance

Note : Les facteurs 2, 8, 9 et 10 sont transversaux à toutes les activités de même que les fonctions de sécurité et de confort, de plaisir et d'appartenance.

LE TEMPS RÉEL D'APPRENTISSAGE

Un dernier facteur contextuel dont il faut tenir compte dans la planification d'une situation d'enseignement est le temps. Plusieurs chercheurs ont démontré que la réussite éducative peut être augmentée par le contrôle du temps alloué à chacune des activités d'apprentissage. L'enseignant éprouve parfois de la difficulté à déterminer le temps à consacrer aux différents segments d'une période d'enseignement, surtout au secondaire, quand celle-ci couvre une durée de 55 à 75 minutes. En général, les méthodes les plus courantes, telles que le travail individuel et le cours magistral, durent souvent entre 30 et 40 minutes ; le reste du temps est consacré aux transitions (Doyle, 1984). Griffin (1986) rapporte, à la suite de son analyse de 200 000 heures de cours (dans 42 États des États-Unis et 7 autres pays), que l'enseignant parle pendant plus de 80 % du temps d'apprentissage et que les élèves ne sont actifs qu'à peine 10 % du temps pour des opérations allant au-delà de la mémorisation. Cette étude illustre un important déséquilibre entre la participation de l'enseignant et celle des élèves en classe. L'expérience de Lætitia va dans ce sens.

Dosage du temps

A u début, mon plus gros problème en matière de gestion du temps était de doser le nombre d'activités en fonction de la durée d'une période de cours. Mes activités étaient beaucoup trop longues (par exemple, exposé de 60 minutes lors de la prestation de ma première période), surtout lorsque je faisais des exposés magistraux. Je suis consciente du fait que la participation des élèves diminuait de beaucoup dans ces cas et que j'avais sans doute perdu l'attention de plusieurs d'entre eux à certains moments. Heureusement, en analysant le soir ce qui n'avait pas marché dans la journée, j'ai pu m'en rendre compte moi-même.

Certains enseignants ne prévoient pas assez de contenu pour une période d'enseignement donnée, de sorte que les élèves n'ont rien à faire durant les dernières minutes. Des enseignants ont recours à une routine de fermeture un peu avant que la cloche sonne, tandis que d'autres laissent la sonnerie interrompre la dernière activité (dans ce cas, il est convenu que le travail sera terminé à la maison ou le lendemain). Les enseignants-gestionnaires les plus efficaces sont constamment capables d'adapter les activités à la durée de la période, même en début d'année scolaire. La difficulté dans la gestion du temps est liée en partie au rythme d'apprentissage des élèves. Il y a une plus grande possibilité de temps morts à la fin d'une période avec des élèves faibles (Doyle, 1986), comme l'a expérimenté Alexandre pendant un stage.

> **J'** avais fixé la période d'exercices individuels à environ 45 minutes. Rares étaient les fois où je vérifiais certains exercices, car il m'était difficile d'interrompre les élèves... Ils n'avançaient pas au même rythme et, souvent, les plus rapides dérangeaient les autres.

Rythmes d'apprentissage variés

Selon Langevin (1998), l'enseignant doit développer rapidement cette habileté à estimer le temps prévu pour réaliser chaque activité d'apprentissage. Qu'une période de temps soit insuffisante ou trop longue, elle aura le même effet négatif sur l'apprentissage des élèves.

Il est aussi important de bien doser le nombre d'activités durant une période d'enseignement. L'enseignant qui planifie de nombreuses activités accorde peu de temps à chacune, ce qui occasionne plusieurs transitions ainsi que de nouveaux départs, c'est-à-dire de nombreuses ruptures de la concentration. Cela se traduit par une gestion souvent difficile, surtout chez les élèves faibles. À l'opposé, les activités trop longues (par exemple, une ou deux activités durant une même période de 75 minutes), nécessitant peu de transitions et peu de nouveaux départs, se terminent souvent par un taux très faible de participation. Il en est de même dans les classes où l'enseignant commence le cours par de longs segments et, vers la fin de la période, tente de commencer quelque chose de nouveau, comme en fait foi le commentaire de Gregory, un autre stagiaire.

> **J'e** donnais trop d'importance (en temps) à l'amorce du cours, je privilégiais exagérément l'expression verbale des élèves... Mon désir de vulgariser, de m'adapter au niveau du secondaire et de ne pas perdre l'attention de mes élèves m'amenait à passer trop de temps à expliquer une notion.

Longue explication

En plus de la durée et du nombre, la sélection des activités d'enseignement devrait inclure une évaluation des niveaux de difficulté et une identification de buts réalistes afin de lancer un défi à l'élève plutôt que de provoquer une frustration (Lasley et Walker, 1986). Le taux de participation sera augmenté, la passivité et les comportements inacceptables possiblement écartés, étant donné que l'élève sera engagé dans la tâche.

D'autres comportements sont suggérés pour augmenter le temps d'apprentissage :

1. commencer la classe à temps (ce comportement montre à l'élève l'importance que l'enseignant accorde à l'apprentissage) ;

L'établissement d'un système de routines professionnelles touche plusieurs aspects de la tâche de l'enseignant. Chacun de ces aspects comporte à son tour de nombreuses consignes à préciser aux élèves, telles que celles concernant la remise des travaux.

2. gérer les transitions efficacement (si elles ne sont pas bien effectuées, elles peuvent provoquer des pertes de temps importantes);

3. développer des routines (par exemple, la distribution et la collecte des feuilles peuvent faire épargner beaucoup de temps);

4. donner des explications claires (la clarté est directement liée à la compréhension et à la réalisation des tâches par les élèves);

5. limiter et contrôler les interruptions (par exemple, résoudre des problèmes de comportement de manière discrète fait en sorte, d'une part, que l'élève concerné est plus réceptif et que les autres élèves ne sont pas dérangés et peuvent continuer leur travail);

6. circuler dans la classe (la proximité de l'enseignant engendre un meilleur engagement dans la tâche);

7. fournir du *feedback* sur le travail des élèves (les élèves se sentent plus engagés si l'enseignant suit de manière systématique leurs progrès, leur fait des commentaires sur des éléments précis du travail et leur prodigue des encouragements).

Selon certaines études, 70 % du temps total d'enseignement devrait porter sur les apprentissages scolaires; dans notre système scolaire québécois, cela équivaudrait à 3,5 / 5 heures par jour. Dans les situations où cette norme n'est pas observée, on doit conclure que les comportements indisciplinés des élèves réussissent à dévier l'enseignant de cet objectif. Dans de tels cas, il se pourrait que l'enseignant n'ait pas su instaurer des routines de travail efficaces pour prévenir les problèmes de discipline, ou qu'il se soit laissé entraîner dans des apartés pour satisfaire la curiosité d'élèves qui n'ont aucun rapport avec l'enseignement en cours. Cependant, des approches pédagogiques variées, comme le tutorat par les pairs et l'apprentissage coopératif, peuvent aider à maximiser le temps réel d'enseignement (Rhode et Reavis, 1995), comme l'a expérimenté Liliana lors de son stage.

Dosage des exercices

Trois élèves de mon groupe de 2ᵉ secondaire étaient très rapides. Ils avaient déjà terminé tous les problèmes, activités et exercices au programme. Le reste du groupe avait besoin de deux autres cours pour terminer ce travail. Les élèves rapides, n'ayant plus de travail à faire, dérangeaient continuellement le groupe. Au dernier cours, durant une période de travail d'équipe, je les ai même surpris à jouer aux cartes. Je leur ai donc proposé des exercices supplémentaires. Comme ils considéraient qu'ils avaient achevé tous les exercices obligatoires, les exercices supplémentaires ne les intéressaient pas vraiment, d'autant qu'ils comprenaient déjà bien la matière.

Liliana pose donc la question suivante à ses collègues sur leur forum de discussion : « Je suis un peu fatiguée de reprendre les élèves continuellement et de les avertir. J'aimerais trouver une manière constructive de les occuper. »

Plusieurs solutions, énumérées sur la grille 3.1, furent proposées par ses collègues. Pour vous permettre à votre tour de vérifier votre conception et vos croyances, répondez par oui ou par non aux solutions proposées sur cette fiche en imaginant ce que vous feriez dans la situation de Liliana.

 GRILLE 3.1

Différentes façons d'occuper les élèves qui terminent avant les autres		
SOLUTIONS	OUI	NON
Recourir à l'apprentissage par les pairs en confiant à chacun des élèves le rôle de chef d'une équipe.	●	●
Demander aux élèves de préparer une exposition sur la matière vue en classe.	●	●
Offrir aux élèves de faire une recherche dans Internet afin de trouver du matériel supplémentaire pour approfondir ou illustrer le contenu.	●	●
Donner un plus grand nombre d'exercices, sans spécifier lesquels sont obligatoires.	●	●
Laisser les élèves faire du travail personnel ou de la lecture, sans déranger les autres.	●	●
Séparer les élèves afin qu'ils ne soient pas assis ensemble au fond du local.	●	●
Mettre en place des projets de longue haleine que les élèves plus rapides pourraient faire lorsqu'ils ont du temps libre.	●	●

Après avoir pris connaissance des suggestions de ses collègues, Liliana décide d'une nouvelle stratégie.

Hier, j'ai proposé à mes trois lascars (élèves rapides) d'aider les élèves qui avaient plus de difficultés. Au début, ils étaient plus ou moins sérieux. Je les ai rappelés à l'ordre et, par la suite, ils ont bien réagi. Ils ont pris leur rôle au sérieux et ont réussi à aider certains des élèves plus faibles. Franchement, j'aurais dû y penser avant. Le tutorat par les pairs est vraiment une bonne manière de compenser la différence de vitesse entre les élèves forts et faibles.

Tutorat par les pairs

L'entraide entre pairs est une excellente manière de coopérer et d'aider un autre élève à maîtriser ses apprentissages.

Au témoignage de Liliana, ajoutons que le tutorat par les pairs permet de valoriser la force de certains élèves par rapport à certaines notions. Il favorise enfin les valeurs de partage et de solidarité entre concitoyens.

LES TRANSITIONS DANS UNE SITUATION D'ENSEIGNEMENT

À l'instar des moments critiques dans une journée, les transitions sont d'autres moments qui peuvent influer sur le déroulement d'une situation d'enseignement. Ce sont de courts moments, entre la fin d'une activité et le début d'une autre, provoqués par une consigne de l'enseignant à l'endroit de ses élèves. Les transitions sont la cause de la majorité des problèmes de discipline qu'éprouvent certains enseignants au cours de leur carrière. En effet, les comportements indisciplinés survenant durant les transitions sont presque deux fois plus nombreux que ceux qui surviennent durant d'autres moments. En fait, les périodes transitoires entre les activités peuvent donner une bonne idée du rythme et du taux de participation des élèves dans une classe. Les transitions peuvent aussi perturber le rythme d'une leçon si elles n'ont pas été planifiées. L'ouverture d'une leçon, le passage d'une activité à une autre et la fermeture d'un enseignement sont les trois moments de transition que nous empruntons au modèle de gestion de classe de Kounin (1970).

En 1963, il y avait peu de ressources pour aider l'enseignant qui éprouvait des problèmes de discipline en classe. C'est à ce moment que Kounin commence une série de travaux qui va changer la façon de penser la discipline en classe. Il fait progresser le concept de discipline vers un concept beaucoup plus englobant et plus intégré au fonctionnement de la classe. Il est convaincu de l'importance d'étudier la classe comme un écosystème plutôt que comme un ensemble d'individus isolés. Les stratégies de gestion de classe qu'il présente sont liées à la mise en scène (l'orchestration) d'une leçon et aux changements survenant dans son déroulement. Kounin décrit trois rôles de l'enseignant : celui d'instructeur, de manager et d'humain. Son rôle en tant qu'instructeur est d'offrir des activités d'enseignement appropriées. Celui de manager est de stimuler les élèves par des techniques de gestion de groupe efficaces, tandis que son rôle d'humain est de favoriser des interactions positives en classe. Nous verrons au chapitre 6 que ces trois rôles sont liés aux trois aspects du travail de l'enseignant : enseigner, encadrer et évaluer. Kounin est aussi l'un des premiers chercheurs à avoir utilisé de façon systématique l'enregistrement avec caméra pour analyser les comportements en classe.

Le modèle de Kounin repose sur six principes de base:

1. La **réverbération** (*ripple effect*): l'intervention de l'enseignant pour modifier le comportement d'un élève dans un groupe influence souvent le comportement des autres élèves autour de lui.
2. L'**hyperperception** (*withitness*): l'enseignant vigilant devrait savoir ce qui se passe dans tous les coins de la classe, à tout moment, et communiquer les faits aux élèves.
3. La **fluidité des transitions**: l'enseignant qui fait des transitions en douceur entre les différentes activités d'une situation d'enseignement et qui maintient un bon rythme tout au long de son déroulement a développé des habiletés efficaces de gestion de classe. Kounin a établi une relation entre le comportement des élèves et les changements dans le déroulement d'une leçon basé sur le maintien d'un rythme fluide et d'un bon *momentum*. En ce sens, il a noté deux erreurs fréquentes de transition dans le déroulement d'une leçon, à savoir la rupture non planifiée (*jerkiness*) et le ralentissement (*slowdown*).
4. Le **qui-vive** (*group alerting*): l'enseignant devrait chercher à maintenir le groupe en alerte et à demander la participation des élèves du groupe au contenu de la leçon, ce qui permettra un apprentissage optimal. Il devrait aussi corriger le comportement indiscipliné d'un élève dès qu'il survient, avant qu'il se multiplie ou devienne contagieux.
5. Le **chevauchement** (*overlapping*): l'enseignant doit être capable de faire face à deux événements à la fois. Il doit être en mesure de voir les comportements indisciplinés tout en demeurant à la tâche avec les autres élèves. Le chevauchement est intimement lié à l'hyperperception (*withitness*). L'enseignant qui maîtrise simultanément ces deux habiletés a une grande conscience de tout ce qui se passe en classe.
6. La **différenciation**: l'enseignant peut éviter la saturation chez l'élève (l'ennui) en lui indiquant ses progrès accomplis, en lui proposant des défis, en variant les activités d'enseignement, l'environnement de la classe et le matériel.

La majorité de ces principes seront repris dans le chapitre 5 en tant qu'habiletés de l'enseignant en vue de contrôler l'action en classe. Nous insistons toutefois dans ce chapitre sur le principe de fluidité des transitions dans le déroulement d'un enseignement. Ce principe suggère deux actions de base à l'enseignant:

• ne pas donner une nouvelle information, ou ne pas intervenir à la suite d'une infraction mineure, pendant une activité d'enseignement. Il s'agit de diminuer les interruptions et les distractions pendant que les élèves effectuent une tâche;
• fermer une activité avant d'en ouvrir une autre.

Les habiletés proposées par Kounin visent la création et le maintien d'un climat de classe approprié dont le but premier est de faire réaliser des apprentissages. Ce chercheur croit qu'un élève concentré sur son travail ne dérangera pas, d'où l'importance d'inciter l'élève à demeurer à la tâche. Pour ce faire, Kounin propose quatre habiletés essentielles pour gérer les moments de transition. Il s'agit de planifier des transitions; de maintenir un rythme régulier en classe, de déterminer le moment des transitions et d'en prévoir la durée.

HABILETÉ À PLANIFIER DES TRANSITIONS

La planification des transitions comprend la structuration des actions: 1. transmettre les consignes liées aux déplacements et à l'utilisation du matériel; et 2. énoncer les étapes de la tâche d'apprentissage ainsi que sa durée, etc. Les transitions peuvent être planifiées, sans trop d'effort, pour réduire au minimum les comportements indisciplinés. Si les élèves savent ce qu'ils ont à faire, ils vont généralement le faire de façon disciplinée et autonome. L'expérience de Charles durant un stage indique une meilleure compréhension des consignes importantes à donner.

Dire ou écrire les consignes ?

Le moyen que j'ai trouvé le plus efficace pour éviter la confusion est d'écrire les consignes au tableau au fur et à mesure que je les dis. Les consignes sont alors toutes données et on est certain que les élèves n'auront rien oublié. Toutefois, un rappel verbal est toujours efficace.

Il apparaît que les transitions se révèlent plus efficaces (perturbation minimale) quand l'enseignant met fin à une activité avant d'en commencer une autre. Dans ce cas, il annonce la transition et attend un certain temps pour s'assurer de l'attention des élèves. Une technique fréquemment utilisée avant de changer d'activité (par exemple au moment du passage d'un travail individuel à un exposé magistral) consiste à dire : « Déposez vos crayons et regardez-moi ! », puis l'enseignant peut rappeler à l'ordre les élèves qui ne respectent pas cette consigne. S'il ne s'assure pas d'avoir l'attention de tous les élèves avant de commencer à donner les consignes de la nouvelle activité, nombre d'entre eux vont poursuivre l'activité précédente pendant la transmission des consignes et ne les auront pas comprises. Ils seront donc incapables d'entreprendre une nouvelle activité et feront répéter les consignes déjà mentionnées par l'enseignant. C'est ainsi que le déroulement de la leçon est interrompu.

Les transitions se font en douceur. Les interventions de l'enseignant sont brèves et séquentielles. À l'opposé, l'exemple le plus fréquent est celui de l'enseignant qui ne voit pas venir la fin d'une période ni ses élèves qui se précipitent vers la porte. Dans ce cas, n'ayant pu achever la période comme il le voulait avant que la cloche sonne, l'enseignant dira quelque chose comme : « Vous pouvez y aller ! » et les élèves se précipiteront vers la porte. Ensuite, l'enseignant se rappellera qu'il avait à communiquer un message aux élèves et interviendra dans la cohue. Cet exemple montre à quel point il importe de préparer les élèves aux transitions. Voici un exemple de transition bien gérée : « Dans cinq minutes nous allons commencer une dictée. Finissez vos exercices. Je vais vous dire à quel moment ranger votre matériel. » Ou encore : « À la fin d'un cours, je vous demande de rester à votre place, car j'aurai un message important à vous communiquer. » (Arlin, 1979 : 42-46)

HABILETÉ À MAINTENIR UN RYTHME RÉGULIER EN CLASSE

Le bon déroulement d'un enseignement repose sur le maintien d'un rythme régulier, lequel dépend de deux facteurs qui jouent un rôle prédominant en gestion de classe. Il s'agit, d'une part, des transitions et, d'autre part, de la continuité dans les systèmes de signaux. Quand l'un ou l'autre de ces facteurs fait défaut, il s'ensuit des ruptures dans le déroulement de l'action. Il devient en conséquence nécessaire de recourir aux règles puisque l'ordre de la classe se trouve perturbé, et ce, même dans les écoles où s'exerce une discipline sévère.

L'absence d'à-coups dans le déroulement d'un enseignement permet de maintenir le *momentum* lorsque les élèves sont au travail (Arlin, 1979). Les à-coups sont des actions de l'enseignant qui entraînent des ruptures ou des coupures discordantes dans le déroulement des activités. Cela est particulièrement indiqué dans des situations où l'enseignant détourne l'attention des élèves pendant une activité dans laquelle ils sont engagés. Un à-coup peut se produire, par exemple, lorsque l'enseignant ne prévoit pas la fin d'une période. Se trouvant pris au dépourvu par le son de la cloche, il se voit dans l'obligation de passer un message de dernière minute pendant que les élèves se précipitent hors de la classe. Il obtient alors difficilement leur attention. De telles interruptions dans le déroulement peuvent se produire aussi à cause d'un *flip-flop*, c'est-à-dire lorsque l'enseignant met fin à une activité, en commence une autre, puis revient à l'activité précédente, par exemple : « En passant, j'ai oublié de vous dire durant la dictée d'apprendre les mots suivants en devoir... »

La régularité, la fluidité, est l'absence de ralentissements, l'absence d'actions, de la part de l'enseignant, susceptibles de ralentir le rythme dans le déroulement des activités d'enseignement, de freiner le mouvement ou de produire ce qu'on appelle des « longueurs ». Comme les transitions peuvent, par définition, nuire sérieusement au déroulement de l'action, il peut être difficile de maintenir le *momentum* durant les changements d'activités. Les commentaires de Lætitia montrent comment elle a appris à maîtriser les transitions.

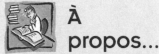

À propos...

Le fil de l'action

Des interruptions imprévues dans le fil de l'action en classe peuvent nuire à la concentration des élèves. Le respect de la planification des transitions doit être observé.

P our faire les transitions, je prépare bien les élèves, car ils risquent de faire perdre le fil du cours. J'ai constaté qu'il est important pour les élèves de savoir que l'enseignant est prêt et que tout le matériel est à portée de main. En présence de temps mort, je sais qu'ils en profiteront.

La continuité dans le système de routines professionnelles est le second facteur qui permet de maintenir un rythme régulier en classe. Ce système est un code explicite et constant qui accompagne les transitions (Kounin et Gump, 1974). Les routines sont des consignes que l'enseignant donne aux élèves et qui, dans une situation particulière, génèrent un certain comportement. Il y a continuité dans le système de routines quand une action et son résultat immédiat donnent l'impulsion à l'action suivante, causant ainsi une sorte d'effet d'entraînement. Dans ce cas, les élèves savent exactement ce qu'ils ont à faire et, une fois les routines et les procédures établies au début de l'année, l'enseignant n'a qu'à les répéter à l'occasion. Il est certain que l'enseignant doit consacrer plus de temps au début et exiger que les élèves recommencent jusqu'à ce qu'ils fassent correctement ce qu'on attend d'eux (par exemple, demander aux élèves de replacer leurs livres sur l'étagère selon la manière indiquée). Toutefois, ces routines et procédures bien comprises et assimilées génèrent une économie de temps. L'expérience de Grégory au cours d'un stage témoigne d'un système de routines professionnelles instable.

Le silence

L orsque la classe est dissipée, j'essaie d'attendre le silence. Le problème c'est que, parfois, je risque de l'attendre longtemps. De plus, je changeais trop souvent mes moyens de faire comprendre aux élèves que je voulais le silence, ce qui fait qu'ils ne savaient pas quelles étaient réellement mes attentes.

Les gestionnaires efficaces qui maîtrisent le rythme du déroulement d'un enseignement arrivent en classe bien préparés et font appel à un système de routines professionnelles constant. Il n'y a pas de temps mort. L'enseignant n'a pas besoin de s'arrêter pour aller chercher un objet qui n'est pas prêt au moment voulu, ou pour consulter un manuel (Brophy, 1984). On peut maintenir le rythme de l'action grâce à une bonne planification et à des habiletés de gestion qui réduisent au minimum les comportements indisciplinés et assurent le déroulement continu d'une leçon. Cela vaut également pour les habiletés à planifier et à déterminer le moment et la durée des transitions.

HABILETÉ À DÉTERMINER LE MOMENT DES TRANSITIONS

Comme il en a été fait mention précédemment, les transitions ont un effet considérable sur le maintien du rythme dans le déroulement d'un enseignement en classe. De plus, elles procurent aux élèves une rétroaction par rapport à leur propre rythme de travail et d'apprentissage. Par exemple, si, au moment d'une transition, un élève a toujours du retard, il en conclura qu'il devra désormais travailler plus rapidement. Parfois, les novices qui réalisent les transitions les plus efficaces semblent déterminer implicitement le moment des transitions. Un moyen souvent utilisé consiste à se fier à un élève dont le temps requis pour réaliser les tâches est représentatif du groupe : « Quand Paul aura trouvé la bonne réponse, tout le monde devrait l'avoir trouvée. »

Également, pour déterminer le moment des transitions, l'enseignant utilise principalement comme critère les réactions du groupe. Par exemple, dans un groupe hétérogène, de nombreux élèves forts risquent de s'ennuyer à attendre que les autres aient terminé leur travail. Par ailleurs, les élèves n'ayant pas terminé peuvent percevoir les transitions comme étant trop abruptes. Dans ce cas, il pourra s'avérer difficile d'obtenir l'attention des élèves sur la nouvelle activité, car il se peut qu'ils tentent encore de terminer l'activité précédente, ou qu'ils aient complètement décroché de la leçon. Un autre témoignage du stagiaire Grégory illustre bien cette habileté à déterminer le moment approprié pour assurer le passage d'une activité à une autre.

« Au bon moment »

Une transition « au bon moment » permet de respecter le rythme de travail de tous les élèves. Une transition trop rapide ou trop tardive crée des frustrations chez les élèves.

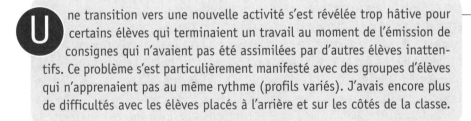

Une transition vers une nouvelle activité s'est révélée trop hâtive pour certains élèves qui terminaient un travail au moment de l'émission de consignes qui n'avaient pas été assimilées par d'autres élèves inattentifs. Ce problème s'est particulièrement manifesté avec des groupes d'élèves qui n'apprenaient pas au même rythme (profils variés). J'avais encore plus de difficultés avec les élèves placés à l'arrière et sur les côtés de la classe.

L'écoute des consignes

L'enseignant peut aussi recourir au groupe d'élèves pour vérifier le degré de coopération envisagé durant les activités. Ainsi, il pourra effectuer des transitions au moment où le groupe ciblé manifeste une baisse réelle de coopération. L'enseignant est habituellement incapable d'expliquer les fondements de ses décisions dans de telles situations (Arlin, 1979). Il réagit probablement inconsciemment aux signaux des élèves, tels que l'ennui, le manque d'intérêt, le babillage, etc.

Nous pouvons conclure que le fait de déterminer le moment des transitions à partir de la « lecture précise » des réactions d'un élève ou d'un groupe d'élèves baromètre (servant de critère pour justifier le moment d'une transition) est un indicateur qui aide à maintenir la régularité du rythme durant une leçon. Dans le cas contraire, les transitions pourraient être accompagnées de comportements indisciplinés.

HABILETÉ À PRÉVOIR LA DURÉE DES TRANSITIONS

Une fois la planification et le moment de la transition fixés, il faut prévoir la durée de cette transition. Ce temps varie selon qu'il s'agit d'une transition courte ou d'une transition longue. Les premières se produisent entre différentes interventions durant le tour de parole, tandis que les secondes ont lieu entre les activités ou les parties d'un enseignement. La durée des transitions longues dépend généralement de l'ampleur des changements à apporter. Par exemple, un changement de travail sans modification de structure du groupe ne nécessite ordinairement qu'une brève transition commandée par des signaux clés (Arlin, 1979). En revanche, un réaménagement de la classe (par exemple, le passage d'un travail individuel à un travail d'équipe) exige plus de temps et, dans ce cas, l'enseignant recourt à un grand nombre de consignes pour maintenir l'ordre jusqu'au début de la prochaine activité. Nous appelons ce temps de déplacement « un battement » et il requiert en général de 2 à 5 minutes. Il faut donc le prendre en considération dans la gestion du temps et le mentionner aux élèves. Par exemple, « vous avez 3 minutes pour vous placer en équipe ». Au secondaire, toutefois, les transitions occupent moins de temps qu'au primaire étant donné l'aménagement spatial qui demeure sensiblement le même entre les périodes d'enseignement.

Le rythme d'apprentissage des élèves peut aussi affecter la durée des transitions. Au 1er cycle du secondaire, les transitions sont plus nombreuses dans les classes caractérisées par un rythme d'apprentissage plus rapide, mais la durée moyenne d'une transition et le temps total accordé à cette fin sont plus élevés dans les classes plus faibles (Doyle, 1986). Dans la situation suivante, l'enseignante Nathalie observe le rythme de son groupe, stimule les retardataires et suscite la participation.

Transition en continuité

Dans les groupes composés d'élèves de profils variés, j'établissais une transition trop rapide d'une activité à l'autre. Des élèves protestaient parce qu'ils n'avaient pas compris les consignes associées à la nouvelle activité : soit ils étaient encore en train de terminer d'inscrire des notes dans leur cahier, ou d'essayer de comprendre la notion précédente, soit ils n'étaient tout simplement pas attentifs.

Une autre expérience vécue cette fois par Soraya, une stagiaire, apporte des précisions sur la gestion de l'ensemble des actions pour effectuer des transitions efficaces.

Je remarquais quelques lacunes dans l'analyse de ma transmission de consignes. Lorsque je présentais la tâche à réaliser, j'informais les élèves des applications possibles de la théorie qui serait vue pendant le cours. Ainsi, les élèves pouvaient donner un sens à la tâche. Je précisais que c'était un travail individuel et qu'ils avaient le reste de la période pour le faire. Je leur disais que les exercices pouvaient aussi être faits à la maison, à condition qu'ils lisent jusqu'à la fin de la période. Cette routine avait été instaurée dès le début de l'année par mon enseignant associé. Finalement, j'ai dit que les exercices allaient être corrigés à la prochaine période et j'ai pris la peine d'écrire les pages d'exercices au tableau pour mieux diriger les élèves. Pendant que les élèves faisaient leurs exercices, j'ai circulé entre les rangées mais j'ai oublié de leur dire que j'étais disponible pour répondre à leurs questions en cas d'incompréhension. J'ai également oublié de leur dire ce qu'ils devaient faire lorsque la tâche serait terminée. Cela a eu pour effet que plusieurs élèves, ayant terminé leur travail, se sont mis à parler entre eux. Par ailleurs, les élèves avaient déjà en mains le matériel nécessaire pour exécuter une tâche supplémentaire. Comme j'avais préparé la veille un corrigé de ces exercices, il était sur mon bureau et les élèves pouvaient ainsi s'autocorriger.

Tous ces témoignages reflètent des maladresses tant chez les stagiaires que chez les enseignants au cours des transitions dans le déroulement d'une situation d'enseignement. Dans le premier cas, les consignes étaient imprécises ; dans le deuxième, une activité s'est poursuivie alors qu'une autre avait débuté et, en dernier lieu, il y a eu une perte de temps considérable causée par des consignes nombreuses et détaillées. Cependant, le témoignage de Soraya montre l'habileté de cette stagiaire à prendre conscience de ses agissements et à tenter de remédier à ces maladresses en s'autoanalysant à partir de la grille d'observation des transitions (voir page 114).

Par ailleurs, pour appliquer adéquatement ces différentes habiletés au cours des transitions il faudra tenir compte des trois moments stratégiques : 1. l'ouverture d'une situation d'enseignement ; 2. le passage d'une activité à une autre ; et 3. la fermeture d'une situation d'enseignement.

L'OUVERTURE D'UNE SITUATION D'ENSEIGNEMENT

L'ouverture est le moment de transition qui permet de créer le climat d'apprentissage dont dépend tout le déroulement d'une leçon ou d'un enseignement. Selon Burden (1995), les élèves doivent comprendre que l'enseignant désire qu'ils soient attentifs pendant qu'il parle. Une leçon débute quand l'enseignant obtient l'attention complète de tous les élèves. Dans le cas contraire, il peut perdre beaucoup de temps à répéter les consignes. Un enseignant qui commence une leçon sans l'attention des élèves présente une faible image d'autorité, puisqu'il laisse croire qu'il est acceptable de parler pendant que les autres parlent. Un signal prévisible et routinier doit être mis en place : « Nous allons maintenant commencer le cours. » Ce signal peut varier selon les préférences de l'enseignant. Par exemple, il lève la main, émet un bruit quelconque, tel que fermer la porte, éteindre les lumières, donner une indication verbale ou dire une phrase spécifique. Toutes ces indications auront été déterminées à l'avance avec les élèves. Il peut aussi rester debout en silence et attendre que les élèves comprennent son message. Toutefois, après avoir donné le signal, l'enseignant doit faire une brève pause et créer une ambiance propice aux apprentissages. Après avoir obtenu l'attention, l'enseignant commence aussitôt la leçon.

Pour assurer la transition de l'ouverture d'un enseignement, l'enseignant entreprend la planification des actions suivantes :

- l'aménagement spatial est mis en place et le matériel, préparé avant l'entrée des élèves (cette tâche de gestion est planifiée avant d'entrer en classe) ;
- la façon d'accueillir les élèves ;
- l'administration des tâches routinières, telles que la prise des présences, la présentation des annonces, etc. ;
- les moyens pour susciter l'intérêt des élèves tels un menu écrit au tableau avant l'arrivée des élèves, un déclencheur (mise en situation) en lien avec la compétence ou l'objectif du contenu disciplinaire, un rappel des connaissances (préalables), une schématisation des contenus à enseigner et, enfin, une présentation de l'utilité du concept à l'étude.

L'accueil de l'enseignant fait en sorte que chaque élève se sent bienvenu dans la classe.

L'accueil des élèves peut se faire dans la classe ou à la porte de la classe. Chaque élève doit se sentir le bienvenu. Des routines doivent être établies dès que les élèves entrent en classe. Par exemple, l'enseignant demande de prendre en note le devoir et l'étude, de sortir le matériel nécessaire pour le cours, etc., consignes préalablement écrites dans le menu au tableau. Un endroit fixe peut être aussi prévu dans la classe pour prendre et remettre le matériel, les devoirs, les polycopies.

La prise des présences est une tâche administrative obligatoire à laquelle l'enseignant doit se conformer. Il existe différentes procédures et divers formulaires à remplir selon les établissements scolaires. Réciter la litanie des noms de chaque groupe d'élèves s'avère une répétition ennuyeuse et monotone qui entraîne une perte de temps et de regrettables erreurs lorsqu'un élève répond à la place d'un autre. Le recours à un plan de classe est une procédure plus efficace. Par contre, elle exige que les élèves se placent toujours au même endroit en entrant en classe. (Vous pouvez consulter la section « Faire connaissance pour faire confiance », page 35, et « Prendre sa place en classe », page 44, pour vous aider.) Bahia, une enseignante, raconte son expérience à ce sujet.

C omme la cloche sonne et que tous les élèves ne sont pas assis à leur place, j'ai remis la prise de présences à plus tard... Au bout de 10 minutes, la porte s'ouvre et la responsable me demande la liste des absences... Je cours à mon bureau et un élève s'approche et m'aide à repérer rapidement qui n'est pas là. Comme j'apprécie son attention, j'écris les noms qu'il me donne en ne vérifiant que du coin de l'œil et je remets le billet à la commissionnaire. Quinze minutes après, je me rends compte (en l'écoutant se marrer avec un ami) qu'il m'a roulée et m'a signalé un élève absent, alors qu'il était là ! Je l'ai convoqué après la classe et je lui ai dit que son comportement était inadmissible. De plus, je lui ai dit que je le mettrais absent pour les prochains cours, autant de fois que j'aurais à le ramener à l'ordre pendant la prochaine semaine... J'ai peut-être réagi trop fort, mais je trouvais que c'était effectivement inacceptable.

Prise des présences

La communication des annonces ou des nouvelles provenant de différentes sources (faits d'actualité, message de la direction par l'interphone) peut se faire oralement ou par écrit. Par exemple, un babillard installé en permanence permet aux élèves d'être informés avant le début de chaque enseignement.

La présentation du menu dans l'ouverture d'un enseignement semble être un excellent aide-mémoire pour l'enseignant. Elle consiste à écrire au tableau, ou sur une feuille à distribuer, le résumé des étapes d'une leçon ou d'un temps d'enseignement. Elle peut aussi préciser le matériel adéquat ainsi que la durée, les consignes et les étapes de la réalisation des tâches d'apprentissage. La présentation du menu peut aussi se faire oralement à l'ouverture d'une leçon et, par la suite, tout au long de son déroulement. Un tableau-menu peut même être aménagé dans la classe. L'utilisation du menu comporte des avantages certains tels que :

• permettre de situer les élèves dans le déroulement d'un enseignement ;
• favoriser le développement de l'autonomie dans le travail, car l'élève sait ce qu'il aura à faire et comment le faire ;
• faciliter la participation de l'élève (prévoir une rubrique à cet effet au menu) ;
• servir de guide pour la prise de notes en y insérant les titres et les sous-titres du manuel de base ou du recueil de notes.

Plusieurs enseignants ont mis au point des façons de faire dynamiques avec le menu, telles qu'ajouter des citations ou des problèmes de gymnastique intellectuelle (exercice de logique en lien avec leur discipline, un calembour, une devinette, un problème de mathématique, de géographie ou d'histoire). Par exemple : Qui a offert la Statue de la Liberté aux Américains ? En quelle année ? Pourquoi le méridien zéro est à Greenwich ?, etc. ou des blagues de bon goût. Les élèves peuvent participer à tour de rôle en y allant de leurs ajouts au menu.

TABLEAU 3.4

Menu au primaire

Menu du jour   Date :

                                                                    Jour 8

8 : 30	Routine du matin
8 : 40	Causerie
8 : 55	Caprice des mots (vocabulaire de la semaine)
	Bonjour les verbes! (amorce de la conjugaison)
9 : 30	Musique (au local de M. Claude)
10 : 30	Récréation
10 : 45	Projet vidéo (en équipe)
11 : 20	Bibliothèque
11 : 50	Dîner
13 : 15	Mathématique (atelier manipulation)
14 h	Projet (début du tournage)
	Ateliers (pendant le tournage des 6 équipes)
15 : 05	Sac et rangement
15 : 15	Sortie et surveillance pour Martine

Bon lundi à tous !

Ce menu informe clairement les élèves du déroulement et du contenu de la journée. Une mise en train de la journée est amorcée par une causerie. Par la suite, selon une durée précise, les différentes disciplines se succèdent en alternance avec un projet d'équipe. Les routines d'une journée régulière pour la réalisation des transitions d'ouverture et de fermeture, les récréations et le matériel semblent bien installées.

Un autre exemple de menu, qui a été utilisé pour un atelier portant sur la gestion de classe dans le cadre d'une formation avec des enseignants novices d'une commission scolaire, est présenté à la page suivante.

TABLEAU 3.5

Menu pour un atelier

Menu (6ᵉ rencontre)

6.1 Revoir le contenu des 5 rencontres précédentes à l'aide d'un schéma sur la gestion de classe. Durée : 5 min

6.2 Concrétiser la dimension gestion de la planification : élaborer un plan de leçon en inscrivant les actions de l'enseignant et des élèves. Durée : 25 min

PAUSE : 15 min

6.3 L'ouverture des classes en début d'année :

    a) mise en commun de nos expériences ;

    b) suggestions de deux activités à vivre lors de l'ouverture des classes

       • l'activité « Carte d'identité » : 15 min

       • l'activité « Graffiti de la rentrée » : 30 min

6.4 Conclusion-synthèse

Aménagement spatial et matériel

• schéma sur la gestion de classe ;

• texte sur la composante « planification » ;

• modèle de planification d'une situation d'enseignement ;

• 12 cartes d'identité ;

• 4 grandes feuilles blanches (type papier journal) ;

• contrats pour les deux activités ;

• bibliographie sur la gestion de classe.

Bonne gestion de vos activités d'enseignement !

Thérèse Nault

Une bonne routine d'entrée pour l'élève consiste à lire le menu.

Dans cet exemple, nous retrouvons les éléments de base composant un menu, à savoir le contenu d'une leçon et son déroulement, les tâches d'apprentissage avec leur durée et le matériel nécessaire. La numérotation pour la prise de notes y apparaît et pourrait constituer les subdivisions de la sixième rencontre.

Note sur l'activité 3.2

L'activité 3.2 présente une routine professionnelle à l'ouverture d'une leçon ou d'une situation d'enseignement.

Objectifs :
Créer un sentiment d'appartenance à l'école. Apprendre à connaître les autres et augmenter l'estime de soi.

Modes de groupement et critère de formation :
Équipes de 2, 3 ou 4 élèves provenant de plusieurs classes d'un même cycle ou de cycles différents, par exemple jumeler des élèves du 1er cycle du primaire ou des élèves du 1er cycle du secondaire.

Aménagement spatial et matériel :
Cartons ; crayons feutres ; ruban adhésif ; emplacement permanent pour chaque équipe hors de la classe ; sujet de discussion chaque semaine.

Déroulement et consignes :
• Former les équipes.
• Remettre à chaque élève le lieu des rencontres, la date et l'heure.
• Avant chaque rencontre, l'enseignant transmet une consigne précise sur le sujet qui sera discuté en équipe.
• Après la discussion, chaque élève revient dans sa classe.

Mise en commun :
En grand groupe, retour sur les échanges.

Durée :
Déterminer la fréquence, la durée et le moment des rencontres des équipes, par exemple 1 fois toutes les 2 semaines, durant 15 minutes avant le dîner ou en fin de journée.

Variante :
Pause pédagogique. Prendre 10 minutes du temps prévu au début de chaque leçon ou de rencontre pour discuter du contenu qui sera enseigné, s'informer entre coéquipiers d'une lecture en devoir ou d'une expérience vécue ou échanger les notes de cours entre élèves.

1. Adaptation de l'activité « Les familles coopératives » de Howden et Martin (1997 : 45).

Le tableau 3.6 illustre une gestion de la planification de l'ouverture d'une situation d'enseignement à l'université. Il s'agit d'un extrait de l'activité 4.2 « Jeu de questions » (voir page 134). Le tableau 3.7 présente une ouverture pour une activité s'adressant aux élèves du primaire. Ces planifications intègrent le modèle de participation en classe prévoyant une alternance entre les actions de l'enseignant et celles des élèves, telle que présentée à la page 74.

TABLEAU 3.6

Exemple de planification de l'ouverture d'une situation d'enseignement s'adressant à des étudiants universitaires et intitulée « Le jeu de questions »

ÉTAPES	DESCRIPTION DU DÉROULEMENT	
0. Aménagement spatial et matériel		
Regrouper les bureaux en îlots de 4 et placer une grande feuille au centre. Inscrire sur cette feuille le nom d'une catégorie de questions et la diviser en 8 sections. Une section par catégorie de questions.		
Sur un bureau à l'avant, placer une enveloppe renfermant ± 20 énoncés couvrant les 8 catégories de questions ; préparer des séries de coupons représentant les catégories de questions selon le nombre d'élèves dans le groupe.		
Écrire le menu de l'activité au tableau.		
1. Ouverture (± 5 min)		
	ACTIONS DE L'ENSEIGNANT	ACTIONS DES ÉTUDIANTS
1.1 Accueil	• L'enseignant est à la porte du local ; il salue chaque étudiant et lui remet un coupon. • Il vérifie que chacun va au bon îlot. • Il lit le menu ou le fait lire par un étudiant.	• Les étudiants retrouvent l'îlot correspondant à leur catégorie. • Ils écoutent.
1.2 Objectif	• Il dit : « À la fin du cours, vous serez capables de distinguer huit catégories de questions. »	• Ils écoutent et demandent des explications, s'il y a lieu.
1.3 Situer le contenu dans le programme et présenter son utilité	• Il dit : « Cette activité fait partie du cours "Mesure et évaluation des apprentissages" en 3e année du baccalauréat en enseignement au secondaire. Elle vous sera utile pour la construction d'un examen sommatif. »	
1.4 Prendre connaissance du matériel	• Il décrit le matériel.	• Ils découvrent le matériel sur l'îlot.

Nous observons, dans la planification du tableau 3.6, que les actions de l'enseignant et celles des élèves sont prévues. La participation de chacun semble bien équilibrée. L'aménagement spatial et le matériel sont planifiés avant d'entrer en classe. Il n'y a pas d'imprévu. Le menu comprend plusieurs éléments pour informer l'élève, le situer et le motiver à participer à cette tâche.

TABLEAU 3.7

Exemple de planification de l'ouverture d'une situation d'enseignement au primaire « Bienvenue dans ma seigneurie » (Steve Quirion, Service national du RÉCIT) [2]

ÉTAPES	DESCRIPTION DU DÉROULEMENT	
0. Aménagement spatial et matériel Former des îlots de 4 bureaux et placer au centre un grand carton représentant une ville ou un coin de campagne ; préparer des coupons Ville / Campagne dans un rapport de 1 sur 5 selon le nombre d'élèves ; écrire le menu de la journée au tableau.		
1. Ouverture (± 10 min)		
1.1 Accueil	ACTIONS DE L'ENSEIGNANT	ACTIONS DES ÉLÈVES
	• L'enseignant est à la porte du local ; il salue chaque élève et lui remet un coupon. • Il vérifie que chacun va au bon îlot. • Il lit le menu ou le fait lire par un élève.	• Les élèves saluent l'enseignant. • Ils retrouvent l'îlot correspondant à leur coupon. • Un élève lit le menu. • Ils écoutent.
1.2 Intention pédagogique	• Il dit : « À la fin de cette leçon, vous aurez pris conscience de la place qu'occupe l'agriculture dans notre société d'aujourd'hui. »	• Ils écoutent et demandent des explications, s'il y a lieu.

1.3 a) Situer les éléments du programme de formation :
• **domaines généraux de formation : environnement et consommation**
• **compétence transversale :**
  – **Exploiter deux outils TIC.**
• **compétences disciplinaires :**
  – **Lire l'organisation d'une société sur son territoire.**
  – **Lire et écrire des textes variés.**
 	
b) Présenter l'utilité de ce contenu.
	• Il dit : « Cette activité fait partie du domaine de l'univers social et vise la compétence : « Lire l'organisation d'une société sur son territoire ». Vous serez aussi appelés à lire et à écrire des textes variés. Nous exploiterons également le traitement de texte et un logiciel de dessin. »
	
	• Il dit : « Cette situation vous amènera à vous interroger sur le phénomène d'urbanisation et ses conséquences sur l'environnement. »	

2. Pour en savoir plus sur cette activité, consultez le lien suivant : http://www.recit.qc.ca/article.php3?id_article=107&id_secteur=67

TABLEAU 3.7 (SUITE)

ÉTAPES	DESCRIPTION DU DÉROULEMENT	
	ACTIONS DE L'ENSEIGNANT	ACTIONS DES ÉLÈVES
1.4 Déclencheur Questions :	• Il demande aux élèves qui ont un coupon «ville» de lever la main. • Il demande aux élèves qui ont un coupon «campagne» de lever la main. • Il demande : «Comment les gens de la campagne vivaient-ils à l'époque?» • Il ajoute : «Qu'est-ce qui pourrait expliquer qu'il y a plus de gens à la ville aujourd'hui?»	• Ils lèvent la main. • Ils calculent le nombre. • Ils établissent le rapport et tentent de l'expliquer.

L'expérience du stagiaire Charles sur l'analyse de son ouverture d'une période d'enseignement est éclairante.

> **L** ors du visionnement de mon ouverture, j'ai noté que j'étais à la porte avant que la cloche sonne et que j'avais pris le temps d'accueillir les élèves et de répondre à leurs questions. Toutefois, j'ai remarqué que je n'avais pas lu mon menu immédiatement après ma salutation. Je l'ai bien présenté aux élèves, mais un peu plus tard dans le cours. Si je l'avais fait au début, j'aurais peut-être attiré leur attention sur les activités prévues.

Analyse d'une ouverture

Charles se montre capable de réfléchir sur sa pratique d'enseignement et désire améliorer la présentation du menu comme élément accrocheur. Pour boucler sa démarche réflexive, il pourra vérifier son hypothèse au prochain cours. Il est capable de réguler sa pratique d'enseignement.

LE PASSAGE D'UNE ACTIVITÉ À UNE AUTRE

En plus de tenir compte de l'ouverture d'une leçon, il faut planifier les moments d'arrêt ou de changements entre les activités prévues dans une situation d'enseignement. Selon les habiletés décrites dans ce chapitre, afin de gérer les passages d'une activité à une autre, l'enseignant a préalablement planifié le moment et la durée de ces transitions.

L'enseignant doit d'abord fermer une activité avant d'en ouvrir une autre. Pour ce faire, il prévient les élèves du temps qu'il reste avant la fin de l'activité en cours. Ensuite, il obtient l'attention par un signal qu'il a préalablement déterminé avec ses élèves pour transmettre les consignes de la prochaine activité.

Les consignes doivent être claires et concises. Comme l'a si bien dit Boileau : « Ce qui se comprend bien s'énonce clairement et les mots pour [l'écrire] viennent aisément ». Les consignes claires aident les élèves à apprendre plus rapidement, avec plus de succès, et à comprendre les attentes de l'enseignant. Cette clarté a sa place dans toutes les activités de la classe, mais elle est cruciale pendant les transitions. Voici quelques comportements efficaces qui favorisent la clarté et la transmission des consignes :

- Présenter l'information de façon systématique en soulignant les étapes du déroulement de la situation et en les faisant respecter.
- Diviser l'information complexe en des portions assimilables ou en étapes.
- Donner des consignes « étape par étape » ; la numération des étapes aide : 1re, 2e, 3e, etc.
- Vérifier la compréhension des élèves avant de poursuivre.
- Donner une variété d'exemples et de contre-exemples concrets.
- Faire référence à des objets concrets.
- Énoncer clairement ce qui est attendu, ce qui ne l'est pas et pourquoi.
- Refaire l'exercice plusieurs fois pour assurer le succès (dans une approche inductive, cette consigne ne s'applique pas).

Une consigne débute généralement par un verbe d'action pour inciter les élèves à agir. Ce verbe peut être à l'infinitif ou à l'impératif présent. Nous préférons utiliser la 2e personne du pluriel, au secondaire, car nous nous adressons au collectif de la classe. Toutefois, plusieurs enseignants du primaire vont conserver l'utilisation de la 2e personne du singulier. C'est une question de choix. Néanmoins, il convient d'observer si les élèves du secondaire réagissent bien au « tu ». Nous croyons que l'utilisation du « tu », peut entraîner une plus grande familiarité dans les interactions entre les élèves et les enseignants. C'est un choix en fonction de la personnalité de l'enseignant, à moins de précisions particulières de la direction de l'école. Par ailleurs, il est utile d'ordonner les consignes en les numérotant ou en se servant des lettres de l'alphabet. Ce procédé aide les élèves à comprendre les procédures et les actions à mettre en œuvre. Enfin, il importe de mentionner la tâche qui suivra.

L'exemple suivant illustre les consignes entourant une tâche dans le but de comprendre l'utilisation des figures de style :

1. Écrivez dans votre cahier de notes la définition d'une métaphore. (1 min)
   À partir de maintenant, vous travaillerez en dyade avec votre voisin de droite.
2. Comparez vos définitions, choisissez-en une et améliorez-la au besoin. (2 min)
3. Écrivez une phrase qui va comporter une métaphore. (2 min)
4. Partagez (en plénière) quelques définitions et exemples avant de retenir une définition. Finalement, dans un article du journal, trouvez plus de cinq métaphores.
5. Travaillez pendant cinq minutes au total. Attendez le signal après une minute pour passer à la deuxième étape, puis à la troisième.

Les consignes peuvent être transmises oralement, ou par écrit, selon leur quantité et leur complexité. Pour Emmer *et al.* (1994 : 48), certains enseignants écrivent les consignes et les étapes au tableau sur une surface où il est indiqué « ne pas effacer » et ils complètent par des explications orales. D'autres mettent en place une routine ou demandent aux élèves de copier la ou les consignes dans un cahier de notes ou sur leur feuille de travail. Il est préférable de garder la trace des consignes quotidiennes pendant une semaine pour renseigner les élèves qui étaient absents. Par contre, si les consignes sont complexes, par exemple celles d'un projet à long terme, il est bon d'en remettre une copie aux élèves, ou à l'équipe, sous forme de contrat d'apprentissage (voir activité 1.1, page 15 ; activité 1.2, page 16 ; activité 2.1, page 36 ; activité 2.2, page 37 ; questionnaire 2.1, page 38 ; questionnaire 2.2, page 44 ; questionnaire 2.3, page 47). Il ne faut pas oublier que les critères d'évaluation ou les exigences de chaque tâche font aussi partie des consignes et ils doivent être précisés. L'information préalable sur les critères d'évaluation permet de dédramatiser la situation, de clarifier les attentes et d'en partager la responsabilité avec les élèves.

À propos...

Avec modération et simplicité

La modération et la simplicité dans la transmission des consignes donnent de bien meilleurs résultats pour la compréhension d'une tâche.

Pour résumer les principes à observer au moment du passage d'une activité à une autre, nous utilisons l'instrument d'autoévaluation nécessitant un enregistrement vidéo mis au point par Struyk (1990). Cette grille d'observation cible les facteurs de gestion de classe qui influent sur l'efficacité d'une transition, à savoir :

1. la continuité entre les activités : fermer une activité avant d'en ouvrir une autre (*smooth* ou *jerky*) ;
2. le comportement des élèves immédiatement après la transmission des consignes (*on task* ou *off task*) ;

3. l'utilisation d'un langage descriptif plutôt qu'évaluatif pour formuler des consignes et éviter les questions inutiles ;
4. obtenir l'attention des élèves avant de parler ;
5. avoir du matériel prêt à utiliser sur-le-champ ;
6. avoir planifié des consignes claires ainsi que la durée de leur transmission ;
7. montrer de l'hyperperception (*withitness*) et la capacité de chevauchement (*overlapping*) pendant les transitions.

TABLEAU 3.8

Exemple de planification de la transition du passage d'une activité à une autre pour le projet « Bienvenue dans ma seigneurie[3] »

PHASE DE PRÉPARATION SITUATION D'ENSEIGNEMENT B : « CE QUE JE SAIS »		
	ACTIONS DE L'ENSEIGNANT	ACTIONS DES ÉLÈVES
Transition : **consignes pour la situation B de la phase de préparation à l'apprentissage intitulée « Ce que je sais ».** **Durée : 60 min**	L'enseignant demande l'attention à l'aide du signal « Oyez ! Oyez ! ». Il présente l'objectif de l'activité en se servant du tableau des changements de 1645 à 1745 et d'un texte intitulé *Nous sommes 55 000*. Il demande : « Classez les changements survenus dans la société de 1645 à 1745 et indiquez vos observations sur chacun de ces changements. » • Il demande à un élève de résumer les consignes. • Il présente le matériel « Jeu d'association » avec des pictogrammes et une planche de jeu. • Il précise qu'il s'agit d'un travail en équipe de 4, ou en groupes de base si ceux-ci étaient déjà instaurés. Il annonce la durée de... « Je circulerai entre les équipes ; quand vous aurez terminé cette tâche, poursuivez votre lecture sur la Nouvelle-France. »	• Les élèves écoutent. • Un élève répète les consignes dans ses propres mots. • Ils se placent en équipe.

3. Voir la carte des activités de ce projet à la page 70.

LA FERMETURE D'UNE SITUATION D'ENSEIGNEMENT

La fermeture d'une situation d'enseignement est le dernier moment critique qui peut affecter le déroulement d'une situation d'enseignement. Comme nous l'avons écrit, plusieurs enseignants ne prévoient pas le moment de terminer leur leçon et, lorsque la cloche sonne, c'est la cohue : les élèves rangent leur matériel à la hâte et se précipitent en masse devant la porte de sortie. Pendant ce temps, l'enseignant essaie de transmettre les dernières consignes dans ce brouhaha générant un très faible niveau d'attention. La stagiaire Liliana raconte comment elle a vécu cette situation.

J'ai souvent de la difficulté à réaliser une bonne fermeture à la fin d'une leçon, faute de temps. D'ailleurs, la dernière activité de la période se fait parfois rapidement ; le débit de mes explications ou de mes directives s'accélère lorsqu'il ne reste qu'une dizaine de minutes.

Analyse d'une fermeture

La transition de fermeture d'un enseignement peut se préparer par la planification de certaines actions, par exemple :

- mettre en place un signal pour avertir qu'il ne reste plus que cinq minutes (voir page 96) ;
- prévoir un temps pour terminer les activités (voir pages 105 et 106) ;
- établir un moyen pour réviser les notions, faire une synthèse ou vérifier la compréhension de tous les élèves ;
- établir des routines de soutien pour ramasser le matériel ;
- donner les directives concernant le devoir à faire de manière que les élèves les plus rapides puissent le commencer vers la fin de la période s'ils le désirent ;
- permettre aux élèves, à l'occasion, de fournir une rétroaction affective et cognitive sur l'enseignement reçu ;
- annoncer le sujet ainsi que le matériel nécessaire pour la prochaine rencontre.

Voici un exemple parmi plusieurs autres sur une fermeture de leçon.

- ATTENTION (signal), nous arrêtons l'exercice ici.
- Il reste 5 minutes avant la fin de ce cours sur le calcul du périmètre, je veux que nous révisions le contenu de la leçon et que nous préparions le prochain cours.
- Déposez vos stylos ou vos crayons. (Attendre 30 à 45 secondes et regarder les élèves.)
- Première question de révision. Levez la main pour répondre : Quelle est la formule pour calculer le périmètre de plusieurs hexagones comme ceux des alvéoles des abeilles ?
- Deuxième question. Je vais la poser à Nicolas, mais tout le monde doit y répondre mentalement. Quelle caractéristique doivent posséder ces figures pour que l'on puisse utiliser la formule ?

- Troisième question ouverte qui s'adresse à tous. Dans la vie de tous les jours, quand vos parents pourraient-ils utiliser cette formule ?
- Révisez vos notes comme devoir et terminez les deux exercices commencés dans la classe. Nous les corrigerons au prochain cours.
- Rangez vos livres, attendez la cloche à votre place et bonne continuation de la journée !

Un petit quiz écrit permet aussi de vérifier rapidement ce que chaque élève a retenu et de constater ses lacunes ou ses erreurs. Demander à un ou deux élèves de faire un résumé est aussi un moyen efficace. Écrire un problème au tableau et le faire résoudre en dyade permet de lancer un défi aux élèves et de vérifier leur compréhension. Il s'agit de ne pas sacrifier les dernières minutes de classe et de les utiliser pour reformuler et faire le bilan des apprentissages. Voilà autant de comportements qui ferment efficacement une situation d'enseignement, ou une leçon, et préviennent les fermetures dans le brouhaha total.

En guise de synthèse, la grille suivante permet à l'enseignant une observation réflexive de ses propres transitions. Il lui suffit de filmer chacune de ses transitions et de procéder ensuite à son analyse. Il note en premier, spontanément, les points positifs et les points à améliorer dans la rangée de l'observation libre. Ensuite, il procède à une deuxième observation, avec les grilles de comportements pour l'ouverture d'une leçon ou d'un projet, sur le passage d'une activité à une autre ou sur la fermeture d'une leçon.

 GRILLE 3.2

Visionnement et analyse de vidéos sur les transitions

1. Comportements et actions de l'enseignant à l'ouverture d'une leçon

	POINTS POSITIFS	POINTS À AMÉLIORER
Observation libre		
Observation avec liste d'actions (voir page 96)		

2. Comportements et actions de l'enseignant au moment du passage d'une activité à une autre

	POINTS POSITIFS	POINTS À AMÉLIORER
Observation libre		
Observation avec liste de comportements (voir pages 104-106)		

3. Comportements et actions de l'enseignant à la fermeture d'une leçon

	POINTS POSITIFS	POINTS À AMÉLIORER
Observation libre		
Observation avec liste de comportements (voir page 107)		

EN CONCLUSION

La gestion de la planification des situations d'enseignement est l'une des trois composantes du système de gestion de classe que nous avons nommé POC : soit P pour la planification, O pour l'organisation et C pour le contrôle durant l'action en classe. Elle fait partie de la phase proactive qui précède l'action en salle de classe. Elle fonctionne en tandem avec la planification didactique en ce sens qu'elle habille toute situation d'enseignement-apprentissage avec des éléments de la gestion de classe qui sont, dans ce chapitre, les facteurs contextuels et les transitions. Les exemples de planification proposent de bonnes illustrations de cette gestion réfléchie.

Il est plus signifiant pour l'élève d'avoir les contenus d'apprentissage présentés sous la forme de réseau de concepts respectant les théories cognitive et constructiviste plutôt que dans un ordre linéaire. Tenant compte des diversités culturelle et intellectuelle des élèves, l'enseignant applique une pédagogie différenciée en variant les stimuli portant autant sur les activités d'enseignement et le matériel didactique que sur la participation équilibrée de ses actions et de celles des élèves dans une gestion souple du temps d'apprentissage. La différenciation fait partie intégrante de la planification. Les moments critiques peuvent affecter le bon déroulement d'une situation d'enseignement, qu'ils aient lieu un vendredi après-midi orageux ou pendant une transition.

Les transitions peuvent être courtes ou longues. Les transitions longues demandant plus de temps, leur durée doit être mentionnée aux élèves. Quand on connaît le temps accordé à une tâche, on maîtrise mieux sa réalisation. Trois types de transition existent au cours du cycle d'une situation d'enseignement : 1. l'ouverture d'une situation d'enseignement ; 2. le passage d'une activité à une autre ; et 3. la fermeture d'une situation d'enseignement. La méconnaissance de ces moments peut causer des dérapages pouvant mettre en péril la gestion de classe, en particulier pour le nouvel enseignant.

Exercices de réflexion et d'intégration

Carte trouée

Complétez la carte trouée ci-dessous à l'aide de la liste des concepts clés du chapitre. Comparez ensuite vos réponses avec celles figurant au bas de la page.

À-coup • Accueil • Actions • Activité d'enseignement • Aménagement spatial • Appartenance • Clarté • Concision • Consigne • Déclencheur • Dosage • Élèves • En continuité • Enseignant • Facteurs contextuels • Fermeture • « Flip-flop » • Fluidité • Fonctions • Gestion du temps • Longueur • Matériel • Menu • Moment critique • *Momentum* • Obtenir l'attention • Ouverture • Participation en classe • Passage d'une activité à l'autre • Plaisir • Planification • Préalable • Présentation du contenu • Prise des présences • Régularité • Sécurité et confort • Signal • Situation d'enseignement • Socialisation • Transition • Utilité d'un concept • Variation de stimuli

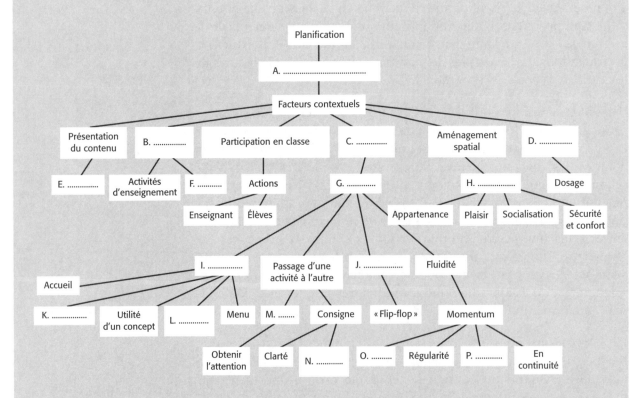

M. Signal ; N. Concision ; O. À-coup ; P. Longueur.
F. Matériel ; G. Transition ; H. Fonctions ; I. Ouverture ; J. Fermeture ; K. Déclencheur ; L. Prise de présences ;
A. Situation d'enseignement ; B. Variation de stimuli ; C. Moment critique ; D. Gestion du temps ; E. Préalable ;

Exemples de planification d'une situation d'enseignement

La fiche 3.3 illustre la gestion de la planification d'une situation d'enseignement au secondaire et la fiche 3.4, au primaire. À partir du texte de ce chapitre et en suivant les consignes aux pages 113 et 114, complétez la planification de ces situations d'enseignement en ajoutant la gestion du temps dans les parenthèses.

FICHE 3.3

Planification d'une situation d'enseignement au secondaire intitulée «La Nouvelle littéraire»

Durée : 75 min

Déroulement (étapes)	Actions de l'enseignant	Actions des élèves
0. Aménagement spatial et matériel		
1. Ouverture ( ) accueil administration 1.1 Intention pédagogique 1.2 Présentation de la place dans le programme 2. Exploration du contenu ( ) présentation de l'auteur et du texte enregistré ( )		
TRANSITION (signal, distribution du matériel et consignes pour l'audition)		
3. Audition de la nouvelle avec fiche d'écoute sur l'organisation du texte ( )		
TRANSITION (signal, routines de communication pour la mise en commun)		
4. Mise en commun des réponses de la fiche d'écoute ( )		
TRANSITION (signal, consignes pour la pratique d'écriture en équipe et présentation du matériel)		
5. Production écrite d'une version remodelée de la nouvelle en équipes de quatre. Écrire chaque paragraphe avec d'autres mots ( )		
TRANSITION (signal et consignes pour la mise en commun de la production)		
6. Mise en commun de la version remodelée de la nouvelle ( )		
TRANSITION (signal et consignes pour la fermeture de la période)		
7. Fermeture ( )		

(suite p. 112)

FICHE 3.4

Planification d'une situation d'enseignement au primaire intitulée « Bienvenue dans ma seigneurie »

Un projet d'une durée totale de 12 heures[4]

Déroulement (étapes)	Actions de l'enseignant	Actions des élèves
0. Aménagement spatial et matériel		
PHASE DE PRÉPARATION À L'APPRENTISSAGE SITUATION D'ENSEIGNEMENT A : « J'HABITE LA VILLE OU LA CAMPAGNE »		
1. Ouverture ( )		
1.1 Accueil		
1.2 Intention pédagogique		
1.3 a) Situation des éléments du programme de formation b) Présentation de l'utilité		
1.4 Déclencheur		
1.5 Exploration du contenu		
1.6 Mise en situation : mandat		
1.7 Présentation de la carte des activités du projet		
1.8 Questions et échange		
SITUATION D'ENSEIGNEMENT B : « CE QUE JE SAIS »		
Transition : signal et consignes pour la situation B Durée : ( )		
2. Activation des connaissances antérieures : 2.1 Comparaison entre la société de 1645 et celle de 1745 selon certains critères 2.2 Validation des éléments de comparaison 2.3 Mise en commun des observations sur chacun des éléments des deux sociétés		

4. Pour connaître la suite de la planification détaillée de ce projet, consultez le lien suivant : http://www.recit.qc.ca/article.php3?id_article=107&id_secteur=67

Déroulement (étapes)	Actions de l'enseignant	Actions des élèves
PHASE DE RÉALISATION SITUATION D'ENSEIGNEMENT C : « JE DÉCOUVRE UNE SEIGNEURIE »		
Transition : signal et consignes pour la situation C Durée : ( )		
3. Remue-méninges ( )		
3.1 Mise en situation 3.2 Analyse des composantes d'une seigneurie		
3.3 Mise en commun des différents éléments qui composent le territoire et qui caractérisent une seigneurie		
Transition : signal et consignes pour la situation D intitulée « J'enrichis mon vocabulaire » Durée :		
Suite...		
PHASE D'INTÉGRATION		
Suite...		

Vous remarquerez que cette planification respecte les étapes du modèle de l'enseignement stratégique (Tardif, 1992). Nous vous invitons à examiner la carte des activités de ce projet, présentée à la page 70.

Consignes
- Formuler une compétence disciplinaire et une compétence transversale pour chacune des situations d'enseignement.
- Nommer les activités d'enseignement destinées à enseigner les différents contenus.
- Planifier l'aménagement spatial et le matériel pour chacune des situations d'enseignement.
- Planifier les actions de l'enseignant et celles des élèves pour chacune des étapes du déroulement de chaque situation d'enseignement et prévoir leur durée respective.

Vérifiez vos réponses à l'aide de l'exemple de l'organisation d'une situation d'enseignement à la fin du chapitre 4.

- Préciser les transitions de ces situations à l'aide des indicateurs suivants :

(suite p. 114)

Contexte général des transitions

- En continuité : assurez-vous de fermer une activité avant d'en ouvrir une autre.

Préciser l'ouverture en ce qui concerne :

- le menu de la période d'enseignement ;
- un déclencheur en lien avec le but et le contenu enseigné ;
- l'utilité de ce type de discours littéraire pour des jeunes de 14-15 ans et de la découverte d'une seigneurie pour les élèves du 3e cycle du primaire.

Assurer le passage d'une activité à une autre

- S'assurer que les élèves se mettent au travail immédiatement après la transmission des consignes. Quelles seraient vos interventions ?
- Instaurer un signal pour obtenir l'attention des élèves et transmettre des consignes.
- Dire le « quoi » et le « comment faire » avec précision et concision, et peu d'information à la fois.
- Définir le rôle des élèves : qui va faire quoi ?
- Préciser le type d'assistance que vous offrirez pendant que les élèves seront à la tâche.
- Préciser aux élèves ce qu'ils auront à faire quand la tâche sera terminée.
- Vérifier la compréhension des consignes après les avoir transmises.

Fermer cette situation

- Comment faire faire le bilan des apprentissages ? Et ce, par le plus grand nombre d'élèves du groupe ?

CHAPITRE 4

L'organisation du quotidien en classe

 Intentions de gestion éducative

La lecture de ce chapitre permet :

- de découvrir différentes facettes de l'organisation en classe ;

- d'établir des routines professionnelles sur les plans didactique, matériel, interactionnel et spatiotemporel.

Ce chapitre vise à comprendre le lien étroit entre l'organisation du quotidien en classe et la planification de situations d'enseignement. Dans un premier temps, nous présentons les différentes routines professionnelles qui composent une gestion de classe préventive et efficace. Ces routines permettent de soutenir l'enseignante dans son enseignement au quotidien et de lui libérer l'esprit. Une bonne organisation augmente la focalisation sur le contenu et l'adaptation de son enseignement et, par voie de conséquence, sur les possibilités de réussite. Une enseignante fait preuve d'une organisation efficace lorsqu'elle établit, de manière cohérente et constante, des routines variées qui ont une influence positive sur les élèves (Worsham, 1983 ; Evertson et Weade, 1989). C'est de cette deuxième dimension de la gestion de classe, à savoir l'organisation du quotidien en classe, dont il est question dans ce chapitre. Des exercices de réflexion et d'intégration terminent ce chapitre.

DÉFINITION DE L'ORGANISATION DU QUOTIDIEN EN CLASSE

L'organisation du quotidien en classe consiste à mettre en place un mode de fonctionnement permettant à l'enseignante, d'une part, d'accomplir efficacement le travail à réaliser et, d'autre part, de lui libérer l'esprit pour répondre aux besoins d'apprentissage de ses élèves. Cela a pour effet de ne pas diminuer le temps d'apprentissage et de garder les élèves concentrés sur la tâche.

En somme, l'organisation est la phase proactive entre la planification et l'action dans l'interaction en classe. Elle se compose d'un ensemble de routines professionnelles qui contribuent à la négociation des significations contextuelles et des conduites attendues à travers un processus continu d'interactions entre l'enseignante et les élèves, et entre les élèves eux-mêmes. Contrairement à plusieurs professions à caractère interactif qui engagent des relations d'individu à individu, l'enseignante doit faire progresser des groupes d'élèves vers la maîtrise d'apprentissages, tout en instaurant chez eux la compréhension et le respect des normes de la vie en société. La socialisation des élèves fait partie de la mission de l'école québécoise. Les routines professionnelles de l'enseignante guident les élèves vers des attitudes responsables et civiques. Par ailleurs, on reconnaît que les routines professionnelles soutiennent le développement de la compétence de la gestion de classe. Une compétence indispensable en enseignement, car le caractère collectif et public de la vie quotidienne d'un groupe-classe sollicite des capacités et des responsabilités professionnelles lourdes de conséquences. Une enseignante qui n'arrive pas « à tenir sa classe » perd rapidement de la crédibilité aux yeux de ses collègues, de ses supérieurs, des parents et des élèves eux-mêmes (MÉQ, 2001).

LES ROUTINES PROFESSIONNELLES DE L'ENSEIGNEMENT

Partant de nos travaux sur les routines professionnelles et de la visée organisationnelle des gestes professionnels, nous identifions trois catégories de fonctions de routines selon le type d'organisations :

1. l'organisation didactique et du matériel (la fonction de gestion de l'enseignement) ;
2. l'organisation interactionnelle des conduites sociales et de communication (la fonction de gestion sociocommunicationnelle) ;
3. l'organisation de l'espace et du temps (la fonction de gestion spatiotemporelle).

Ces trois fonctions sont les assises de l'organisation des situations d'enseignement. Les routines pour l'organisation didactique et du matériel, dites « de soutien à l'enseignement », précisent les comportements à adopter et les actions à faire en vue de mettre en œuvre des tâches d'enseignement qui favorisent l'apprentissage des élèves. Les routines de l'organisation interactionnelle des conduites sociales, affectives et de la communication définissent les comportements dans les déplacements en classe. Elles ont un impact également sur les tâches à réaliser et les échanges verbaux et non verbaux au cours du questionnement collectif ou individuel des élèves, des activités de coopération ou de débat. Les routines de l'organisation spatiotemporelle se rapportent à la disposition du mobilier, à l'éclairage, à la propreté et à l'aération dans la salle de classe, ainsi qu'à la répartition du temps pour le déroulement des situations d'enseignement et d'apprentissage. Nous recourons à une métaphore qui décrit bien ces différentes catégories de routines dans une organisation harmonieuse et efficace de la classe. L'enseignante se compare à une chorégraphe ou à une chef d'orchestre où chaque catégorie de fonctions de routines représente un niveau différent de cette forme de communication interactive que sont la danse et la musique ; les routines de gestion de l'enseignement se comparent aux mouvements syntaxiques requis en vue de l'exécution d'une symphonie ou d'une danse ; les routines de gestion sociocommunicationnelle, au pas de deux, en regard de l'harmonie et de l'intensité conversationnelle du corps des partenaires dans l'exécution du mouvement ; les routines de gestion spatiotemporelle se comparent à l'organisation scénique en général, au décor où s'inscrivent et se prolongent dans le temps les mouvements. En revisitant Bourdieu (1980), disons que les routines sont une grammaire de l'action enseignante qui se compose et se décompose à tous les temps sur la scène quotidienne de la vie en classe et à l'école (voir rubrique « À propos », page 25).

À propos...

Les routines professionnelles

Plusieurs professionnels ont recours aux routines dans l'exercice de leur fonction. Toutefois, en enseignement, cette pratique est souvent perçue de façon négative comme si l'enseignante devenait répétitive ou ennuyeuse. Pourtant, les routines permettent à l'enseignante, grâce à ses interactions, de répondre au besoin de sécurité des élèves tout en se libérant elle-même de préoccupations organisationnelles.

Dans cette perspective, comment l'enseignante apprend-elle les routines professionnelles ? Borko et Putnam (1996) indiquent que les stagiaires constatent qu'ils apprennent énormément sur la gestion de classe au cours des deux premières semaines de stage en enseignement en milieu scolaire. Toutefois, ces mêmes stagiaires affirment éprouver de grandes difficultés à s'approprier les routines de l'enseignante associée, comme Charles l'a vécu.

Cahier de routines

J e croyais avoir tout prévu. On ne m'avait jamais sensibilisé aux routines. Heureusement, j'en avais prévu quelques-unes au départ, mais avec l'expérience, j'ai découvert dans mon cahier de routines qu'il y en avait de plusieurs sortes. Aussi, après mon stage d'enseignement, j'ai tenté de les regrouper sous des catégories distinctes : routines pédagogiques, routines disciplinaires, routines de motivation. Je sais qu'il doit exister d'autres manières de les regrouper...

Cette difficulté des stagiaires à identifier les routines d'une enseignante associée et de s'y adapter montre deux points liés à l'accessibilité de la construction de l'action professionnelle en contexte de stage. D'une part, comme le dit Clot (2002), l'expérience d'une action reste bien souvent opaque pour celui qui l'observe de l'extérieur, c'est-à-dire difficile à refaire avec la même intention. Pensons aux mouvements si longtemps pratiqués et répétés par le danseur. Le geste que l'enseignante maîtrise est efficace, limpide et souvent machinal. Il est incorporé, sous-entendu à l'action de la personne qui l'accomplit. Ce geste qui organise son action est devenu tacite avec le temps, il devient inconscient. Parce que son sens a été perdu par l'enseignante, il ne paraît pas clair pour l'observateur qu'est le stagiaire. Le geste professionnel ne se dévoile pas aisément. D'autre part, l'imitation de l'action que vise le stagiaire ne le protège pas contre un usage dysfonctionnel : « apprendre un geste, c'est toujours le retoucher en fonction des contextes hétérogènes qu'il traverse, au sein desquels il se réfracte et dont il sort enrichi, mais aussi éventuellement amputé » (Clot, 2002 : 2). Il existe un temps nécessaire à l'appropriation du geste de l'autre pour le rendre efficace et fonctionnel pour soi. Doyle (1986) souligne que les enseignantes consacrent une partie importante de leur temps d'enseignement à installer des routines professionnelles parce que ces dernières sont destinées à procurer une signification aux comportements.

DISTINCTION ENTRE ROUTINES, RÈGLES ET PROCÉDURES

Il est important de distinguer routines, règles et procédures. Les règles sont des principes qui orientent la conduite individuelle et sociale souvent intégrée dans le code de vie en classe ou dans celui de l'école. Une règle autorise certaines actions et en limite d'autres. Une règle peut conduire à une routine, c'est donc une proche parente, mais ce n'est pas une routine professionnelle dans son essence. Toutefois, cette intimité relationnelle contribue à l'organisation des règles de vie en société. Quant aux procédures, elles sont un ensemble de connaissances opérationnelles (procédurales) mises en place pour parvenir à un résultat. Par exemple, la marche à suivre pour utiliser un microscope, mettre en route un projecteur multimédia ou résoudre un problème en mathématique. En enseignement, les procédures renvoient aux étapes définissant une tâche scolaire complexe. Précisons que la tâche est ce qui est à réaliser et que l'activité est ce qui se fait.

Selon Giddens (1987 : 136), « les routines s'ancrent dans les traditions, les coutumes ou les habitudes ; toutefois, supposer que ces phénomènes n'ont pas besoin d'être expliqués, qu'ils sont des conduites simples, répétitives et accomplies sans y penser serait une erreur majeure ». Selon cet auteur, le caractère routinier de la plupart des activités sociales doit être continuellement adapté à ceux qui les utilisent à l'aide de procédures dans leurs conduites de tous les jours. C'est un aspect fondamental de l'intégration sociale dans la dimension organisationnelle de l'espace et du temps. Toutefois, il n'est pas impossible que la routine qui est mise en œuvre par l'enseignante puisse couvrir plus d'une fonction de gestion, puisque ces fonctions possèdent une délimitation non exclusive et que, en général, l'intervention d'une enseignante est multidimensionnelle. À titre d'exemple, la routine de supervision active informelle, pendant le travail individuel des élèves, chevauche la fonction de gestion de l'enseignement sur le plan de son contenu et la fonction de gestion sociocommunicationnelle sur le plan des conduites attendues en termes d'intensité du travail fourni par les élèves (Lacourse, 2004).

La stagiaire met à l'épreuve inconsciemment la routine de monitorage de son enseignante associée.

Les routines sont une suite de procédures établies par l'enseignante en collaboration avec ses élèves. Leur principale fonction est de réguler et de coordonner des séquences précises de comportements (Yinger, 1979). Les routines constituent un mode de fonctionnement efficace et constant pour les situations se caractérisant par des tâches cycliques de situations quotidiennes en classe. Elles jouent aussi un rôle majeur dans la planification des situations d'enseignement : elles offrent une plus grande prévisibilité de l'action et simplifient les tâches d'enseignement. S'il fallait toujours recommencer à expliquer aux élèves les routines telles que comment on se déplace à un poste de travail, comment on prend des notes, etc., l'expérience quotidienne serait intenable et la perte de temps, immense. Ce que Yinger constate à la suite de ses études, c'est que la routinisation n'est pas centrée sur le contenu de la leçon, mais sur les éléments que comporte la situation de travail : participants, séquences, durée, comportements favorisant ou non un climat d'apprentissage adéquat. Selon lui, le fait d'avoir « routinisé » ces éléments permet à l'enseignante d'avoir plus de temps à sa disposition pour penser au contenu à transmettre et d'utiliser des approches originales pour le présenter. Au fil de l'année scolaire, les routines deviennent implicites pour tous et faciles à exécuter. Toutefois, Leinhardt, Weidman et Hammond (1987) signalent que les stagiaires doivent demander à leur enseignante associée de leur expliquer ses routines professionnelles. De plus, lorsque les stagiaires les utilisent avec ses élèves en modifiant des éléments, ils doivent rendre explicite ce changement pour éviter la confusion ou les malentendus.

Les routines sont un savoir-faire qui intègre une intention. Cette dernière génère une séquence d'actions consécutives qui se présentent éventuellement dans un ordre adéquat, lequel permet d'atteindre l'objectif visé par l'intention. L'incidence de l'intention est importante. Selon Bruner (2002), la répétition est nécessaire au perfectionnement de ce type de préhension qui présente dans le savoir-faire l'action projetée et l'action terminée. Il souligne également l'existence d'un effet lié au perfectionnement du savoir-faire : la modularisation. C'est par elle que l'action acquiert une plus grande régularité dans le temps et exige une moins grande dépense d'énergie. De plus, « le secret d'une telle souplesse d'enchaînement dans l'action ne réside pas seulement dans l'anticipation de ce qui va se produire [...] mais aussi dans l'adéquation de ce que l'on est en train de faire et de ce que l'on anticipe pour la suite ». (Bruner, 2002 : 116) Bref, le savoir-faire, telles les routines professionnelles, est une action humaine devenue accessible après avoir été apprise et expérimentée, ce qui, par conséquent, démontre l'existence d'un processus de construction rationnel.

CARACTÉRISTIQUES DES ROUTINES PROFESSIONNELLES

Les caractéristiques des routines professionnelles sont nombreuses. Elles peuvent être macros ou micros ; collectives ou individuelles ; adaptées ou figées, explicites ou implicites. Les macroroutines de l'enseignante sont organisatrices de plusieurs microroutines, sous une seule appellation. Ce sont des activités qui caractérisent la vie de tout le groupe-classe, dans la mesure où elles font partie des dispositifs prévus par le système scolaire. En général, les macroroutines découpent la structure de la leçon, elles sont clairement identifiées par les enseignantes et leurs élèves.

Les macroroutines sont aussi collectives, elles s'adressent à toute la classe, elles deviennent individuelles quand elles s'adressent à la manière de faire de chacun des élèves. Il s'agit de la manière dont l'enseignante demande de repérer une page, de prendre des notes, de transmettre une feuille de réponses, etc. Les routines sont adaptatives car, si l'une d'entre elles devient dysfonctionnelle, l'enseignante doit la remplacer ou la modifier. Elle peut utiliser des variantes de sa routine selon le contenu ou le contexte. Par exemple, si elle manque de temps pour écrire le menu de la leçon au tableau, elle peut demander à un élève de le faire, ou le communiquer oralement. La façon de réaliser les tâches au quotidien est souvent implicite. Toutefois, il importe qu'elle clarifie ses comportements dans les situations d'enseignement en se les expliquant et en les expliquant à ses élèves. Enfin, les routines professionnelles en gestion de l'enseignement sont algorithmiques. L'enseignante y recourt en s'inspirant de ses propres savoirs procéduraux, en les considérant comme une suite de procédures modulaires mises en place pour atteindre avec succès l'intention qu'elle a eue, au départ, pour réussir sa tâche. Les routines deviennent heuristiques quand elles sont transformées dans leur actualisation pour répondre à un problème ou à une nouvelle demande. Le tableau 4.1 résume l'ensemble des caractéristiques des routines mentionnées.

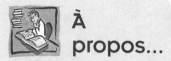

TABLEAU 4.1

Caractéristiques des routines (Lacourse, 2004 : 90)	
Conception des caractéristiques des routines	
macroroutines	figées ou sclérosées
microroutines	explicites
collectives	implicites
individuelles	algorithmiques
adaptatives	heuristiques

Nous pouvons affirmer que la routinisation intégrée à la planification de situations d'enseignement permet à l'enseignante de consacrer beaucoup plus de temps aux prises de décisions relatives aux imprévus ainsi qu'au développement de moyens innovateurs pour communiquer un contenu. La routinisation fournit ainsi à l'enseignante une économie de temps et d'énergie qui peut servir à l'analyse des besoins individuels des élèves, à une assistance efficace et à l'évaluation de la performance de chacun. Avec le temps, les routines professionnelles s'installent autour du contenu pédagogique qui, lui, varie constamment.

Tout comme la mise en place d'un code de conduite en classe, le simple fait d'installer des routines professionnelles constitue un mécanisme subtil qui a des effets importants sur la gestion du comportement des élèves. Il est essentiel au maintien de l'ordre dans une classe. L'établissement de routines professionnelles permet ainsi de conserver le rythme durant les transitions dans des situations d'enseignement. Les élèves sachant ce qu'ils ont à faire se sentent sécurisés. Si l'enseignante omet d'installer et de maintenir ses propres routines, les élèves installeront les leurs. Également, l'enseignante efficace établit un système de fonctionnement en classe dès les premières rencontres avec les élèves, et ce, au cours des quatre premiers jours. Elle prévoit aussi la manière dont elle va s'y prendre pour maintenir ses routines professionnelles durant toute l'année. Non seulement elle communiquera ses façons de faire aux élèves, mais elle leur en fera la démonstration, les fera pratiquer, les félicitera ou les corrigera au besoin. Elle laissera suffisamment de temps aux élèves pour leur permettre de s'initier à ses routines professionnelles (Leinhardt *et al.*, 1987).

SENSIBILISATION À DES ROUTINES PROFESSIONNELLES

Avant d'explorer les différentes catégories de routines professionnelles de l'enseignement, nous vous proposons de réaliser l'activité 4.1 ci-après. Il s'agit d'une liste de situations susceptibles de se produire dans une classe au primaire comme au secondaire et dont la gestion serait grandement facilitée par l'instauration de certaines routines.

Durée : variable

Intentions réflexives :
1. Mettre en place des routines pour certaines situations de classe.
2. Établir un vocabulaire commun.

Consignes :

Indiquez par un ✓ les situations pour lesquelles vous développeriez une ou des routines, formulez-les et complétez la liste de chaque classe de situations, s'il y a lieu. Des exemples ont été fournis à l'occasion.

UTILISATION DU LOCAL ET DU MATÉRIEL	
• Le bureau de l'enseignante et les lieux de rangement de la classe	
• Les pupitres des élèves et le rangement des effets personnels. Par exemple, « placez votre sac à dos sous votre bureau, en avant de vos pieds. »	✓
• Le rangement du matériel de la classe	✓
• L'aiguisoir à crayon, la poubelle	
• Les coins d'apprentissage dans la classe	
• Les devoirs, les travaux, etc.	✓
• Autres	

ENTRÉES ET SORTIES DE LA CLASSE	
• Le début et la fin de la période ou de la journée. Par exemple, en entrant en classe, lire le menu.	✓
• Prise de présences des élèves	
• Allées et venues dans la classe pendant un enseignement	
• Autres	

EN DEHORS DE LA CLASSE	
• La salle de toilette	
• La bibliothèque	✓
• Le laboratoire	✓
• La cour d'école	
• Les exercices d'urgence	✓

• Les casiers	✓
• La cafétéria	✓
• Autres	

ACTIVITÉS EN CLASSE	
• Signaux pour obtenir l'attention	
• Matériel requis pour un enseignement. Par exemple, préparer, avant le début de chaque leçon, le matériel indiqué dans le menu.	✓
• Discussions entre les élèves	
• Distribution de matériel spécifique. Par exemple, utiliser la technique de la vague pour prendre ou remettre du matériel (lorsque les bureaux sont disposés en rangée).	✓
• Demander de l'aide	✓
• Que faire lorsque le travail est terminé ? (temps libre)	✓
• Autres	

LE TRAVAIL D'ÉQUIPE	
• Distribution du matériel. Par exemple, nommer un messager ou un responsable du matériel pour aller le chercher et le retourner.	✓
• Déplacements entre les équipes	✓
• Déplacements des bureaux	✓
• Comportements (habiletés sociales) en sous-groupes	
• Autres	

Les sections qui suivent offrent une description plus détaillée des trois types de gestion propres aux routines professionnelles.

LES ROUTINES PROFESSIONNELLES DE GESTION DE L'ENSEIGNEMENT

Tel que mentionné précédemment, il faut prévoir des routines professionnelles pour l'organisation didactique et du matériel, appelées « routines de soutien à l'enseignement ». Ces routines précisent les actions à mener et le matériel nécessaire aux situations d'enseignement. À titre d'exemples, mentionnons la distribution et la remise des feuilles ou des travaux ; la description de l'utilisation du matériel nécessaire pour un enseignement (fiches, manuels, crayons, ordinateur) ; le fonctionnement dans chacun des lieux où l'activité va se dérouler (au tableau, à la place de l'élève, au poste de travail, au laboratoire, au bureau de l'enseignante) ; le mode de groupement (en groupe, en sous-groupes, individuellement) ; la façon de repérer des pages dans un texte, un document, un livre, etc. Ces routines sont intimement liées à la gestion de la planification de situations d'enseignement principalement au moment des transitions précisées dans le chapitre 3, car ce sont elles qui soutiennent les activités dans le déroulement d'une situation d'enseignement.

L'une des routines de gestion de l'enseignement consiste à préciser les consignes aux élèves concernant la remise des travaux et la récupération du matériel dès l'entrée en classe.

Bien qu'une recherche (Leinhardt *et al.*, 1987) montre que 44 routines de soutien différentes furent utilisées par des enseignantes, seulement 12 d'entre elles furent employées par plus de 3 enseignantes. Ce faible chevauchement s'explique probablement par le fait qu'une description commune relative aux routines de soutien à l'enseignement n'est pas formalisée et que cette fonction des routines reflète le style et la personnalité de l'enseignante. Elle se sentirait mal à l'aise sans ses routines professionnelles dans l'organisation du quotidien en classe. De nombreux autres attributs propres à l'enseignante sont susceptibles d'influencer son système de gestion de classe, dont la constance et la cohérence dans l'application des routines qu'elle a établies.

Ces routines de soutien sont implantées progressivement par la pratique et le degré de participation des élèves. Elles se transforment en un *modus vivendi*, soit un *habitus* avec lequel les élèves sont heureux de travailler. Lorsque la préparation de l'enseignante est lacunaire, ses routines font défaut et cela entraîne généralement de nombreuses pertes de temps d'apprentissage. En effet, comme ces routines de soutien contribuent à maintenir le rythme dans le déroulement d'un enseignement, elles peuvent représenter une économie de temps considérable. *À contrario*, si les élèves n'ont pas adopté ces routines, celles-ci peuvent se révéler pénibles ou inefficaces, surtout si elles reposent exclusivement sur la responsabilité de l'enseignante. C'est ce qui arrive souvent à celle qui utilise un type de pédagogie sans avoir préparé ses élèves ou qui répète sans cesse des consignes imprécises pour lancer un travail d'équipe, etc. C'est aussi le cas de l'enseignante qui ne fait jamais appel à la participation des élèves pour distribuer les documents ou replacer les bureaux, par exemple. La planification de ces routines exige donc une progression et un dosage pouvant maintenir un rythme régulier pendant le déroulement d'une situation d'enseignement. Plusieurs stagiaires que nous avons supervisés l'ont expérimenté.

C harles : J'avais oublié d'inscrire à quelle page un problème se trouvait dans le cahier d'exercices de mes élèves. J'avais la page dans le guide méthodologique et je devais trouver la page correspondante dans le cahier d'exercices, ou vice versa. Les élèves ont été obligés d'attendre pendant que je tournais les pages. J'ai remarqué des signes d'impatience de leur part.

Consignes des activités

S oraya : Lors d'un travail en équipe, la façon de former les équipes n'avait pas été planifiée ; mes consignes peu claires et mon manque évident d'organisation ont généré un flottement. Finalement, je me suis rendu compte que je perdais le contrôle de ma classe.

Formation des équipes

L éo : En indiquant au tableau les critères à respecter pour la rédaction d'un texte expressif, quelques élèves ont pensé qu'ils devaient répondre à ces critères comme s'il s'agissait d'un exercice (qu'ils avaient l'habitude de faire) plutôt que de s'en servir comme indicateurs dans leur rédaction.

Consignes confuses

B ahia : J'avais apporté en classe des modèles de lettres auxquelles les élèves devaient répondre. Il y a eu une perte de temps d'au moins 10 minutes à l'avant de la classe, les élèves se disputant les lettres les plus simples (courtes) ou les sujets les plus proches de leur vécu.

Tâches imprécises

K amal : Il m'arrive souvent d'avoir à répéter plusieurs fois les consignes concernant les activités. Lorsque je me rends compte que, même après ces répétitions, les élèves n'ont pas encore compris la marche à suivre, c'est le chaos dans la classe.

Répétition des consignes

K arina : En changeant souvent d'activités pour éviter la monotonie pendant une situation d'enseignement, il s'est avéré que le passage d'une activité à une autre engendrait une perte de temps en ce qui concerne les consignes à établir pour la nouvelle activité.

Transitions multiples

J essica : Au moment de la correction des devoirs, il m'est difficile de vérifier quels élèves ont réussi un exercice ou pas... Les élèves sont peu motivés... c'est beaucoup trop long... Il m'arrive souvent d'avoir à nommer jusqu'à cinq élèves avant d'obtenir une bonne réponse. Aussi, je remarque souvent que les élèves ne savent pas quels comportements adopter ni comment ils doivent effectuer certaines tâches banales, par exemple comment et quand se déplacer pour tailler un crayon, comment faire la distribution et la cueillette des travaux, comment préparer le matériel (manuels, crayons, nettoyer le tableau, etc.).

Routines de soutien

Remarquons que ces futurs enseignants sont conscients de leurs oublis professionnels dans la planification d'une situation d'enseignement et l'organisation du quotidien, oublis qui entraînent des perturbations dans le déroulement des activités. Notons aussi qu'ils peuvent nommer les conséquences de leurs oublis, lesquels doivent ensuite faire l'objet d'une réflexion sur la pratique, afin qu'ils deviennent proactifs (voir La vidéoformation, pages 149-150).

LES ROUTINES PROFESSIONNELLES DE GESTION SOCIOCOMMUNICATIONNELLE

L'enseignante convient d'un signal avec les élèves lorsqu'elle requiert l'attention de tous. Il s'agit d'une routine de gestion sociocommunicationnelle.

En plus des routines portant sur la gestion de l'enseignement, il faut en prévoir d'autres qui précisent spécifiquement les comportements au moment des discussions entre l'enseignante et ses élèves. Ce sont des routines, dites « sociocommunicationnelles », qui s'établissent selon deux modes, l'un explicite par des expressions verbales et l'autre symbolique par des gestes non verbaux. Elles sont utilisées principalement durant les travaux dirigés ou durant la partie magistrale interactive d'un enseignement. Par exemple, lorsque l'enseignante veut transmettre des consignes, elle utilise un signal pour obtenir l'attention des élèves ; ces comportements peuvent aussi être valorisés par l'enseignante dans un contrat de communication construit avec les élèves. Lorsque l'enseignante aura établi ce code dans sa classe pour obtenir l'écoute des élèves, il lui suffira d'utiliser des signaux tels éteindre la lumière, frapper dans ses mains ou, encore, dire « écoutez-moi bien », etc. Avec le temps, l'enseignante n'aura même plus à expliquer aux élèves les raisons qui sous-tendent l'utilisation de telles routines professionnelles.

En fait, ces routines sont souvent liées au système interactionnel en classe et à la structure des activités (Flanders, 1970). C'est là que tout l'équilibre entre la participation verbale de l'enseignante et celle des élèves prend son importance (voir tableau 3.1, page 74). En ce sens, une défaillance sur le plan des échanges donne l'impression que l'enseignante se parle à elle-même, que les élèves ne l'écoutent pas, ne réagissent pas ou subissent un enseignement. Les actions pourraient se définir ainsi : l'enseignante expose, ordonne des tâches écrites ; les élèves écoutent, lisent et écrivent. Le but de l'organisation interactionnelle est justement d'établir une interactivité entre l'enseignante et ses élèves.

Les routines de gestion sociocommunicationnelle visent le développement social de l'élève sur le plan des relations interpersonnelles. L'élève qui aura développé l'écoute de l'autre, la prise de parole en public pour émettre son point de vue, le renforcement d'une idée et le respect des règles de vie en groupe sera apte à fonctionner adéquatement dans une organisation de travail nécessitant ces habiletés sociales. Ces routines offrent aux élèves une superstructure qui définit le cadre général de civisme et de savoir-vivre en société dans lequel évoluent des groupes d'élèves avec une enseignante. Elles visent à construire l'individualité de l'élève et son appartenance sociale à l'aide de son rapport aux autres élèves, à la direction de l'établissement et au personnel non enseignant. Ces routines découlent de la mission sociale attribuée à l'enseignante et répondent aux attentes de la communauté et des parents en matière de conduites sociales adéquates. Lorsque les routines de gestion sociocommunicationnelle font défaut, un désordre ou l'indiscipline s'ensuit. Elles sont intimement liées aux règles du code de vie de l'école. C'est ici que la responsabilité sociale octroyée à l'enseignante prend tout son sens.

L'HABILETÉ À QUESTIONNER

Les routines de gestion sociocommunicationnelle sont aussi directement reliées à l'habileté à questionner, l'une des plus importantes à développer en situation d'interaction en classe. L'une des premières recherches d'envergure portant sur cette habileté montre que les 4/5 du temps de classe sont consacrés au questionnement, habileté de base qui stimule le raisonnement et l'apprentissage chez l'élève. Les modèles du rapport au savoir, entre autres ceux de Hilda Taba (1967) et de Weil-Barais et Dumas-Carré (2002), utilisent le questionnement pour induire chez les élèves un nouveau concept, pour guider leur pensée cognitive et les responsabiliser dans leur rapport au savoir. Dans une perspective constructiviste, l'enseignante a besoin de connaître les acquis des élèves, pris individuellement, pour pouvoir les guider et les aider. Dans ce sens, elle collige de l'information en interagissant avec les élèves, et ce, afin qu'ils communiquent leurs interprétations, leurs représentations de la situation ou leurs difficultés. Selon Weil-Barais et Dumas-Carré, le rôle de l'enseignante est délicat, car celle-ci doit réguler la discussion sans influencer les élèves ni porter de jugement de valeur sur leur point de vue.

Il est nécessaire de connaître la conception des élèves dans deux domaines en particulier. Premièrement, leur compréhension de l'état du monde en lien par exemple avec les sciences ou la mathématique. Quelles sont leurs explications par rapport au fonctionnement du monde, est-il fondé sur des bases mathématiques, des bases humaines, végétales, etc. ? Quelles relations établissent-ils entre les concepts d'addition et de soustraction ; de froid et de chaud, de beau et de laid, de complexe et de simple, etc. ? Deuxièmement, dans une discipline spécifique, par exemple, on peut demander ce qu'est une question scientifique. Comment exprime-t-on des données en sciences ? Il s'agit de les faire objectiver sur leur épistémologie implicite. Un court exemple de questionnement illustrera des façons d'intervenir pour situer le point de départ de la compréhension de l'état du monde d'une situation d'objet immobile ou en mouvement.

À propos...

L'épistémologie

L'épistémologie est l'étude de la connaissance ; le positionnement d'une personne par rapport à sa compréhension scientifique ou humaniste du monde et de son protocole d'observation des phénomènes. Parmi les catégories, on peut nommer, entre autres, le positivisme, le réalisme et le constructivisme. En gestion de classe, l'enseignante se place dans une position de confiance vis-à-vis des élèves. Ceux-ci sont responsables et peuvent s'autoréguler. L'enseignante utilise donc un style interactionniste en gestion de classe associé à une posture épistémologique de confiance.

L'habileté à questionner tient les élèves en alerte et favorise leur participation en classe.

L'enseignante tente d'induire chez les élèves une nouvelle façon d'interroger la situation physique. Le processus qu'elle utilise correspond à une mise en œuvre d'un questionnement systématique dont la visée est de guider les élèves vers l'établissement de relations entre l'état des systèmes physiques étudiés (immobile ou en mouvement) et celui d'autres systèmes qui agissent sur lui. Par exemple, la lumière qui permet de voir l'objet ou la friction. L'enseignante pose une série de questions bien réglées : que peut-on dire de A (le système étudié) ? Est-il immobile ou en mouvement ? Qu'est-ce qui agit sur A ? Comment agit-il ? Horizontalement ou verticalement ? Dans le même sens ou dans un sens opposé ? (Weil-Barais et Dumas-Carré, 2002). L'emploi de questions familières dans un domaine inconnu des élèves suscite leur intérêt. L'utilisation du questionnement organisé crée un sentiment de familiarité, de maîtrise et de sécurité qui conduit à un engagement des élèves dans la discussion et le rapport au savoir. Les chercheuses avancent que ce recours aux routines conversationnelles est un processus contrôlé par l'enseignante et que c'est l'enseignante qui induit un changement de regard sur le point de vue de départ d'une interrogation.

Plusieurs recherches spécialisées dans ce domaine ont tenté de définir les différentes questions qui sont généralement posées par l'enseignante pour connaître les acquis des élèves, attirer leur attention ou maintenir leur soif d'apprendre. Nous les retrouvons sous les catégories suivantes :

- des questions complexes à réponses ouvertes (divergentes) qui touchent les quatre niveaux supérieurs de la taxonomie du domaine cognitif (Bloom, 1963) : appliquer, analyser, synthétiser et évaluer ;
- des questions simples à réponses fermées (convergentes) portant sur les niveaux inférieurs des habiletés intellectuelles : connaître et comprendre ;
- des questions exploratoires qui permettent de pénétrer le domaine affectif des élèves sans critères prédéfinis, par exemple : Êtes-vous intéressés par cette histoire ? Pourquoi pensez-vous que cette femme sera élue première ministre ? Y a-t-il une autre façon de voir la société ?
- des questions « procédurielles » qui portent sur la gestion des activités ; par exemple : Avez-vous la bonne page ? Voulez-vous lire ce paragraphe ?
- des questions tirées de textes écrits et lues par l'enseignante ;
- des questions posées par les élèves.

Par ces différentes questions, l'enseignante vise l'interactivité dans la classe en donnant la parole à tous les élèves et en respectant les timides ou les ignorants. Elle tend également à diminuer sa propre participation verbale au profit de celle de ses élèves. Elle fait cependant un choix judicieux entre les questions à réponses ouvertes et celles à réponses fermées afin de provoquer de nouveaux apprentissages. De plus, elle évite les questions infantilisantes ou culpabilisantes. Le tableau 4.2 présente des exemples de questions en fonction de différentes étapes dans le déroulement d'une situation d'enseignement.

TABLEAU 4.2

Exemples de situations de questionnement en classe

Situations de questionnement	Énoncés de questions
Compréhension des consignes	Jade, peux-tu expliquer dans tes mots les premières étapes de l'activité? Lucas, peux-tu me répéter les consignes?
À l'accueil	Comment allez-vous? (à la cantonade)
Retour affectif sur une activité	Était-ce un texte intéressant, Marie? Et toi, David, qu'en penses-tu? Avez-vous apprécié...? Si vous étiez directeur de la SAAQ, quelle mesure mettriez-vous en place pour sensibiliser les conducteurs face aux dangers de l'alcool au volant? Nommez des éléments de motivation parmi les activités présentées pour réaliser le projet. Les parties de l'activité les plus intéressantes? Les autres qui vous intéressent le moins? Pourquoi avez-vous éprouvé de la difficulté à tel endroit?
Retour cognitif sur une activité	Quel lien existe-t-il entre...? Matis, peux-tu compléter ce qu'Anne a dit? Excellent. Martin, peux-tu résumer le trajet de l'alcool dans l'organisme? Quelqu'un peut l'aider? Très bien... Léa et Sarah, pouvez-vous dessiner un schéma de l'instrument pour mesurer l'alcool? Bravo! Expliquez votre dessin au groupe. Nommez des personnages historiques que vous avez vus lors de votre visite de la galerie (exposition). Qu'est-ce que ce travail t'a permis de connaître? En quoi ton personnage a-t-il contribué à l'évolution des sciences?
Activation des connaissances antérieures	Que veut dire «capacités affaiblies au volant»? Connaissez-vous le trajet de l'alcool dans le corps? Quelle est la relation entre l'alcootest et le taux d'alcool dans le sang? Depuis quand pensez-vous que l'être humain compte? Si je vous dis le mot ..., qu'est-ce qui vous vient à l'esprit?
Orientation et enca-drement des tâches	Où en êtes-vous rendus dans...? Avez-vous des difficultés à...? Avez-vous terminé...? Comment pourrais-tu procéder pour arriver à...?
Préparation d'un quiz ou d'un examen ou d'une révision	L'enseignante invite les élèves à poser des questions à la fin d'un projet ou d'une étape scolaire.
Retenir l'attention des élèves	Janice, peux-tu répéter ce que le personnage de... a fait? Est-ce qu'il y a quelqu'un qui connaît... et pourrait nous aider? Le capitaine Haddock serait-il un bon détective dans la GRC?

L'art de questionner semble être à première vue une habileté facile à maîtriser mais, en réalité, il se fonde sur une kyrielle de comportements, comme le montre le tableau 4.3.

TABLEAU 4.3

Liste de comportements portant sur l'habileté à questionner

Comportement portant sur la CENTRATION du questionnement
- L'enseignante centre son questionnement sur un objet, un document, un problème.

Comportements portant sur la FORMULATION des énoncés des questions
- L'enseignante écrit toutes les questions qu'elle posera et prévoit les réponses attendues.
- Elle varie ses types de questions (fermées, ouvertes, simples, complexes...).
- Elle pose des questions claires et concises, et reformule si nécessaire.
- Elle pose des questions adaptées au vocabulaire et aux connaissances des élèves.
- Elle évite de poser des questions infantilisantes ou culpabilisantes.

Comportements pendant la POSE des questions
- L'enseignante regarde tous les élèves quand elle questionne.
- Elle s'adresse aux élèves par leur prénom, mais ne s'adresse pas toujours aux mêmes.
- Elle est sensible aux problèmes que posent les rythmes individuels.
- Elle pose une seule question à la fois.
- Elle ne répond pas à sa propre question.
- Elle marque une pause de 3 à 5 secondes après une question.
- Elle reformule la question lorsqu'elle semble incomprise.
- Elle donne un indice après qu'une question est restée sans réponse.

Comportements pendant l'ÉMISSION des réponses
- L'enseignante écoute attentivement la réponse d'un élève en le regardant tout en balayant du regard le groupe.
- Elle n'interrompt pas l'élève qui répond.
- Elle varie ses renforcements verbaux par de courts mots empathiques (« c'est bien », « super », « bravo », « excellent », « continue », etc.) et des signes non verbaux (sourire, hochement approbateur de la tête, se dirige vers celui ou celle qui répond).
- Elle écrit la réponse d'un élève au tableau ou ce dernier vient l'écrire lui-même.
- Elle répète la réponse d'un élève ou la fait répéter par un autre élève.
- Elle reprend la partie valable de la réponse d'un élève.
- Elle commente la réponse d'un élève.
- Elle appelle ce dernier par son prénom en approuvant sa réponse.
- Elle réintroduit ailleurs une réponse dans le cours.
- Elle reçoit toute réponse, qui pourra être rectifiée ou abandonnée s'il y a lieu.
- Elle fait une pause après une réponse.

Comportements pour l'EXPLORATION des réponses
- L'enseignante pose une question à partir de la réponse d'un élève.
- Elle adresse une même question à plusieurs élèves.
- Elle amène un élève à justifier sa réponse.
- Elle réoriente la réponse d'un élève vers un sujet connexe.
- Elle varie la trajectoire des échanges (enseignante-groupe ; enseignante-élève ; élève-groupe ; élève-élève)[1].

1. Adaptation de la grille d'observation utilisée pour le cours de microenseignement à l'Université du Québec à Montréal.

Les témoignages qui suivent illustrent différents comportements d'enseignantes quant à leur habileté à questionner.

Emmanuel: J'enseignais au groupe 34 (le groupe « d'endormis ») et je leur posais beaucoup de questions. À chaque fois, mes questions retombaient mollement. J'ai donc décidé de prendre les élèves en main : j'en nomme un pour qu'il réponde à une question. Il me répond : « Je ne sais pas. » Je demande si quelqu'un peut l'aider. Personne ne répond. Alors, je repose la question à un autre élève. J'obtiens la même réponse. Ils ne se donnaient même pas la peine d'observer l'image qui leur aurait permis de trouver la réponse.

Désignation d'un élève

Emmanuel questionnait sans désigner un élève en particulier. Il n'a donc pas obtenu de réponse de la part des élèves. Après réflexion, il a nommé un élève, mais la réception demeurait tout aussi passive. Il reconsidéra ensuite le type de questions qu'il posait et leur reformulation.

Alex : J'éprouve des difficultés au moment où un élève me pose une question, comme si une question posée était pour moi l'occasion de relever un défi par rapport à mes connaissances. Ordinairement, je m'empresse de répondre sans penser qu'un élève pourrait répondre à ma place. Cela aurait favorisé l'interaction entre les élèves et suscité une occasion de donner une rétroaction positive à celui qui avait répondu correctement.

Peur des questions des élèves

Le témoignage d'Alex illustre un piège dans lequel tombent plusieurs enseignantes qui veulent asseoir leur autorité en montrant leur compétence dans une matière. On notera cependant qu'Alex, ayant déjà pris conscience de sa maladresse, est dorénavant attentif à intégrer la compétence des élèves dans ses enseignements. Il lui suffit de varier la trajectoire des échanges et de relancer la question au groupe. Nous avons rencontré une autre enseignante qui, obligée d'enseigner une matière pour laquelle elle n'avait pas une préparation disciplinaire suffisante, craignait les questions des élèves et tentait de les éviter dans son enseignement. Ce sentiment d'incompétence devant une matière à enseigner peut conduire à un enseignement cloisonné de type magistral avec un mode de communication à sens unique.

Chevauchement

Soraya : Je posais des questions en écoutant les réponses des élèves. Je les réorientais ensuite au besoin et leur donnais une rétroaction. Je tentais de comprendre pourquoi les élèves répondent en faisant des erreurs tout en ne perdant pas de vue la bonne réponse... Pendant tout ce temps, je n'arrivais pas à me concentrer efficacement sur ce que les élèves disaient.

Dans le cas de Soraya, elle devait écouter, recadrer les réponses des élèves, renforcer les bonnes réponses, accepter inconditionnellement toute réponse, en interpréter ou rectifier le contenu. Tous ces comportements sont des situations de questionnement efficace difficiles à gérer. L'art de questionner exige une grande sagacité et requiert un esprit vif pour rester maître de la situation en faisant feu de tout bois, même devant des réponses erronées.

Élèves muets

Gil : Je perds à l'occasion le contrôle au fond de la classe parce que les élèves ont l'impression que je ne m'adresse pas nécessairement à eux.

Gil pense que ses élèves sont agités parce qu'elle ne les questionne pas. Par ailleurs, nous pourrions penser aussi que ses élèves ont sciemment décidé de s'asseoir au fond de la classe parce que c'est le meilleur endroit pour ne pas participer à un enseignement qui ne les intéresse pas. Ce témoignage semble montrer l'influence inconsciente de la place qu'occupent les élèves dans une classe.

Pause après la question

Kamal : Ce que je n'ai pas encore réussi à maîtriser, c'est mon habileté à questionner pour vérifier l'apprentissage des élèves. On m'a souvent fait remarquer que je posais une question et que j'y répondais aussitôt, sans laisser le temps aux élèves de réfléchir... Ces derniers n'ont pas l'habitude de lever la main pour parler. Je posais mes questions à la cantonade (ne m'adressant précisément à personne en particulier). Les questions que je pose ne s'adressent à personne en particulier, c'est-à-dire qu'aucun élève n'est désigné pour y répondre. Lorsqu'il y a des réponses, elles viennent toutes en même temps, ou il n'y en a aucune.

Gil et Kamal donnent à penser que plusieurs comportements sur l'habileté à questionner sont peu maîtrisés ou mal assimilés. D'abord, faire une pause de deux ou trois secondes après l'émission d'une question a pour effet d'aller chercher l'attention des élèves, de piquer leur curiosité et de leur laisser le temps de préparer leur réponse. Ensuite, être à la recherche d'un « répondeur » tout en balayant le groupe du regard permet de cibler les élèves, autant ceux qui ont la main levée que ceux qui ne réagissent pas, et répartir la prise de parole.

A **riane :** Le nombre d'élèves incités à participer à une période de questions aurait pu être plus important. J'avais tendance à me limiter aux volontaires (les élèves qui levaient la main). Le fait de laisser répondre les élèves dynamiques ne me permettait pas d'évaluer l'évolution de la compréhension des autres, plus discrets. J'ai donc élargi mon questionnement pour favoriser une plus grande participation et un meilleur apprentissage des élèves.

Prise de parole

Ariane se préoccupe d'interagir avec chacun des élèves de son groupe pour augmenter le taux de participation en classe. Avec pugnacité, elle fera en sorte qu'à chaque période d'enseignement des élèves différents puissent s'exprimer.

Ces quelques témoignages illustrent un enseignement de type participatif qui tient compte à la fois de la place des élèves dans un cadre spatiotemporel et de l'habileté à stimuler, par voie de questionnement, la participation verbale en classe.

Note sur les activités 4.2 et 4.3

Les activités qui suivent ont pour but d'explorer l'habileté à questionner en classe. La première fait découvrir l'importance des types de questions à poser aux élèves, la seconde présente une façon d'autoévaluer ses propres comportements en situation de questionnement.

Objectif :
Classer et analyser des énoncés de questions à partir de la taxonomie du domaine cognitif.

Modes de groupement et critère de formation :
Équipes de base ou équipes hétérogènes formées à l'aide des coupons portant le nom des catégories de questions.

Aménagement spatial et matériel :
Regrouper les bureaux en îlots de 4 et préparer des séries de 4 coupons portant le nom des catégories de questions selon le nombre d'élèves dans le groupe ; déposer sur chaque îlot le nom d'une catégorie de questions et une enveloppe contenant : les descriptions des catégories de questions, une série de 34 questions et 4 fiches-activités 4.2a et 4.2b.

Rôles :
Animateur : lit le contrat ; donne le tour de parole ;
Messager : vient chercher, vérifie et dispose du matériel ;
Porte-parole : rapporte au grand groupe la catégorie de chaque énoncé de questions ;
Vérificateur : vérifie le classement des énoncés de chacune des questions sur les fiches-activités 4.2a et 4.2b.

Déroulement et consignes :
1. Le messager ouvre l'enveloppe et vérifie le matériel.
2. L'animateur lit le contrat. Demande si les consignes sont claires.
3. Le messager étale sur l'îlot les descriptions des catégories de questions.
4. L'équipe se donne une démarche pour classer chacun des énoncés sous la bonne catégorie de questions. (15 min)
5. Mise en commun en grand groupe : les porte-parole disent la catégorie de chaque énoncé de questions selon l'ordre donné par l'enseignante.

Chaque élève remplit individuellement la fiche-activité 4.2a au moment de la mise en commun. Il observe et souligne les pronoms et les verbes utilisés pour chaque énoncé de question. (± 5 min)

Fiche de prise de notes sur les catégories de questions

Fiche-activité 4.2a   Énoncés des questions (souligner pronoms et verbes de chaque énoncé)

Fermées	Infantilisantes Culpabilisantes	
Simples	Factuelles	
Convergentes	Descriptives	
	Procédurielles	
Ouvertes	Exploratoires	
	Complexes	
	Divergentes	

(suite p. 135)

Déroulement et consignes (suite) **:**

6. Établir un lien entre les niveaux intellectuels de la taxonomie du domaine cognitif de Bloom et les énoncés des questions. Pour cela, il suffit de classer chacun des énoncés du jeu de questions dans la fiche-activité 4.2b. L'enseignante présente le solutionnaire de cette fiche à l'écran et, si nécessaire, l'explique. (± 10 min)

Classement des énoncés de questions selon la taxonomie du domaine cognitif de Bloom

Fiche-activité 4.2b

Habiletés intellectuelles	Énoncés des questions
Acquisition de connaissances : définir, identifier, connaître, acquérir, nommer, se rappeler, énumérer, classifier.	
Compréhension : transposer, décrire, lire, comparer, interpréter, traduire, tirer des conclusions, estimer, expliquer.	
Application : prévoir l'effet, établir des relations, résoudre un problème, calculer, formuler.	
Analyse : distinguer, vérifier, découvrir, rechercher des éléments, faire le choix.	
Synthèse : rédiger, composer, conter, établir un plan, formuler une théorie, généraliser, planifier, concevoir, produire.	
Évaluation : Critiquer de façon externe et interne, appliquer des critères, juger.	

Catégories de questions

Fiche-activité 4.2c

Questions divergentes
- donner plusieurs possibilités de réponses ;
- explorer le domaine de l'imaginaire ;
- laisser place à la créativité de l'élève qui répond.

Questions procédurielles
- viser la gestion des activités d'enseignement ;
- vérifier la compréhension des consignes, de la tâche, etc. ;
- permettre d'aller chercher l'attention des élèves.

(suite p. 136)

Fiche-activité 4.2c   Catégories de questions

Questions infantilisantes ou culpabilisantes
• aller chercher l'attention de certains élèves en utilisant des propos humiliants ;
• rappeler à l'ordre l'élève inattentif ou l'ignorer.

Questions factuelles (simples, fermées, convergentes)
• se remémorer, répéter ce qu'on nous a dit ou lu, se souvenir, se rappeler les faits, les connaissances, par exemple loi, date, etc. ;
• permettre de donner une seule réponse brève et précise ;
• utiliser des pronoms interrogatifs : Qui ? Quoi ? Quand ? Où ? Combien ? Quel est… ?
• utiliser des verbes tels que nommer, identifier, reconnaître…

Questions descriptives (simples, fermées, convergentes)
• se remémorer dans un ordre logique des faits, des connaissances ;
• élaborer une seule réponse qui relie des faits ;
• faire appel à la mémoire et non à l'esprit de déduction et de synthèse ;
• utiliser des pronoms : Combien ? Quelles sont les phases de… ?
• utiliser des verbes tels que décrire, définir, énumérer, énoncer.

Questions exploratoires
• faire appel à l'esprit de synthèse et au sens de l'analyse ;
• explorer les réponses des élèves en demandant :
  – de clarifier une réponse ;   – de transférer une réponse dans un autre domaine ;
  – de critiquer une réponse ;   – de faire approuver ;
  – d'aller au-delà d'une réponse ;   – d'apprécier une réponse.
  – de réorienter une réponse ;

Questions complexes (ouvertes, divergentes)
• se constituer une réponse après avoir identifié, classé, examiné des concepts, des connaissances ;
• demander de dépasser le contenu étudié et les connaissances actuelles pour aller explorer les causes et les réponses possibles ;
• employer l'adverbe : pourquoi ?
• faire appel aux habiletés intellectuelles telles que faire apprécier un contenu, inférer, comparer, réutiliser le contenu autrement, solutionner, établir une relation, généraliser.

Fiche-activité 4.2d   Énoncés de questions

1. Nommez les trois dimensions du système de gestion de classe présenté dans cet ouvrage.
2. Décrivez des rôles joués par des coéquipiers dans un travail d'équipe.
3. Pouvez-vous en dire plus sur le travail d'équipe ?
4. Parmi les facteurs contextuels de gestion suivants : la présentation des contenus à enseigner, la variation de stimuli, la participation de l'enseignante et des élèves en classe, les moments parfois critiques dans une journée, l'aménagement spatial et le matériel et le temps réel d'apprentissage, quels sont ceux que l'enseignante doit privilégier en premier ?
5. Qu'arriverait-il au système de la gestion de classe d'une enseignante si elle n'établissait pas de routines dès les premières rencontres avec ses élèves ?

(suite p. 137)

6. «Nancy, comme tu as bien étudié les catégories de règles de vie, peux-tu nous exposer celles qui traitent de la vie collective?»

7. Nommez les trois styles de gestion de classe décrits dans cet ouvrage.

8. «Sophie, rappelez-nous les types de routines professionnelles qu'une enseignante applique dans sa classe.»

9. Quels sont les motifs qui portent à croire que la gestion de classe s'applique plus à ce qu'on est qu'à ce qu'on a?

10. Que serait l'enseignement si on remplaçait les enseignantes par des robots?

11. Si vous perdiez le contrôle de votre groupe devant la direction de votre établissement, quelle serait votre première réaction?

12. «Bon, Paul, tu es encore dans la lune! Peux-tu répéter à la classe ce que Marie vient de dire au sujet de...?»

13. Qui nous a légué un modèle de la gestion de classe axée sur l'observation de l'enseignante en classe?

14. À l'aide d'un témoignage extrait de votre pratique, énoncez une routine de gestion de soutien à l'enseignement.

15. Comment peut-on associer la réponse de Maude à la définition de l'hyperperception?

16. Sur le plan de l'aménagement spatial et du matériel utilisé, comparez une activité de résolution de problème à celle d'une étude de cas.

17. Qu'arriverait-il à l'enseignante qui omettrait d'apprendre le nom de ses élèves en début d'année scolaire ou avant un contrat long à temps partiel?

18. «Comme tu connais tout, Christian, peux-tu venir au tableau faire la démonstration du cycle de gestion de classe?»

19. Quand instaure-t-on un signal?

20. Comment enseigne-t-on les règles du code de conduite de la classe?

21. Comme vous connaissez la démarche pour planifier des épreuves orales, comment pourriez-vous les transformer en exposition sur les murs du local-classe?

22. Y a-t-il une autre façon de vivre l'activité «Le Cadavre exquis»?

23. Si tous les élèves de votre groupe décident un matin de ne pas venir à votre cours et que vous êtes la seule enseignante dans cette situation, quelle serait votre première réaction?

24. «André, pourrais-tu compléter la réponse de Carolanne sur la définition des routines de gestion de la communication?»

25. Quelle est la différence entre un problème de discipline et un problème de comportement?

26. Exposez le déroulement de l'activité «Graffiti».

27. «Nathalie, êtes-vous d'accord avec la réponse de Jean concernant la description de l'habileté à questionner?»

28. Comment démontrer que la violence à l'école influe sur les comportements sociaux des adolescents?

29. Pouvez-vous inventer une façon innovatrice de planifier les devoirs afin que vos élèves puissent se donner eux-mêmes leurs propres devoirs à faire à la maison?

30. Que signifie la sagacité en gestion de classe?

31. «Pierre, que penses-tu de la réponse de Sylvie?»

32. «Marc, as-tu ouvert ton livre à la page 54?»

33. Avez-vous tous remis vos devoirs sur la table de matériel à l'entrée?

34. «Pierre, peux-tu présenter ton résumé sur la définition du concept de gestion de classe?»

Autoobservation des comportements de l'habileté à questionner

Durée : variable

Pour réaliser cette activité, il suffit de filmer une séquence de questionnement et de procéder ensuite à son analyse. Complétez la partie 1 de la fiche-activité 4.3 en deux temps. D'abord, notez spontanément les points positifs et les points à améliorer dans la rangée de l'observation libre. Ensuite, procédez à une deuxième observation en remplissant la deuxième rangée tout en consultant la liste de comportements portant sur l'habileté à questionner au tableau 4.3, page 130. Enfin, indiquez dans la partie 2 de la fiche-activité 4.3, le nombre d'énoncés de questions se référant à chacun des aspects du questionnement.

Fiche-activité 4.3 — **Comportements de l'habileté à questionner**

1. Inscrivez au moins 4 comportements par points.

	Points positifs	Points à améliorer
Observation libre		
Observation avec liste des comportements, voir tableau 4.3, page 130		

2. Faites la synthèse de vos comportements observés en fonction de la liste de comportements portant sur l'habileté à questionner au tableau 4.3 :

Habiletés à questionner				
Centration	Formulation	Pose	Émission	Exploration

LES ROUTINES PROFESSIONNELLES DE GESTION SPATIOTEMPORELLE

Les routines relatives à l'organisation de l'espace et du temps, dites « routines spatiotemporelles », permettent de respecter les règles de sécurité, de faciliter la circulation de l'enseignante et des élèves, de créer un climat favorable et de maximiser le temps d'apprentissage. Ces routines sont directement liées à deux facteurs contextuels de planification de situations d'enseignement déjà abordés au chapitre 3 (voir pages 76 à 79 et 84 à 87), soit l'aménagement spatial et le matériel ainsi que le temps réel d'apprentissage (page 65).

Sur le plan de l'organisation spatiale, l'enseignante détermine tout à l'avance : quand s'ouvrent ou se ferment la porte, les fenêtres, les lumières, l'écran ou les cartes ; l'endroit où sont rangés les livres de référence, tels que les dictionnaires, les atlas ou les autres ressources matérielles utiles à son enseignement ; et la manière d'utiliser, de nettoyer et de ranger le rétroprojecteur, les ordinateurs, les postes de travail, les outils technologiques, les instruments du laboratoire, les fils d'extension, etc. L'enseignante informe les élèves des raisons qui motivent sa manière de procéder et spécifie la pertinence de ses obligations. À titre d'illustration, mentionnons la sécurité qui les rend nécessaires, l'espace restreint qui exige un tel rangement, l'hygiène physique et mentale, l'utilisation du local par une autre enseignante, etc. Par exemple, l'enseignante ouvre les fenêtres entre chaque cours pour aérer ; elle demande aux élèves de sortir du local entre les cours pour purifier l'air. Le sac à dos est placé sous la chaise, accroché au mur ou rangé dans le bureau pour faciliter la circulation entre les rangées. Quand les élèves connaissent les motivations de l'enseignante, il leur est plus facile d'accepter ses manières de faire et d'y adhérer sans contester. Pour gérer l'espace et le matériel en classe, l'enseignante consulte les six fonctions de l'aménagement d'un local-classe : sécurité et confort, plaisir, socialisation, appartenance, instrumentation et développement intellectuel ainsi que les 10 facteurs favorisant un aménagement spatial de la classe (voir pages 76-79).

Une enseignante qui oublie d'installer auprès de ses élèves ses routines d'organisation de l'espace, tant sur le plan du mobilier que de la décoration de la salle, perdra énormément de temps à nettoyer et à ranger les pupitres et le matériel à la fin de chaque cours. Le fait d'effectuer ces tâches sans aide peut devenir une source d'épuisement. Cela reflète d'ailleurs une éducation civique déficiente des élèves par rapport à leur responsabilité du bien commun. Nous le mentionnons régulièrement aux futures enseignantes : en enseignement et en animation de groupe, sur le plan spatial, « il faut refaire ce qu'on défait ». Par exemple, si l'enseignante place des affiches très visibles pour promouvoir une exposition de travaux avec ses élèves, elle doit leur demander de récupérer les affiches à la fin de l'événement. C'est avant le début d'une activité exigeant un déplacement des bureaux que les élèves doivent savoir qu'ils devront les replacer à la fin de l'activité. L'enseignante est responsable du local, des ressources matérielles qui lui sont confiées et de la sécurité des élèves dans cet espace et dans l'école.

Zone d'action de l'enseignante

Bahia : Il y a tellement d'élèves dans ce groupe que tous les pupitres sont occupés. J'ai dû modifier un peu la disposition des pupitres dans la classe pour pouvoir écrire sur le tableau de gauche. De plus, la présence des sacs à dos dans les rangées a réduit encore plus ma zone d'action. J'ai parfois de la difficulté à circuler entre les rangées. Lors des périodes de nettoyage du matériel d'arts plastiques, plusieurs élèves se retrouvent en même temps à l'avant de la classe, ce qui entraîne un embouteillage, de la bousculade et des échanges parfois musclés...

Au regard du temps, la durée nécessaire à la réalisation de chaque geste et activité dans une situation d'enseignement doit être insérée dans la planification aux trois moments de transition suivants : 1) l'ouverture du cours ; 2) le passage de la fin d'une tâche à une autre ; et 3) la conclusion du cours, qui doit être limitée dans le temps. Il en est de même pour le battement, soit la durée de la période de déplacement des élèves ou de l'enseignante. Pour un groupement d'élèves placés en dyades ou en équipes de quatre, il faut prendre quelques minutes sur le temps d'enseignement. Si le regroupement sollicite plus d'élèves à distance, il faut prendre un battement d'au moins quatre à cinq minutes en considération. Ce temps d'enseignement en moins doit être pris en compte dans la planification. Il en est de même des moments d'échange ou de déstabilisation qu'exige l'enseignante. Durant ces battements, les élèves émettent spontanément leurs commentaires à haute voix entre eux. C'est ce que nous appelons « un bzz ». La transmission d'un devoir important, ou l'annonce d'un test, peut créer ce mouvement spontané du bzz. Il est alors impossible pour l'enseignante de reprendre la parole. Pour récupérer l'attention des élèves, elle peut rester debout, en silence, un instant, ce qui représente une perte de temps de une à deux minutes. Encore une fois, cette durée doit être prévue dans la gestion du temps d'une situation d'enseignement. La future enseignante oublie que le temps s'écoule, comme le sable dans le sablier, et que toutes ces petites pertes de temps doivent aussi être prises en compte dans son organisation. Toutefois, chaque enseignante installera ses routines de gestion spatio-temporelle dans une visée de prévention et de liberté d'action en gestion de classe tout en tenant compte des facteurs du temps réel d'enseignement (voir pages 84-87).

EN CONCLUSION

Ce chapitre aborde l'organisation du quotidien en classe afin que l'enseignante se donne la liberté d'enseigner, la capacité d'être efficiente et la possibilité de se libérer l'esprit. Cette liberté passe par l'installation et le maintien de routines professionnelles dès les premiers jours de classe. Celles-ci favorisent le sentiment de sécurité, tant celui de l'enseignante que celui des élèves. Les routines influent sur les comportements des élèves en favorisant leur engagement dans les tâches scolaires et en maintenant un ordre relatif en classe. Ces routines professionnelles sont étroitement liées à l'organisation de l'enseignante dans sa planification, qu'elle prépare avec l'adhésion des élèves. Elles se décomposent en trois catégories : 1) la gestion de l'enseignement concernant le soutien aux situations d'enseignement sur les plans de la didactique et du matériel ; 2) la gestion sociocommunicationnelle en regard du rapport interactionnel en classe et des divers types d'interrogations dans des activités d'enseignement et des discussions ; 3) la gestion spatiotemporelle par rapport au mobilier, à l'environnement sain et à la répartition du temps en situation d'enseignement.

L'organisation de la pratique d'enseignement est un concept large qui couvre l'étape enclavée entre la planification et la phase interactive en vue d'actualiser un mode de fonctionnement efficace, un *habitus*, une grammaire de l'action, comme dans une chorégraphie. La valeur des routines réside dans les propriétés pragmatiques et identitaires de l'action quotidienne. Les routines professionnelles stabilisent l'autorité de l'enseignante. D'un point de vue pédagogique, les routines sont les organisateurs de la gestion de classe, c'est-à-dire la manière habituelle de faire quelque chose selon un ensemble de règles et de procédures coutumières. Elles développent la culture partagée du système de la classe, le sens est convenu et structuré dans les actions pour atteindre un enseignement fluide et des apprentissages de qualité. Les routines possèdent certaines caractéristiques qui les rendent adaptatives.

Pour construire les routines, l'enseignante doit les analyser dans sa pratique d'enseignement, par exemple à l'aide de la vidéoscopie, laquelle permet de formaliser ses propres gestes au quotidien. En formation initiale à l'enseignement, il faut travailler cette zone d'ombre des gestes professionnels.

Exercices de réflexion et d'intégration

Carte trouée

 Complétez la carte trouée ci-dessous à l'aide de la liste des concepts clés du chapitre. Comparez ensuite vos réponses avec celles figurant au bas de la page.

Analyser • Aération • Battement • Connaître • Distribution du matériel • Équipes de 4 • Échanges non verbaux • Échanges verbaux • Environnement • Gestion sociocommunicationnelle • Gestion spatiotemporelle • Gestion de l'enseignement • Habileté à questionner • Hygiène • Îlot • Mobilier • Mode de groupement • Mode explicite • Mode symbolique • Organisation (du quotidien) • Organisation didactique et du matériel • Organisation interactionnelle • Organisation de l'espace et du temps • Question complexe • Question factuelle • Réponse fermée • Réponse ouverte • Routines professionnelles • Sécurité et confort • Signal • Technique de la vague • Temps

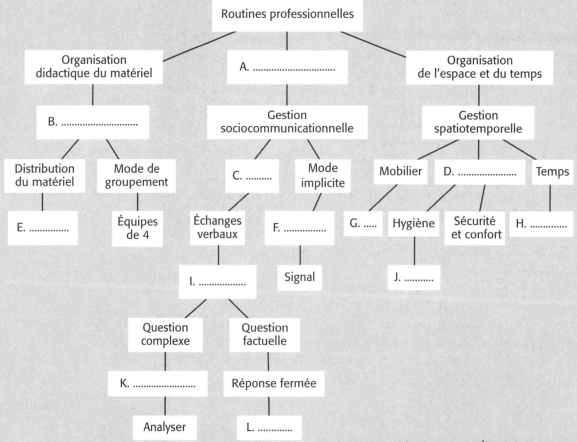

A. Organisation interactionnelle ; B. Gestion de l'enseignement ; C. Mode explicite ; D. Environnement ; E. Technique de la vague ; F. Échanges non verbaux ; G. Îlot ; H. Battement ; I. Habileté à questionner ; J. Aération ; K. Réponse ouverte ; L. Connaître.

Exemples d'organisation d'une situation d'enseignement

Pour concrétiser l'ensemble des routines présentées dans ce chapitre, nous les avons intégrées aux situations d'enseignement suivantes, représentées par ces symboles :

(E) = routines de gestion de l'enseignement
(SC) = routines de gestion sociocommunicationnelle
(ST) = routines de gestion spatiotemporelle

Objectif :
Identifier la catégorie de routines utilisée dans des situations d'enseignement.

Déroulement et consignes :
Remplissez les parenthèses des tableaux 4.4 et 4.5 à l'aide des lettres associées aux catégories de routines susmentionnées et en vous rapportant à leur définition.

Domaine d'apprentissage : Français, 4e secondaire, « La nouvelle littéraire »
Compétence disciplinaire : lire et apprécier des textes variés (75 min)

TABLEAU 4.4

ÉTAPES	DESCRIPTION DU DÉROULEMENT	
0. Aménagement spatial et matériel L'enseignante écrit le menu au tableau (E) ; Elle vérifie le magnétophone et la bande audio (E) ; Elle regroupe les bureaux en îlots de 4 et y colle un numéro de 1 à 8 (SP) ; Elle prépare un résumé de la biographie de l'auteur de la nouvelle ; 32 fiches d'écoute pour l'audition illustrant la structure de la nouvelle et les consignes de la tâche ; 8 grands panneaux ; 8 feuilles (8½ X 11) divisées en 4 rectangles pour chacun des paragraphes de la nouvelle ; 32 fiches-synthèses avec 4 cases pour la version remodelée des paragraphes de la nouvelle ; des gommettes.		

ÉTAPES	ACTIONS DE L'ENSEIGNANT	ACTIONS DES ÉLÈVES
1. Ouverture (± 10 min)		
1.1 Accueil	L'enseignante salue chaque élève à la porte. (SC) Elle remet un numéro à chacun. (E)	Ils déposent leur devoir sur la table du matériel. (E) Ils s'assoient au bureau correspondant au numéro reçu. (ST) Ils lisent le menu.
1.2 Administration	Elle prend les présences à l'aide du plan de classe. (ST) Elle fait quelques annonces. (SC)	Ils écoutent.
1.3 Lien avec le contenu 1.4 Exploration du contenu (3 min)	Elle désigne un élève pour s'informer de sa dernière lecture. (SC) Elle présente la biographie de l'auteur et désigne un élève pour la résumer.	Un élève présente sa lecture. Un élève résume la biographie.

(suite p. 144)

TABLEAU 4.4 (SUITE)

ÉTAPES	ACTIONS DE L'ENSEIGNANT	ACTIONS DES ÉLÈVES
TRANSITION Distribution du matériel Consignes pour l'audition (2 min)	Elle demande l'attention. ( ) Elle distribue la fiche d'écoute par la technique de la «vague». ( ) Elle précise qu'il s'agit d'un travail individuel. ( ) Elle met le magnétophone en route. Elle annonce la durée. ( )	Ils écoutent. Ils lisent les questions.
2. Audition de la nouvelle (10 min)	Elle gère le temps. (ST) Elle circule entre les bureaux. Elle vérifie si le temps est suffisant.	Ils écoutent et répondent aux questions sur leur fiche. Ils découvrent la structure d'une nouvelle.
TRANSITION Routines de communication pour la mise en commun (2 min)	Elle arrête l'activité. ( ) Elle dit: «Lève la main pour parler.» Elle ajoute: «Écoute quand on parle.» (SC) Elle annonce la durée. Elle dit: «On ne répète pas ce qu'un autre a dit.» ( )	Ils écoutent.
3. Mise en commun des réponses de la fiche d'écoute (10 min)	Elle donne le tour de parole. (SC) Elle suscite la participation en permettant à plusieurs élèves de répondre. ( ) Elle écoute et valorise les réponses en les écrivant dans un tableau-synthèse. ( ) Elle gère le temps. ( )	Ils répondent. Ils lisent leur fiche et la remplissent en consultant les autres. Ils écoutent les autres. (SC)
TRANSITION Consignes pour la pratique d'écriture en équipe Présentation du matériel (2 min)	Elle arrête l'activité. ( ) Elle précise «Vous devez: • travailler en équipe de 4 (ST); • parler à mi-voix.» ( ) Tâche: «Remodeler le paragraphe dont le numéro est collé sur votre bureau et le transcrire sur un transparent.» • Elle distribue à chaque équipe: texte de la nouvelle dont les paragraphes sont numérotés, un grand panneau, 4 fiches-synthèses avec 8 cases et gommette. • Elle annonce la durée. ( ) • Elle désigne un élève pour vérifier la compréhension de la tâche. ( )	Ils écoutent. ( ) Un élève résume les consignes de la tâche.
4. Production écrite (10 min)	Elle motive les élèves. Elle circule entre les équipes, aide, guide, annonce le temps qui reste. ( )	Ils écrivent leur paragraphe avec d'autres mots: lien, personnages, objets. Ils parlent à voix basse.

(suite p. 145)

TABLEAU 4.4 (SUITE)

ÉTAPES	ACTIONS DE L'ENSEIGNANT	ACTIONS DES ÉLÈVES
TRANSITION Consignes pour la mise en commun (2 min)	Elle arrête l'activité et dit : • « Chaque équipe du n° 1 au n° 8 désigne un lecteur qui va lire au groupe la production de son équipe sur le grand panneau. » • « Aucune intervention ne sera acceptée pendant la lecture. » ( ) • « Chacun écrit les versions remodelées de chaque paragraphe sur sa fiche-synthèse. » ( ) (2 min / équipe)	Ils écoutent. Ils choisissent un lecteur. (SC)
5. Mise en commun de la version remodelée de la nouvelle (± 15 min)	Elle donne le tour de parole. ( ) Elle écoute, valorise, félicite, accepte inconditionnellement les productions. Elle gère le temps.	L'élève lecteur colle le grand panneau sur le mur et le lit. Les autres écoutent et écrivent sur leur fiche-synthèse.
TRANSITION Consignes pour la fermeture de la période (2 min)	Elle arrête l'activité et dit : « Laissez votre production au mur. » « Replacez les bureaux. » ( ) « Asseyez-vous à votre place habituelle. » ( ) « Remplissez votre fiche-synthèse. »	Ils replacent les bureaux pour le prochain groupe et s'assoient à leur place. ( ) Ils remplissent leur fiche-synthèse.
6. Fermeture (5 min)	Elle amène les élèves à comparer les deux versions de la nouvelle, à s'exprimer sur ce type de texte et sur l'activité vécue, et donne le tour de parole. « À la prochaine période, à partir des choix de versions que vous aurez faites en devoir, nous rédigerons une nouvelle version de la nouvelle. » Elle salue les élèves. ( )	Ils s'expriment spontanément. Ils donnent leurs impressions sur l'activité. Ils écoutent.

(suite p. 146)

TABLEAU 4.5

 Exemple d'organisation d'une situation d'enseignement au primaire

- Domaines généraux de formation : Environnement et consommation
- Domaine d'apprentissage : Univers social
- Compétences transversales : Exploiter les TIC ; Coopérer
- Compétences disciplinaires : Lire l'organisation d'une société sur son territoire ; Lire et écrire des textes variés.
Durée : 12 h pour l'ensemble du projet

ÉTAPES	DESCRIPTION DU DÉROULEMENT
0. Aménagement spatial et matériel	L'enseignante écrit le menu de la journée au tableau. ( ) • forme des îlots de 4 bureaux et place en chaque centre un grand carton intitulé « Ville ou campagne » ; • prépare des coupons Ville / Campagne dans un rapport de 1 à 5, selon le nombre d'élèves ; tableau comparatif 1645/1745 et lien de l'activité sur le site du RÉCIT : http://www.recit.qc.ca/article.php3?id_article=107&id_secteur=67 ( ) • se procure le jeu d'association : pictogrammes sur les sociétés de 1645 et de 1745, le texte de l'intendant Hocquart, l'animation Flash de Gilles Hocquart et une fiche d'écoute, une photographie de seigneurie et une fiche *À la découverte d'une seigneurie*, texte de source première intitulé *Une seigneurie à vol d'oiseau*. ( )

PHASE DE PRÉPARATION À L'APPRENTISSAGE		
1. Ouverture (± 10 min)	**Actions de l'enseignante**	**Actions des élèves**
1.1 Accueil	• L'enseignante accueille les élèves à la porte du local ( ) et leur remet un coupon. • Elle vérifie que chacun se rend au bon îlot. ( ) • Elle lit le menu ou le fait lire par un élève. ( )	• Les élèves retrouvent l'îlot correspondant à leur coupon. • Ils écoutent ou lisent.
1.2 Intention pédagogique	• Elle dit : « À la fin de cette leçon, vous aurez pris conscience de la place qu'occupe l'agriculture dans notre société d'aujourd'hui. » ( )	
1.3 a) Situer les éléments du programme de formation : • domaines généraux de formation : Environnement et consommation • compétences transversales : exploiter deux outils TIC et coopérer • compétences disciplinaires : – Lire l'organisation d'une société sur son territoire. – Lire et écrire des textes variés. b) Présenter l'utilité	• Elle dit : « Cette activité fait partie du domaine de l'Univers social. Elle vise la compétence : Lire l'organisation d'une société sur son territoire. Vous serez aussi appelés à lire et à écrire des textes variés. Nous exploiterons également le traitement de textes et un logiciel à dessin. » ( ) • Elle ajoute : « Cette situation vous amènera à vous interroger sur le phénomène d'urbanisation et sur ses conséquences sur l'environnement. » ( )	• Ils écoutent et demandent des explications, s'il y a lieu. ( )

(suite p. 147)

PHASE DE PRÉPARATION À L'APPRENTISSAGE		
	Actions de l'enseignante	**Actions des élèves**
1.4 Déclencheur	Elle dit : – « les îlots *ville,* levez la main. – Les îlots *campagne,* levez la main. – Pourquoi y a-t-il plus de cartons *ville* que de cartons *campagne* ? » ( )	• Ils calculent le nombre. • Ils établissent le rapport et tentent d'expliquer.
1.5 Exploration du contenu	• Elle présente la carte sur la densité de la population. • Elle pose des questions : « Comment les gens vivaient-ils à l'époque de la Nouvelle-France ? » ( ) • Elle inscrit la question suivante sur un carton qui sera affiché sur les murs de la classe : « Qu'est-ce qui pourrait expliquer l'écart entre la population de la ville et celle de la campagne ? » ( )	• Ils écoutent. • Ils échangent des idées.
SITUATION D'ENSEIGNEMENT B : « CE QUE JE SAIS »		
TRANSITION : consignes pour la situation B de la phase de préparation à l'apprentissage intitulée « Ce que je sais » Durée : 60 min	• Elle demande l'attention. ( ) • Elle présente l'objectif de l'activité : à partir du tableau de changement 1645 / 1745 et d'un texte de source première, classez les changements survenus de la société de 1645 à celle de 1745 et indiquez vos observations sur chacun des changements. ( ) • Elle demande à un élève de résumer les consignes. ( ) • Elle précise qu'il s'agit d'un travail en équipes de 4 ou en groupes de base (si déjà instaurés). ( ) • Elle annonce la durée. ( )	• Ils écoutent. • Ils redisent les consignes dans leurs propres mots. • Ils se placent en équipes. ( )
2. Activation des connaissances antérieures : 2.1 Comparaison entre les deux sociétés de 1645 et de 1745 selon certains critères	• Elle demande à chaque messager de venir chercher le jeu d'association pour son équipe. • Elle gère le temps. • Elle circule entre les bureaux. ( ) • Elle s'assure que les élèves ont bien en tête les données de base sur le territoire et sur 1645 pour réaliser le jeu d'association.	• Un élève vient chercher le jeu. • Ils examinent le matériel. • Ils comparent les deux sociétés en plaçant les pictogrammes portant sur le territoire, la population, la langue, la religion, le gouvernement et l'économie selon les sociétés de 1645 à 1745. • Chaque élève complète son propre tableau.
2.2 Validation des éléments de comparaison	• Elle lit un texte de l'intendant Hocquart et demande aux élèves de vérifier le classement de leurs pictogrammes et de compléter leur tableau comparatif.	
2.3 Mise en commun des observations sur chacun des éléments des deux sociétés	• Elle fait un retour collectif en questionnant les équipes sur les observations que chacune a notées. ( )	• Ils répondent.

(suite p. 148)

Exemples d'organisation d'une situation d'enseignement (suite)

	Actions de l'enseignante	Actions des élèves
TRANSITION : consignes pour la situation C de la phase de réalisation intitulée « Je découvre une seigneurie »	• Elle demande l'attention. ( ) • Elle présente l'objectif de la première activité : ( ) à partir d'une image et d'une animation Flash, et d'un texte de source première, identifier et regrouper les différents éléments d'une seigneurie ; 1. écoute du mandat livré par l'intendant Hocquart ; 2. analyse d'une photographie de seigneurie ; 3. compréhension de certains concepts de l'époque. • Elle demande à un élève de résumer les consignes. ( ) • Elle précise qu'il s'agit d'un travail tantôt en individuel, tantôt en équipe. ( ) • Elle annonce la durée. ( )	• Ils écoutent. • Un élève redit les consignes dans ses propres mots. ( ) • Ils se placent en équipes. ( )
PHASE DE RÉALISATION SITUATION C : « JE DÉCOUVRE UNE SEIGNEURIE »		
3. Remue-méninges (55 min)		
3.1 Mise en situation	• Elle présente la courte animation de Gilles Hocquart. • Elle demande de remplir individuellement la fiche d'écoute.	• Ils écoutent à l'aide de la fiche d'écoute et relèvent les mots nouveaux.
3.2 Analyse des composantes d'une seigneurie	• Elle présente au grand écran la photographie d'une seigneurie et demande à chaque équipe d'écrire les éléments appartenant à une seigneurie. • Elle leur demande ensuite de les classer en humain et naturel.	• Ils complètent la fiche *À la découverte d'une seigneurie*.
3.3 Mise en commun des différents éléments qui composent le territoire et qui caractérisent une seigneurie	• Elle écrit dans un tableau-synthèse les éléments retrouvés dans chaque équipe et les classe en humain et naturel. • Elle demande aux élèves de conserver la fiche d'écoute et la fiche *À la découverte d'une seigneurie*.	• Le porte-parole énumère les éléments trouvés par son équipe. ( )
TRANSITION : consignes pour la situation D de la phase de réalisation intitulée « J'enrichis mon vocabulaire »	• Elle demande l'attention. ( ) • Elle présente l'objectif de l'activité : ( ) à partir d'un texte de source première intitulé *Une seigneurie à vol d'oiseau*, lire des textes variés.	• Ils écoutent.
Suite...		
PHASE D'INTÉGRATION [2]		
Suite...		

2. Pour connaître la suite de la planification détaillée de ce projet, consultez le site du Service national du RÉCIT, au lien suivant : http://www.recit.qc.ca/article.php3?id_article=107&id_secteur=67

La vidéoformation

Pour cet exercice, vous devrez analyser vos routines professionnelles à l'aide de la vidéoformation.

LA VIDÉOFORMATION

La vidéoformation est un dispositif de formation qui permet à l'enseignante d'aller plus loin dans son regard sur soi. Cette dernière utilise l'autoscopie afin de se donner l'occasion, après une observation systématique et à l'aide d'une grille, de réfléchir sur son action, de comprendre sa construction et de pouvoir partager ce savoir. Cette réflexion objectivante permet à l'enseignante de parler de sa pratique, de la partager avec ses collègues et de prévoir l'effet souhaité sur les comportements et les apprentissages des élèves.

Bien qu'embryonnaire, l'exercice proposé lui permettra un premier contact avec ce dispositif de formation éprouvé. La démarche structurée offre une piste intéressante pour lire sa pratique maintenant et tout au long de sa carrière, et pour aborder des gestes professionnels structurants d'interactions sociales en classe, soit les routines de gestion de l'enseignement, de gestion sociocommunicationnelle et de gestion spatiotemporelle.

Intentions

1. Développer la capacité de l'enseignante à analyser des routines professionnelles.
2. Travailler le codéveloppement à l'aide de la lecture de sa pratique effective.
3. Mobiliser cette compétence de façon consciente.

Déroulement et consignes de travail

1RE PARTIE – OBSERVATION ET ENTRETIEN

Avec une ou un collègue de confiance, visionnez la vidéoscopie de votre enseignement.

Matériel : Grille 4.1 ; *L'autoscopie de son enseignement*: une audiocassette avec un magnétophone pour enregistrer l'entretien.

Démarche de visionnement

- Mettez en marche le magnétoscope et observez votre enseignement.
- Chaque fois que vous considérez une action comme une routine, arrêtez le magnétoscope.
- Votre collègue pose les questions inscrites sur la grille d'entretien.
- Redémarrez le magnétoscope et refaites l'exercice (restez naturel).

2E PARTIE – RÉDACTION

Rédigez un texte à l'aide d'un logiciel de traitement de texte selon les consignes suivantes (environ 8 pages).

1. L'introduction (elle inclut entre autres les caractéristiques sociocontextuelles de l'établissement scolaire et du groupe-classe, les compétences pour la leçon et le contenu de ce travail).
2. Le développement comprend trois parties :
   - Un rappel de ce que sont les routines professionnelles, et la conception que vous en avez.
   - Le nom, le but de chacune des routines identifiées dans l'entretien et, pour trois d'entre elles, faites des liens sur la manière dont en parlent certains auteurs.
   - Choisissez une routine professionnelle pour laquelle vous préciserez la séquence sérielle des étapes de la mise en œuvre, et mentionnez comment vous l'avez apprise.
3. La conclusion comprend l'énonciation de ce que vous avez appris sur les routines professionnelles en lien avec l'idée de la gestion de classe préventive. Enfin, ce que vous changeriez dans votre façon de faire et pourquoi ?

(suite p. 150)

Un collègue pose les questions ci-dessous chaque fois que vous arrêtez la bande vidéo.

1. SAVOIRS PROCÉDURAUX
- Tu dis que c'est une routine, décris-la-moi.
- Peux-tu me dire les étapes de cette routine ?
  Premièrement, deuxièmement, troisièmement, etc.
- Quel est le but poursuivi par cette routine ?
- Comment la nommerais-tu ?
- Pour toi, est-ce une routine courte ou longue (plus de deux minutes, c'est une routine longue) ?
- Pour toi, par rapport aux élèves, est-ce une routine individuelle ou collective ?
- Pour toi, c'est une routine qui possède :
  – une fonction de gestion de l'enseignement (en rapport avec l'organisation des savoirs, de l'apprentissage, du matériel didactique) ;
  – une fonction de gestion sociocommunicationnelle (comportements en rapport avec les valeurs, les attitudes au regard des attentes de l'école, le programme, la communauté et la communication adéquate dans les interactions, le questionnement) ;
  – une fonction de gestion spatiotemporelle (espace, temps, déplacements).

2. VARIANTES (savoir-faire en action qui permet l'adaptivité)
- Est-ce que tu fais toujours comme ça pour cette routine (dire la routine) ?
  Quand fais-tu autrement ? Comment fais-tu ?

3. ORIGINE
- Comment as-tu appris à faire comme ça ? Où as-tu entendu parler de cette routine ?

Le contrôle durant l'action

 Intentions de gestion éducative

La lecture de ce chapitre permet :

- de définir ses propres attentes ainsi que celles de ses élèves ;

- d'élaborer un code de conduite en classe ;

- de pratiquer l'hyperperception et les habiletés relationnelles.

L'histoire de Nancy en introduction a permis d'introduire deux dimensions importantes de la gestion de classe : la gestion de planification de situations d'enseignement et l'organisation de la classe au quotidien. Dans le présent chapitre, nous allons imaginer le film des événements au cours de la première journée de classe de Nancy et de sa première étape de l'année scolaire. Elle passe maintenant à l'action.

Le succès d'un enseignant dépend de ses habiletés à maîtriser les situations d'enseignement planifiées et les comportements des élèves en classe à travers les méandres d'imprévus et d'incidents critiques. Ce chapitre démontre que le recours à des routines professionnelles favorise la rapidité des interventions éducatives tout en développant son sens du diagnostic devant la multiplicité de stimuli qui surgissent à tout moment. Un enseignant ne parviendra à maîtriser ces habiletés de gestionnaire que s'il pratique la pensée réflexive en faisant intervenir sa capacité de réfléchir dans et sur l'action en classe. Des exercices de réflexion et d'intégration complètent ce chapitre.

DÉFINITION DU CONTRÔLE DURANT L'ACTION

Le contrôle durant l'action se vit directement en classe et met en œuvre sur-le-champ les habiletés de prise de décision. Il se rapporte à l'actualisation des attentes précises de l'enseignant à l'égard des comportements des élèves par un recours à des routines, des procédures, des règles, des valeurs et des normes connues. Le contrôle consiste aussi à surveiller les comportements des élèves et à fournir une rétroaction conséquente. Il veille au respect des règles de conduite en groupe, ce qui permet d'intensifier la motivation de l'élève et sa participation à la tâche. Il réduit ainsi les risques de comportements inacceptables et perturbateurs. Il est la troisième dimension de notre système de gestion de classe intitulé « POC ».

Selon nous, le contrôle durant l'action repose sur quatre habiletés principales de l'enseignant :

- définir ses attentes à la fois avec clarté, fermeté et souplesse tout en partageant la responsabilité du climat de la classe avec les élèves ;
- élaborer un code de conduite en classe ;
- être hyperperceptif au déroulement global de l'action ainsi qu'aux mouvements individuels et de sous-groupes ;
- communiquer avec compétence ;
- intervenir de façon professionnelle devant différents comportements des élèves et événements qui surviennent en classe.

DÉFINIR SES ATTENTES

Lors des premières rencontres avec ses élèves, l'enseignant se consacre à créer le climat d'apprentissage et les conditions de travail en classe. Pour ce faire, dès le premier contact, il précise ses attentes, ses droits, ses devoirs ainsi que ses limites. Il invite les élèves à faire de même. Ensuite, dans un climat de respect démocratique et de consensus mutuel, enseignant et élèves conviennent ensemble des routines, des procédures et des règles de la classe en fonction de leurs attentes respectives et en toute connaissance des conséquences logiques advenant une infraction aux règles établies.

Bien qu'il soit peu réaliste de tenter d'éliminer toute forme de mauvaise conduite, l'enseignant et ses élèves fonctionneront mieux si les attentes et les limites sont clairement définies. Le manque d'expérience, la crainte d'imposer des structures trop rigides, la difficulté de définir ses propres attentes et de reconnaître les besoins des élèves sont les principales causes des difficultés de gestion qu'éprouvent les enseignants novices, comme l'a constaté Kamal au cours d'un stage.

À propos...

La métacognition

La métacognition est une activité mentale qui permet de percevoir et de comprendre comment nous exerçons notre pensée. Elle nous procure éventuellement davantage de pouvoir pour nous aider à mieux maîtriser et gérer notre façon d'apprendre et de faire les choses.

J'ai commencé à me montrer plus directif quand j'ai établi mes propres règles et je n'ai pas éprouvé de difficultés à être ferme quant aux conséquences. Les élèves se sont montrés un peu surpris de cette nouvelle attitude, mais ils ont reconnu l'importance d'une structure organisationnelle à l'intérieur de la classe pour mieux fonctionner ensemble.

Attitude de fermeté

Kamal a donc constaté une nette amélioration en matière de contrôle durant l'action et une valorisation de son rôle à la suite de la mise en place de certaines règles de conduite. De plus, par voie de conséquence, il a constaté une évolution marquée du développement de son identité professionnelle et un sentiment de compétence mieux maîtrisé.

Pour définir ses attentes, l'enseignant doit :

1. connaître la Loi sur l'instruction publique ;
2. penser au type d'image qu'il va présenter aux élèves ;
3. identifier les comportements irritants des élèves ;
4. demander la collaboration des élèves.

LA LOI SUR L'INSTRUCTION PUBLIQUE

L'enseignant prend connaissance de la Loi sur l'instruction publique (LIP), en particulier le chapitre 1, la section II et l'article 22 (1988, c. 84, a. 22; 1997, c. 96, a. 10) relatif aux obligations, responsabilités et devoirs de l'enseignant.

À propos...

Le contrôle durant l'action

Le contrôle durant l'action se définit comme un ensemble d'habiletés d'observation, d'analyse et d'évaluation qui visent à assurer la conformité des opérations par rapport aux attentes planifiées, aux conditions de réalisation prescrites, aux exigences réglementaires et procédurielles, et qui permettent aussi de corriger la situation durant l'action (Legendre, 2005 : 259).

« Il est du devoir de l'enseignant :

1. de contribuer à la formation intellectuelle et au développement intégral de la personnalité de chaque élève qui lui est confié ;
2. de collaborer à développer chez chaque élève qui lui est confié le goût d'apprendre ;
3. de prendre les moyens appropriés pour aider à développer chez ses élèves le respect des droits de la personne ;
4. d'agir d'une manière juste et impartiale dans ses relations avec ses élèves ;
5. de prendre les mesures nécessaires pour promouvoir la qualité de la langue écrite et parlée ;
6. de prendre des mesures appropriées qui lui permettent d'atteindre et de conserver un haut degré de compétence professionnelle ;
   6.1) de collaborer à la formation des futurs enseignants et à l'accompagnement des enseignants en début de carrière ;
7. de respecter le projet éducatif de l'école. »

QUEL TYPE D'IMAGE VAIS-JE PRÉSENTER AUX ÉLÈVES ?

L'enseignant pense au type d'image qu'il va présenter à ses élèves. Selon Rossi (1992 : 73), « l'image de l'enseignant précède son autorité ». L'enseignant est donc préoccupé par son image. Étant donné les distinctions entre le statut de l'enseignant et celui de l'élève, le premier a un rôle différent à jouer. Par conséquent, il assume cette différence et cultive une norme face au langage et aux comportements sociaux attendus des élèves. Il se présente sous son vrai jour sans trop de familiarité ou de décorum. Un enseignant consciencieux, ponctuel, confiant, bienveillant, empathique, ferme et aidant ne peut qu'entraîner des comportements positifs chez les élèves. Il s'efforce de soigner son langage, d'être poli et courtois avec les élèves, de s'informer et de se préoccuper de leur bien-être (par exemple, visiter un élève qui a été hospitalisé, questionner ou réprimander un élève ayant un comportement inadéquat avec un camarade, complimenter les élèves, etc.). L'ensemble de ces attentions et politesses au quotidien permet de tisser une relation positive entre l'enseignant et ses élèves. La gentillesse est une manière de valoriser autrui et de le reconnaître.

QUELS COMPORTEMENTS M'IRRITENT ?

L'enseignant identifie les comportements des élèves qui l'irritent ou pourraient l'irriter en classe. L'activité 5.1 favorise cette réflexion.

Objectif :

Prendre conscience de comportements d'élèves qui me dérangent en classe.

Déroulement et consignes :

Parmi la liste des comportements de la fiche-activité 5.1 [1], cochez dans la colonne OUI ceux qui vous dérangent le plus. Ensuite, compilez vos réponses dans la dernière section. Vous découvrirez ainsi quel est l'aspect que vous privilégiez par rapport à votre tâche de gestion de classe.

Comportement des élèves

Fiche-activité 5.1

	OUI	NON
1. Certains élèves sont absents le jour de la date de remise d'un travail. (É)		✓
2. Votre manière d'enseigner est contestée par l'ensemble des élèves. (P) /	✓	
3. Le groupe d'élèves est passif, amorphe pendant vos exposés. (P) 2	✓	
4. Un élève a une attitude méprisante envers un autre élève. (R) /	✓	
5. Un élève monopolise toute l'attention en classe pendant une démonstration. (P) 3		✓
6. Un élève fait autre chose que ce qui est demandé en classe. (R)		✓
7. Un élève arrive régulièrement en retard après le début des leçons. (R) 2	✓	
8. Plusieurs élèves s'absentent régulièrement à vos cours. (P)	✓	
9. Quelques élèves négocient la date de remise d'un travail. (É)		✓
10. Un élève a une attitude arrogante envers vous en classe. (R) 3	✓	
11. Lors d'un travail d'équipe, les membres d'une équipe ne font pas le travail demandé. (R)	✓	
12. Un élève remet un devoir en retard. (É)		✓
13. Quelques élèves bavardent toujours dans votre classe pendant que vous parlez. (R)		✓
14. Plusieurs élèves contestent le nombre de devoirs et d'examens. (É) /	✓	
15. Un élève pose des questions qui n'ont aucun rapport avec votre exposé. (P)		✓
16. Certains élèves se déplacent et sortent de la classe sans raison. (R) 4	✓	
17. Plusieurs élèves ne respectent pas les normes de présentation des devoirs. (É) 2	✓	
18. Un petit groupe d'élèves se placent devant la porte avant le son de la cloche. (R)		✓
19. Un élève regarde sur la feuille de son voisin pendant un examen. (É) 3	✓	
20. Un élève oublie souvent le matériel requis pour le cours. (P)		✓

(suite p. 156)

1. Adaptation de Meloche, 2006.

Activité 5.1 Mes préoccupations en gestion de classe (suite)

Faites le total de vos réponses pour chacun des aspects de votre tâche (R, P ou É) et l'inscrire dans le tableau ci-dessous. Vous pourrez observer le type de comportements qui correspond au vôtre pour chacun des aspects de votre rôle d'enseignant.

GRILLE 5.1 - COMPILATION DES RÉPONSES		
Encadrer (relationnel : R)	**Enseigner (pédagogique : P)**	**Évaluer (évaluatif : É)**
3	3	4

QUELLES SONT LES ATTENTES DES ÉLÈVES ?

L'enseignant demande la collaboration des élèves pour connaître leurs attentes face à des comportements qu'ils jugent acceptables et inacceptables en classe.

Note sur l'activité 5.2

L'activité 5.2, « Graffiti de la rentrée », propose à l'enseignant une façon de procéder en début d'année scolaire ou au moment des premières rencontres. Pour présenter cette activité, nous avons utilisé la structure de gestion de planification d'une situation d'enseignement telle qu'elle apparaît au chapitre 3 (pages 111-112), mettant en évidence la participation de l'enseignant et celle des élèves.

Objectif :
Faire émerger les attentes des élèves sur les comportements acceptables et inacceptables en classe.

Mode de groupement et critère de formation :
En équipe de 4 à partir des lettres du mot « code ».

Aménagement spatial et matériel :
Regrouper les bureaux en îlots de 4 et y déposer au centre une grande lettre du mot « code », 8 panneaux-conférence numérotés de 1 à 8 et titrés en alternance « comportements acceptables » ou « comportements inacceptables » ainsi qu'un paquet de papillons (*post-it*) ; écrire l'énoncé d'un comportement au verso du panneau-conférence ; préparer des séries de lettres du mot « code » selon le nombre d'élèves ; élaborer une fiche-activité 5.2 par élève ; reproduire cette fiche au tableau.

Rôles :
Messager, rapporteur, animateur, scripteurs (voir page 51 pour la définition de ces rôles)

DÉROULEMENT (ÉTAPES)	ACTIONS DE L'ENSEIGNANT	ACTIONS DES ÉLÈVES
1.0 Ouverture (5 min)	• L'enseignant salue chaque élève à la porte de la classe et lui remet une lettre du mot « code ».	• Les élèves s'assoient à l'îlot correspondant à leur lettre.
1.1 Déclencheur 1.2 But de la rencontre	• Il présente le but de l'activité : connaître les attentes face aux comportements acceptables et inacceptables en classe.	• Ils écoutent.
1.3 Sensibilisation à l'activité	• Il désigne un élève par équipe pour lire et classer le comportement au verso. • Il écrit les comportements au tableau en les classant sous « acceptables » et « inacceptables ». • Il présente le matériel.	• Un élève par équipe lit le comportement au verso. Il le juge acceptable ou inacceptable.

(suite p. 158)

DÉROULEMENT (ÉTAPES)	ACTIONS DE L'ENSEIGNANT	ACTIONS DES ÉLÈVES
TRANSITION (3 min) (Consignes générales pour la première production)	• Il demande l'attention : – « À mon signal, écrivez spontanément et sans arrêt pendant trois minutes des comportements sur les papillons (un par papillon), selon le titre de votre panneau. » – « À mon signal, arrêtez et passez votre panneau à l'équipe à votre droite dans l'ordre suivant : 1 à 2, 2 à 3, 3 à 4, 4 à 5, 5 à 6, 6 à 7, 7 à 8 et 8 à 1. » – « Désignez un élève pour passer le panneau. » – « Lisez ce que l'équipe précédente a écrit et écrivez de nouveau pendant deux minutes. » • Il désigne un élève pour résumer la consigne. • Il dit : « Vous avez trois minutes. »	• Ils écoutent. • Un élève résume la consigne à haute voix.
2. Première production (3 min)	• Il stimule les équipes en écrivant lui-même un comportement par papillon. • Il gère le temps.	• Ils écrivent spontanément.
TRANSITION (1 min) (Consignes pour la deuxième production)	• Il dit : – « Au signal..., arrêtez l'écriture. » – « Passez votre panneau à... » – « Lisez ce qui a été écrit par l'autre équipe. » – « Écrivez de nouveau pendant deux minutes. » – « Vous avez trois minutes. »	• Un messager passe le panneau.
3. Deuxième production (3 min)	• Idem à l'étape 2.	• Ils lisent. • Ils écrivent.
TRANSITION	• Idem à la transition précédente.	• Un messager passe la feuille.
4. Troisième production (3 min)	• Idem aux étapes 2 et 3.	• Ils lisent. • Ils écrivent.

(suite p. 159)

Activité 5.2 Graffiti de la rentrée (suite)

DÉROULEMENT (ÉTAPES)	ACTIONS DE L'ENSEIGNANT	ACTIONS DES ÉLÈVES
TRANSITION (Consignes pour le consensus en équipe) (2 min)	• Il demande l'attention : – « Sélectionnez les trois comportements les plus importants pour votre équipe. » – « Établissez un ordre de priorité, un étant le plus important et trois, le moins. » – « Vous avez 20 minutes. »	• Ils écoutent.
5. Consensus de l'équipe (20 min)	• Il gère le temps. • Il circule entre les équipes. • Il annonce le temps qui reste.	• Ils sélectionnent. • Ils priorisent. • Ils ordonnent.
TRANSITION (Consignes pour la mise en commun) (2 min)	• Il arrête le travail d'équipe. • Il vérifie si le temps a été suffisant. • Il demande à chaque équipe, à tour de rôle, de donner dans l'ordre les comportements retenus.	• Les autres élèves écoutent.
6. Mise en commun (15 min)	• Il donne le tour de parole par équipe. • Il écrit au tableau la fiche-activité 5.2 de chaque équipe.	• Le rapporteur de chaque équipe dit les comportements. • Les scripteurs remplissent leur fiche-activité 5.2.
7. Fermeture (10 min)	• Il dit : « Les comportements priorisés serviront de base pour élaborer le code de conduite en classe lors de la prochaine rencontre. » • Il fait voter chacun des comportements prioritaires par le groupe (vote secret).	• Ils comparent leurs fiches-activités 5.2 avec la compilation au tableau. • Ils posent des questions. • Ils commentent. • Ils votent.

Fiche-activité 5.2 — Liste des comportements

Comportements de l'élève	Acceptables	Inacceptables
1		
2		
3		

Une fois les attentes communiquées de part et d'autre, l'enseignant procède à l'élaboration des règles de la classe qui spécifient les comportements attendus ou interdits. Ces règles sont inscrites dans un code de conduite en classe.

ÉLABORER UN CODE DE CONDUITE EN CLASSE

Tel que nous l'avons mentionné au chapitre 4, la vie en classe est gouvernée par un ensemble de routines professionnelles sur les plans de soutien à l'enseignement, sociocommunicationnel et spatiotemporel. Ces routines aident au déroulement des situations d'enseignement et au fonctionnement de certaines situations courantes. Il s'agit de situations, par exemple, pendant le travail individuel (périodes de prise de notes, de lecture, d'exercices, etc.); le travail d'équipe (critères de groupement, rôle de chacun, évaluation de l'équipe, etc.); les transitions (ouverture, passage d'une activité à une autre, fermeture); les activités de logistique (entretien, déplacements, rangement du matériel, etc.); les échanges verbaux entre enseignant et élèves ou entre élèves (un seul parle à la fois, lève la main pour intervenir, écoute, valorise, respecte les périodes de questions ou de discussions, etc.) et les échanges (distribution et cueillette de matériel, mise en commun des travaux, etc.).

Les règles de conduite en classe sont complémentaires aux routines, elles visent habituellement à gérer les comportements susceptibles de perturber le déroulement des activités d'enseignement, de menacer l'intégrité physique d'une personne ou d'entraîner des dommages à la propriété. Les règles définissent la discipline à observer à l'intérieur des groupes et d'une institution. Les règles de la classe sont enchâssées dans le code de vie de chaque établissement scolaire. Plusieurs auteurs les regroupent sous différentes catégories.

CATÉGORISATION DES RÈGLES DE CONDUITE EN CLASSE

Meloche (2006) classe les comportements attendus des élèves selon les aspects pédagogique, évaluatif et relationnel de la tâche de l'enseignant. Ainsi, il met en place des règles pour prévenir les comportements indisciplinés des élèves au cours d'un enseignement, il encadre les relations entre les élèves d'un groupe dans une même classe et évalue leurs apprentissages.

Les comportements indisciplinés se rapportant aux relations en classe sont multiples; en voici quelques-uns: se présenter en classe avec un baladeur, un cellulaire ou un téléavertisseur ; arriver systématiquement en retard ; se déplacer ou sortir sans raison de la classe, se lever avant la fin du cours ; adopter une attitude arrogante à l'égard de l'enseignant, d'une opinion ou d'une question d'un élève ou de l'enseignant, ou encore, utiliser un langage inapproprié ; être somnolent ou se laisser aller ; couper la parole ou répondre à une question sans lever la main ; remettre en question l'autorité de l'enseignant, etc.

Les comportements indisciplinés se rapportant à l'enseignement varient aussi : entrer bruyamment en classe au moment où la leçon se déroule ; refuser de suivre les consignes ; ne pas collaborer, ne pas accomplir ou dévier de la tâche au cours d'un travail d'équipe ; poser des questions impertinentes ou monopoliser les discussions en classe ; faire du travail ou de la lecture qui ne concerne pas le cours ; oublier le matériel nécessaire, etc.

Quant aux comportements indisciplinés relatifs à l'évaluation, en voici quelques-uns : retarder la remise des devoirs ou des lectures, ou négocier des extensions ; ne pas respecter les exigences de qualité du français dans les travaux ni les consignes quant au contenu et au nombre de mots exigés ; contester ou réagir démesurément au nombre de devoirs, de travaux, d'exercices et de lectures à faire ; plagier ou tricher pendant un examen ; etc.

Lessard (1997), pour sa part, distingue trois grandes catégories de règles à l'école. D'abord, les règles qui portent sur le métier d'élève. Les droits et devoirs de l'élève sont précisés au chapitre 1, section 1, de la Loi sur l'instruction publique. Cette loi énonce de façon concrète que l'élève a droit à un enseignant compétent et à des outils de travail adéquats. Toutefois, elle précise que plusieurs devoirs lui incombent soit de travailler de façon consciencieuse, d'être assidu, ponctuel, de respecter les échéances liées aux travaux, de ne pas tricher ou plagier, etc. Cette catégorie de règles vise à promouvoir l'autonomie et la responsabilité de l'élève et à respecter les missions d'instruction et de qualification de l'école. Le second ensemble de règles porte sur la vie collective à l'école. L'élève poursuit la vie qu'il a amorcée en famille en développant sa citoyenneté scolaire. Il y apprend la civilité, les règles de politesse, la gestion de conflits de manière non violente, l'expression de son point de vue, l'argumentation, le respect du point de vue des autres, la coopération, l'acquisition des valeurs de justice, d'équité et d'égalité, le respect des règles de communication et des consignes d'utilisation, etc. Cette catégorie de règles permet de construire l'individualité de l'élève et de créer un sentiment d'appartenance à un groupe. Elle contribue à la mission de socialisation de l'école québécoise. La dernière catégorie de règles comprend les conventions sociales, les mœurs, les us et coutumes de la majorité. Elle se réfère au

Clic et déclic

L'émancipation

Auguste Comte a dit: «Toute éducation humaine doit préparer chacun à vivre pour autrui, afin de revivre dans autrui [2]. » Ces paroles illustrent bien ce qu'est l'émancipation. Pour en savoir plus sur l'émancipation, les responsabilités et les devoirs de l'enseignant, nous suggérons de consulter le lien suivant:

http://www.educaloi.qc.ca/loi/enseignants/

code vestimentaire, à l'apparence physique, à l'avoir primant sur l'être. Ces règles peuvent conduire à une certaine soumission de l'individu aux règles de la majorité alors que les deux autres catégories de règles visent à rendre un citoyen autonome et responsable. Par ailleurs, elles prennent une grande place dans les codes de vie des établissements scolaires. Il suffit de se remémorer tous les débats houleux sur le port du costume, la couleur des cheveux, le *piercing*, etc.

L'émancipation de la personne dans une école passe par sa capacité de se conformer ou de s'autoréguler par rapport à certaines normes qui concernent entre autres l'hygiène, le respect de soi et des autres, et l'usage respectueux de la langue. Ces normes reflètent aussi un souci de non-violence et de pudeur dans une situation d'apprentissage en vue de respecter la qualité de la vie dans une communauté apprenante. L'émancipation ne suspend pas la responsabilité de l'individu à l'égard de la qualité de vie collective. Il importe de comprendre que l'on s'émancipe en prenant en compte les besoins des individus qui nous entourent et en consultant. Toutefois, il arrive que des individus s'émancipent en adoptant des comportements abusifs de confrontation, d'intimidation, de discrimination, de rébellion, de délinquance et de violence.

Selon Barbeau, Montini et Roy (1997), les comportements sont regroupés en classes de situations spécifiques à l'enseignement, à savoir la présence en classe (début, pause, fin de la leçon); les examens (absence, respect des échéances, reprises, plagiat, pondération); les devoirs et travaux (règles de présentation, orthographe, fonctionnement individuel ou en équipe, respect des échéances); les laboratoires (travaux préalables, normes de sécurité); la classe comme lieu physique (ordre, sécurité, hygiène); pendant les exposés, le travail d'équipe ou individuel (respect des opinions et de confidentialité, silence, modalités de communication); la correction (critères, commentaires) et le matériel utilisé (directives d'utilisation, respect des procédures). La figure 5.1 résume les différentes façons de catégoriser les règles de conduite en classe.

---

2. Auguste Comte (1798-1857). *Système de politique positive,* 1851-1854.

Différentes catégories de règles en classe

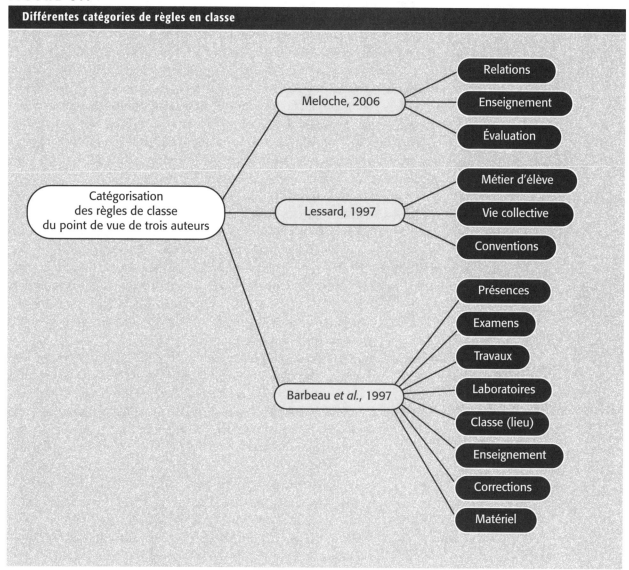

Cette figure reprend les grandes catégories des auteurs cités auparavant. Toutefois, nous faisons une mise en garde en soulignant l'importance d'arrimer toute catégorie au code de vie de l'école. L'élaboration des règles de conduite en classe se fait nécessairement dans le prolongement des décisions réglementaires déjà arrêtées par le conseil d'établissement. La composition de ce conseil se veut représentative de tous les milieux où sont dispensées les formations (des représentants du milieu socio-économique, des formateurs, des étudiants, du personnel de soutien et professionnel, de même que de la direction). Ainsi, le code de vie de l'école est représentatif des attentes sociales et éducatives de la communauté.

FORMULER LES RÈGLES DE CONDUITE EN CLASSE

Lorsque la catégorisation de règles est fixée, leur formulation s'effectue avec des conséquences logiques. Nous passons ainsi du niveau réglementaire au niveau disciplinaire.

Barbeau, Montini et Roy (1997) énumèrent quelques principes de base. Les règles de la classe sont spécifiques à un contexte et portent sur des aspects généraux. Elles sont formulées de façon positive en nombre limité, précisant clairement ce qu'il faut faire. Nous nous inspirons de la démarche proposée par ces auteurs pour élaborer un code de conduite en classe, qui se présente en quatre (4) étapes :

- Étape 1 : Identifier des contextes en lien avec les principaux aspects irritants pour l'enseignant et des élèves qui ont été notés sur les fiches-activités 5.1 et 5.2 (voir pages 155 et 159).
- Étape 2 : Formuler de façon positive les règles de la classe pour chacun des contextes. Ces énoncés portent sur des aspects généraux et des principes plutôt que sur des détails. Le langage utilisé est clair, concis, univoque et il incite à un comportement adéquat.
- Étape 3 : Justifier les règles en utilisant les commentaires des élèves sur chacun des énoncés. Il est important que les élèves comprennent les règles adoptées et puissent justifier leur adoption. L'enseignant doit donc demander aux élèves les raisons d'être d'une telle règle plutôt que de l'expliquer lui-même. De plus, il se doit de sonder ses élèves pour vérifier s'il s'agit d'une règle raisonnable et juste, et combien d'entre eux y adhèrent. Si des élèves s'opposent à une règle, l'enseignant peut proposer une discussion au cours de laquelle, dans un tel cas, l'influence des pairs effacera le doute chez les quelques dissidents. Il demande la participation des élèves en les invitant à commenter chacun des énoncés des règles.
- Étape 4 : Prévoir des conséquences ou des pertes de privilèges liées aux comportements des élèves. L'enseignant annonce des conséquences précises en constatant que des règles n'ont pas été respectées. Chaque règle devrait faire l'objet d'une série de conséquences, depuis les moins sévères jusqu'aux plus sévères. L'enseignant doit aussi prévoir des conséquences positives pour récompenser les bonnes conduites. Dans tous les cas, ces conséquences doivent être constructives plutôt que punitives et constituer une suite naturelle et logique des règles.

Les conséquences sont sans jugement de valeur et appliquées immédiatement après l'infraction. C'est ainsi que l'élève devient respon-

À propos...

Le *pensum*

Un pensum est une corvée ou un devoir supplémentaire imposé à un élève pour le punir.

sable de ses gestes et en assume la responsabilité. Il prend conscience de son comportement déviant par rapport au code établi. Si les conséquences ou les pertes de privilèges ne sont pas appliquées, les élèves ne croiront pas aux règles. Si elles sont trop dures et sans rapport avec les règles, ils les percevront comme des *pensums* inutiles et se sentiront brimés et blessés, ce qui avivera leur désir de faire des reproches à l'enseignant devant les autres élèves. Plusieurs auteurs (Rancifer, 1995 ; Speirs, 1994) ont observé qu'une mesure disciplinaire de suspension de l'école modifie très peu, sinon aucunement, le comportement déviant d'un élève. Nous pouvons de la sorte immuniser un élève contre toute punition ; il devient un « enfant téflon ». Le tableau 5.1 résume cette démarche en quatre étapes et présente des exemples concrets.

TABLEAU 5.1

Démarche pour élaborer un code de conduite en classe

1re étape : contexte	2e étape : règles	3e étape : justifications	4e étape : conséquences
• Assiduité • Ponctualité (début de la classe, pauses, fin de la rencontre) • Absence	La classe débute au son de la cloche. Un délai de cinq minutes est toléré.	Le retardataire perturbe le déroulement de la leçon, fait dévier l'attention des élèves. L'information importante est transmise dans les premières minutes de la rencontre.	Obtenir de la direction un billet de retard qui est comptabilisé sur la feuille de route de l'élève.

Il en sera de même pour chacun des contextes du respect : échéancier, convention (tricherie), propriété intellectuelle (plagiat), code de communication, politesse, civilité, point de vue de l'autre, matériel, code vestimentaire et pour tout autre contexte identifié aux fiches-activités 5.1 et 5.2.

Par la suite, l'enseignant procède à la rédaction du code de conduite pour la classe, sorte de *modus vivendi* avec son groupe d'élèves. Ce code, que l'enseignant a élaboré en collaboration avec ses élèves, comporte des règles générales et des conséquences ou des pertes de privilèges. Ces dernières viendront renforcer les comportements acceptables et inhiber les comportements inacceptables lorsqu'une infraction sera commise (Curwin et Mendler, 1984). Il existe dans certains milieux scolaires du Québec, un « conseil de coopération »,

l'équivalent d'un « conseil de classe », qui se réunit périodiquement pour assurer un fonctionnement démocratique du groupe (Jasmin, 1994). L'expérimentation du conseil de coopération par Gaudet (1995) montre que ce mode de fonctionnement démocratique accroît chez l'élève le sens des responsabilités, la capacité de s'exprimer devant un groupe, l'entraide et la coopération. Il semblerait même qu'il influence la résolution de problèmes mathématiques.

Certains enseignants intègrent le code de conduite en classe sous la forme d'un « contrat social de la classe ». Ce contrat vise la responsabilité collective, car il est signé par tous les intervenants significatifs de l'élève. Ce contrat décrit concrètement le fonctionnement du groupe et peut reposer sur les éléments suivants :

1. L'assignation ou le choix des places des élèves dans la classe.
2. Les comportements des élèves au début et à la fin des cours.
3. La répartition des tâches (rôles).
4. Les activités pour les élèves qui terminent une tâche avant le temps prévu.
5. La logistique de rangement et de propreté du local.
6. Les exigences matérielles pour chaque matière.
7. Le ou les signaux pour interagir en classe (ou le contrat de communication).
8. Les règles de circulation en classe et de la sortie du local.
9. Les règles pour l'étude et la remise des travaux et des devoirs.
10. Les habiletés sociales (non-violence verbale et physique, respect des autres, écoute de l'autre, entraide).

Il est régulièrement mentionné de limiter le nombre de règles à 10. Nous rencontrons donc ce chiffre magique. Ce contrat pourrait prendre la forme qui suit :

1. **Entrée en salle de classe**
   J'entre en classe au son de...
   Dès mon entrée en classe, je consulte le babillard pour connaître les nouvelles du jour.
   Je prends note du menu écrit au tableau.
   Je...
2. **Durant la situation d'enseignement**
   Je lève la main, j'attends mon droit de parole pour exprimer mon opinion ou poser une question.
   Pendant les travaux d'équipe, je communique à voix basse afin de garder un climat propice à l'apprentissage.
   Je travaille en silence, individuellement, pendant les examens, les contrôles et les exercices.

Je respecte le matériel ou le mobilier qui m'est prêté.

Au signal de..., j'arrête de travailler ou de parler et j'écoute les consignes.

J'utilise le crayon de couleur adéquat pour faire les corrections des devoirs et des travaux, et je range les autres.

Si je triche ou si je plagie, je me verrai attribuer la note de zéro pour le travail demandé.

Je prends des notes sur des feuilles mobiles.

Je me déplace vers un autre local en silence pour respecter la concentration des élèves des autres classes.

Je...

3. **Fin de la rencontre**

   Je demeure à ma place jusqu'au son de la cloche.

   Je place ma chaise et je rapporte ou range le matériel de classe.

   Je...

4. **Travaux, devoirs et étude**

   Je respecte les échéances pour la remise des travaux.

   Je présente des travaux propres, bien aérés et comportant l'en-tête officiel de l'école.

   Les travaux ne peuvent être rédigés en équipe, à l'exception de...

   Je...

5. **Matériel nécessaire**

   À chaque rencontre, j'apporte le matériel suivant :

   a) agenda de l'école ;

   b) manuels de base ;

   c) feuilles mobiles, crayons à mine et à l'encre, gomme à effacer ; liquide correcteur interdit ;

   d) autres.

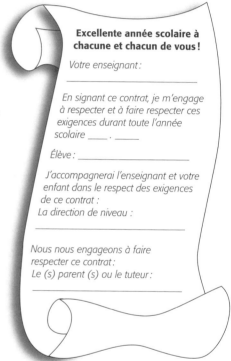

Excellente année scolaire à chacune et chacun de vous !

Votre enseignant :

_____

En signant ce contrat, je m'engage à respecter et à faire respecter ces exigences durant toute l'année scolaire _____ . _____

Élève : _____

J'accompagnerai l'enseignant et votre enfant dans le respect des exigences de ce contrat :
La direction de niveau :

_____

Nous nous engageons à faire respecter ce contrat :
Le (s) parent (s) ou le tuteur :

_____

Toutes ces exigences conduisent à la création d'un climat d'apprentissage intéressant pour tous ainsi qu'à un fonctionnement en groupe détendu et agréable. Ces exigences sont en accord avec le code de vie de l'établissement scolaire.

Il est à noter que ce contrat social de classe présente les raisons qui motivent les règles et comporte peu de conséquences ou de pertes de privilèges. Ces dernières seront ajoutées après négociation avec les élèves, au fur et à mesure que des manquements aux règles se produiront. Par cette forme d'entente verbale et écrite, l'enseignant a plus de chance de voir ses élèves respecter les règles de conduite en classe, puisque sa structure repose sur un principe démocratique plutôt que sur une obéissance aveugle. Encore une fois, la démocratie est présente au cœur même du processus de socialisation des élèves.

ENSEIGNER LES RÈGLES DE CONDUITE EN CLASSE

Comme nous l'avons présenté précédemment, un système de gestion de classe doit être en accord avec la personnalité et les habiletés de l'enseignant. Ajoutons à ce rappel que l'enseignement des règles de conduite varie en fonction des attentes réciproques, de l'âge et des caractéristiques des élèves. Des études ont montré que les enseignants efficaces établissent les règles à suivre au début de l'année scolaire ou durant les toutes premières rencontres avec leurs élèves. Ils intègrent les règles de la classe dans un système adapté aux élèves qu'ils expliquent délibérément. Ces règles sont présentées de façon concrète, explicite et fonctionnelle ; les enseignants efficaces évitent la surcharge d'information fournie aux élèves en mettant d'abord l'accent sur les préoccupations immédiates pour ensuite introduire de nouvelles règles au besoin. Ces enseignants semblent aussi anticiper les perturbations et disposent de solutions facilement accessibles pour maîtriser des situations critiques. De plus, ils s'appliquent à rappeler régulièrement ces règles aux élèves pendant les premières semaines d'école, sans intervention coercitive.

La clarté et la concision des énoncés des règles doivent permettre à l'élève comme à l'enseignant de voir rapidement qu'une règle a été violée. Les énoncés doivent donc être très clairs. Par exemple : « Quand vous voulez parler, levez la main. » Ou encore : « Quand la cloche sonne, vous devez être assis à votre place. » Si les règles sont imprécises, les élèves auront de la difficulté à faire le lien entre leur comportement et les conséquences qu'elles entraînent. De plus, si les principes sous-jacents restent sans explication, les élèves ignoreront les raisons qui justifient les règles et courront plus de risques de les enfreindre. L'enseignant explique donc les principes qui justifient les règles afin que l'élève prenne sa conduite en main et devienne responsable. Ce modèle axé sur la responsabilisation de l'élève est plus en accord avec la composition d'une classe-type qui, généralement, comporte trois groupes d'élèves : la majeure partie des élèves, soit 80 %, violent rarement les règles ou obéissent aux demandes de l'enseignant ; 15 % les violent régulièrement ; et 5 %, presque toujours. Un bon code de conduite permet de contrôler les 15 % sans aliéner les 80 % et sans délaisser les 5 % (Curwin et Mendler, 1984 ; Rhode et Reavis, 1995). Il ne suffit pas de contrôler les 15 % qui dérangent régulièrement ; l'intervention de l'enseignant doit mettre un terme aux comportements inacceptables de certains élèves tout en faisant de la situation d'enseignement une expérience positive pour tous (Canter, 1988). Cette répartition du comportement des élèves dans un groupe caractérise bien les classes dites « hétérogènes », qui sont constituées d'élèves très différents sur les plans culturel, personnel, intellectuel et social. L'enseignant doit toutefois mentionner aux élèves qu'il conserve un pouvoir discrétionnaire, c'est-à-dire que dans certaines circonstances, il peut adapter une conséquence ou même la lever temporairement. Dans des circonstances exceptionnelles, il pourra également expulser un élève de la classe, par exemple dans un cas d'indécence, de violence verbale ou physique. Ces décisions relèvent de sa responsabilité sociale pour la sécurité. Walsh (1986) présente une démarche intéressante pour enseigner les règles qui peut aussi être appliquée aux routines.

En ce sens, l'art de rappeler une règle ou de formuler une demande à un élève fait aussi partie intégrante de la façon d'intervenir de l'enseignant (voir pages 21-22). Nous nous inspirons de Walker et Walker (1995), dans Royer et Fortin (1997), pour suggérer une manière toute simple, mais combien efficace, de formuler une demande à un élève.

1. D'abord, capter l'attention de l'élève en l'interpellant par son prénom, et faire une pause jusqu'à ce que le contact visuel soit établi. Recourir à un ton ferme et adopter une attitude neutre pour formuler ce que l'élève doit faire. Habituellement, on peut demander d'amorcer une action ou de la cesser. Par exemple: « Mathieu, concentre-toi sur ton texte » au lieu de « Mathieu, que fais-tu encore?, « Mathieu, cesse de jaser avec Noémie » ou « Mathieu, tu déranges encore les autres? »

2. Ensuite, orienter la conduite à l'aide d'une directive à la fois. Par exemple: « Mathieu, reprends ta place. » Silence et attente de l'accomplissement de la consigne... « Ouvre ton cahier pour commencer l'exercice. » Aucune verbalisation supplémentaire n'est nécessaire. Maintenir un regard incitatif à la réalisation. Il s'agit d'éviter à tout prix de donner des directives à la chaîne, vagues, interrogatives, suivies d'une leçon de morale qui pourrait conduire à des échanges inutiles et perturbants pour le reste de la classe.

Examinons l'expérience de Nathalie, enseignante, lorsqu'elle s'adresse à un groupe qui lui a donné du fil à retordre la veille et son incidence sur le déroulement de la prochaine rencontre.

J e décide de rencontrer quelques trouble-fête avant mon cours (j'avais des copies à leur remettre pour des retards). J'en profite pour les aviser (rencontre individuelle) que j'attends d'elles un comportement irréprochable dans mon cours de fin d'après-midi, sinon ce sera l'expulsion immédiate. Je ne me sentais pas bien et j'appréhendais cette période à cause de la veille. Bref, j'ai sorti deux élèves cinq minutes après la cloche et j'ai dû en sortir une autre plus tard. Cela a eu pour effet de calmer les deux tiers de la classe, mais a provoqué l'autre tiers, et je n'ai pas été en mesure de donner plus de la moitié de la matière que j'avais prévue.

Affrontement

Nathalie s'est posé la question suivante sur le forum de discussion regroupant ses collègues en formation : « Ai-je inconsciemment cherché l'affrontement ? Ai-je été l'artisane de mon propre malheur ? Je ne sais ce que je vais leur dire à la prochaine rencontre. Avez-vous des idées ? »

Examinons une autre situation vécue par Ara, un autre enseignant.

Escalade de conflits

Au moment de la correction d'un exercice, un élève qui s'était couché sur son pupitre pendant tout le cours se mit à parler plus fort que moi. Je le ramenai à l'ordre 1, 2, 3, 4, 5, 6, 7, 8, 9 fois au minimum, mais, à la 10ᵉ fois, ce fut trop. Je lui ai dit qu'il me tapait sur les nerfs et que j'en avais assez de l'entendre parler en même temps que moi. Je continuai en lui mentionnant que j'avais eu la gentillesse de le laisser se reposer durant le cours et qu'il m'en devait une. Il regarda sa copine et lâcha un : « *Yes*, je l'ai eu » et moi, qui avais tout entendu, je m'emportai soudainement. Un autre élève s'en est mêlé et les autres se sont portés à ma défense puisque l'élève en question avait dérangé la grande majorité du groupe. J'ai heureusement repris la situation en main, mais je ne crois pas que je puisse laisser la situation telle qu'elle est.

Ara se demande comment il peut revenir sur cet impair sans perdre sa crédibilité.

Nous pouvons constater que la façon de faire d'Ara a été malhabile et son intervention fut effectuée devant les autres élèves, ce qui entraîne une escalade de comportements inadmissibles et un affrontement plutôt qu'une confrontation des parties en présence. Quant à Nathalie, il est intéressant de demander la collaboration de ces élèves indisciplinées avant le cours. Cependant, pour s'assurer de leur adhésion à l'entente convenue, il aurait été pertinent qu'elle vérifie au préalable si ces élèves souhaitaient être en classe et, dans l'affirmative, quel comportement elles adopteraient ? Comme nous l'avons mentionné, quand l'élève prend la parole et met en mots son comportement à venir, il y a plus de probabilités que celui-ci soit actualisé en classe. De plus, Nathalie aurait pu convenir d'un signe très bref pour un rappel à l'ordre (par exemple, se tenir près de l'élève quelques minutes). Par la suite, si le comportement de ces mêmes élèves déviait, Nathalie devait les interpeller par leur prénom, les regarder attentivement, préciser avoir convenu une entente avec elles et, s'il n'y avait pas conformité avec celle-ci, la conséquence serait mise en œuvre. Dans le cas d'Ara, il aurait dû vérifier pourquoi l'élève dormait, et ce, à titre préventif, dans le but d'éviter la propagation de ce comportement inadéquat chez d'autres élèves, puis orienter l'élève vers l'infirmerie, s'il y avait lieu. C'est aussi une question d'équité pour les autres élèves qui sont à la tâche.

Voici comment l'enseignant pourrait présenter les règles aux élèves :

- Premièrement, l'enseignant écrit les règles au tableau :
  1. Je serai attentif.
  2. Je serai respectueux.
  3. Je serai consciencieux.
  4. Je serai responsable de mes actes.

Certaines équipes-écoles présentent les règles sous forme de saynètes amusantes.

- Deuxièmement, l'enseignant explique les principes (justifications) qui sous-tendent chacune des règles (voir tableau 5.1, page 165).
  1. Quand une personne parlera, nous l'écouterons (principes de respect et d'écoute).
  2. Je ne me moquerai de personne (principes de respect et de dignité).
  3. Chacun peut poser une question sans avoir peur d'être ridiculisé (principe de dignité).
  4. Tout acte a une conséquence et celle-ci est reliée à l'acte (principe de responsabilité personnelle et citoyenne).

- Troisièmement, l'enseignant corrige immédiatement toute mauvaise conduite survenant durant ou après son explication, par exemple en rappelant la règle à cet élève qui insulte son voisin : « Mathieu, lis la règle 2 dans ta tête. » S'il recommence, il lui répète : « Mathieu, lis la règle 2 et pense à ce qu'elle signifie. » Il peut aussi choisir d'orienter le comportement en suggérant d'autres mots. Souvent les élèves sont malhabiles à exprimer leur frustration. Par exemple : « Philippe, tu peux dire à Mathieu que je veux écouter ? » ; « Laisse-moi tranquille ! » ; ou « Tu n'es pas drôle, arrête de me frustrer. »

- Quatrièmement, l'enseignant explique aux élèves que chaque fois qu'ils compromettront le droit d'un autre élève, ils auront un rappel et il leur dira : « Maintenant, sais-tu ce que tu dois faire et ne pas faire, ou voudrais-tu plus d'explications ? » Après chaque rencontre en privé, l'enseignant note sur des fiches de suivi les comportements inacceptables et les rappels pour se faciliter la tâche lorsque, plus tard, il devra rencontrer les parents d'un élève. Cette trace fait partie de l'observation participante de l'enseignant. Se référant au système scolaire du Québec, ces fiches pourraient faire l'objet d'un plan d'intervention personnalisé (PIP). Yorke (1988) complète en disant que l'enseignant peut assurer un suivi en posant, par exemple, une affiche des règles à suivre sur le mur de la classe, en instaurant un carnet de conduite individualisé et en les remémorant oralement à l'occasion.

À propos...

Observation participante

L'observation participante permet à l'enseignant de prendre des notes durant l'action, c'est-à-dire en poursuivant les situations régulières d'enseignement-apprentissage. La prise de notes est importante pour quantifier. Par exemple, quand Alex a parlé cinq fois sans autorisation et s'est excusé une fois, les notes qu'a prises l'enseignant sont des comptes rendus écrits, réalisés sur les lieux ou presque. L'observation participante permet de garder des traces des gestes professionnels de l'observateur dans le milieu et en interaction avec ses élèves. Ses traces, qui sont des descriptions détaillées issues de l'expérience, servent à porter un jugement étayé, à rapporter des faits ou à amorcer un diagnostic pédagogique en vue d'une consultation auprès de ressources spécialisées.

• Cinquièmement, l'enseignant explique qu'après trois rappels les parents seront convoqués à une rencontre en privé après l'école et avisés de la façon suivante : « Mme Lebrun, Paul arrivera 30 minutes plus tard aujourd'hui. Nous devons discuter des différentes façons de résoudre un de ses problèmes. » Ainsi, ce parent évitera d'associer la rencontre à une retenue ou à une punition et trouvera plutôt avec l'enfant une solution à son comportement indiscipliné. Il est souvent utile de collaborer avec les parents pour comprendre la situation de l'élève et trouver avec eux des solutions.

Selon Royer et Fortin (1997), la manière qu'utilise l'enseignant pour transmettre les règles de la classe joue un rôle important dans l'acceptation ou le refus de l'élève, surtout durant l'enseignement de ces règles. Ces auteurs décrivent, d'une part, les directives alpha qui se traduisent par une requête claire, univoque et concise faite à l'élève, et dans un délai raisonnable pour y répondre. Ce style conduit à l'obéissance. D'autre part, les directives bêta consistent en une demande vague comportant plusieurs consignes énoncées en même temps, sans critères précis, dans lesquelles l'élève « perd son latin », ce qui conduit presque inévitablement à la désobéissance. Enfin, la simple mention aux élèves, dès le début de l'année, que le code de conduite de la classe est une extension du code de vie de l'école facilite l'acceptation des règles non négociables.

ÊTRE « HYPERPERCEPTIF »

Qui un jour n'est pas entré dans une vieille école où toutes les salles de classe se ressemblaient ? Leurs bancs étaient ancrés symétriquement dans le plancher, devant le grand bureau de l'enseignant, toujours placé sur une estrade qui, parfois, occupait tout le devant de la classe avec un grand tableau noir à l'arrière-plan. On peut imaginer que la fonction de cette estrade était de permettre aux élèves de mieux voir l'enseignant. C'est juste, toutefois cette estrade plaçait l'enseignant dans une position qui lui permettait de mieux voir l'ensemble des élèves et chacun d'eux dans cet ensemble. Cet avantage, pourtant, n'assurait pas automatiquement un contrôle de l'action si l'enseignant n'était pas sensible au mouvement global de la classe ou à celui de chacun des élèves. Dans le film *Un miroir à deux visages*, quand l'enseignant Gregory fait ses démonstrations mathématiques au tableau en tournant le dos à ses élèves, il ne se préoccupe pas de l'action derrière lui. C'est une belle illllustration de ce qui se passe souvent en classe.

Nous nous référons ici au second principe de Kounin (voir page 89), une sorte de vigilance, le « withitness », que nous appelons ici « l'hyperperception » de l'enseignant. C'est cette habileté qu'acquiert un enseignant au cours de sa carrière et qui lui permet d'être continuellement attentif aux élèves, au matériel et à la mouvance des entités physiques durant une situation d'enseignement. L'hyperperception s'adresse aussi au mouvement psychologique et pédagogique de l'ensemble des élèves ainsi qu'à chacun d'eux durant leurs activités en classe. L'enseignant perçoit rapidement que les élèves commencent à se désintéresser collectivement d'une activité. De la même manière, il s'aperçoit qu'un élève dans un groupe est en train de faire dévier l'action hors de l'objectif visé. Il intervient immédiatement auprès de l'élève qui est à l'origine d'un tel comportement (Doyle, 1986). Charles et bien d'autres stagiaires ont expérimenté cette difficulté dans la maîtrise de cette habileté.

L'« hyperperception » est cette faculté pour l'enseignant de percevoir tout ce qui se déroule dans la classe en même temps.

Plusieurs comportements inacceptables (perturbateurs) d'élèves m'ont échappé lorsque je donnais des cours magistraux. Ces incidents étaient particulièrement fréquents lorsque je devais me servir du tableau ou du rétroprojecteur, car mon attention était alors portée sur la matière que j'avais à exposer. Certains élèves en profitaient pour (faire autre chose)... Je savais vite détecter les élèves perturbateurs, mais j'éprouvais des difficultés à freiner leurs mauvais comportements. Mon manque de rapidité à intervenir auprès d'élèves ayant des comportements inacceptables en classe (parler fort, se déplacer constamment dans la classe, lire une revue, etc.) influençait d'autres élèves.

Temps de réaction

Cibler rapidement l'instigateur qui se trouve à la source d'une infraction est effectivement le premier comportement efficace de l'hyperperception. Il faut d'abord montrer aux élèves qu'on décode bien la situation pour ne pas perdre sa crédibilité et, par la suite, ne pas oublier les éléments perturbateurs. Enfin, un dernier comportement porterait sur le temps de réaction de l'enseignant afin d'éviter la propagation ou une augmentation en intensité de la perturbation, soit l'escalade.

Dans les paragraphes qui suivent, nous nous intéressons à certains aspects particuliers de l'hyperperception favorisant cette forme de conscience active en classe, à savoir être « hyperperceptif » par le chevauchement et la mobilité.

LE CHEVAUCHEMENT

Le comportement de chevauchement est le cinquième principe de Kounin (voir page 89) selon lequel l'enseignant doit pouvoir faire face à au moins deux incidents à la fois, par exemple voir les comportements indisciplinés tout en continuant de superviser d'autres élèves à la tâche. Gérer plus d'un incident ou plus d'une activité à la fois est l'une des grandes difficultés qu'éprouve l'enseignant, même expérimenté. Par exemple, elle se manifeste chez l'enseignant qui dirige un groupe de lecture pendant qu'il garde un œil sur le reste de la classe tout en étant capable d'intervenir auprès d'un élève perturbateur, et ce, sans arrêter le groupe de lecture ou sans déranger la classe en entier. C'est ce qu'a réalisé Nathalie.

Hyperperception — **L**orsque les élèves posent des questions et que je suis à l'avant de la classe, toute ma concentration se porte sur ces élèves et je délaisse le groupe. Aussi, lorsque les élèves font des exercices individuellement en classe, je consacre trop de temps à certains élèves et j'oublie encore le reste du groupe.

De nombreux stagiaires et enseignants novices éprouvent la même difficulté que Nathalie; ils s'adressent à un élève et oublient le reste du groupe. Nous avons constaté que l'enseignant qui maîtrise l'hyperperception a plus de facilité dans les situations de chevauchement.

LA MOBILITÉ DE L'ENSEIGNANT

Nous savons que le nombre d'incidents perturbateurs dans une classe augmente avec la distance physique entre l'enseignant et ses élèves (Fifer, 1986). En ce sens, Gunter, Shores, Jack, Rasmussen et Flowers (1995) ont noté qu'une proximité efficace entre un enseignant et un élève se situerait à l'intérieur d'un rayon d'un mètre. En conséquence, les élèves assis à l'arrière de la classe sont plus susceptibles de perturber le déroulement des activités. Cette constatation est représentée par un triangle dont l'apex, soit la zone d'action de l'enseignant (voir tableau 3.2, page 79), se trouve devant la classe et la base, à l'arrière de la classe. En passant de 75 % à 100 % de son temps à l'avant de la classe, l'enseignant voit donc le nombre et la fréquence des incidents augmenter chez les élèves se trouvant plus éloignés, c'est-à-dire à l'arrière de la classe. Il est alors proposé à l'enseignant d'occuper l'espace-classe, en allant vers les élèves pour aider, féliciter, corriger, et de passer au moins 50 % de son temps ailleurs qu'à l'avant de la classe. Nous avons observé une diminution, voire une disparition de la fréquence des incidents ainsi qu'une augmentation des interactions enseignant-élèves chez l'enseignant qui suit cette procédure. Cela ne signifie pas que l'enseignant doive se placer sur le côté ou à l'arrière de la classe; cela ne ferait que déplacer le triangle. Il doit plutôt se déplacer périodiquement et stratégiquement d'un côté à l'autre, le long des rangées et de l'avant vers l'arrière; il ne doit pas rester immobile sauf pendant qu'il présente un exposé afin d'éviter que les élèves ne se contorsionnent pour le suivre. Il doit pouvoir circuler librement et voir chaque élève, ce qui aurait évité à Josiane d'éprouver cette difficulté lors de son stage.

Proximité en classe

Cette habileté, que l'on pourrait aussi appeler « savoir se situer dans la classe », s'avère souvent efficace pour ramener un sous-groupe d'élèves dissipés ou pour attirer l'attention d'un élève distrait. Cette aisance à circuler dans la classe dans diverses circonstances s'acquiert avec le temps. En s'approchant des élèves, l'enseignant les empêche, par sa présence, de déranger la classe ou d'être distraits. Nous pouvons parler ici du premier principe de Kounin, la réverbération (*ripple effect*), par lequel l'intervention de l'enseignant auprès de l'élève ciblé influence les autres autour de lui (voir page 89). Cette mobilité de l'enseignant peut servir non seulement à réagir à des situations, mais aussi à montrer aux élèves l'intérêt que l'enseignant leur porte.

COMMUNIQUER AVEC COMPÉTENCE ET DE MANIÈRE PROFESSIONNELLE

Ce n'est pas tout d'être hyperperceptif aux événements ou aux transformations se produisant en classe, il faut aussi savoir communiquer professionnellement afin de contrôler l'action. La pensée réflexive permet d'acquérir cette habileté à communiquer rapidement et avec efficacité dans des contextes difficiles à maîtriser. En y faisant appel régulièrement, l'enseignant se constituera un ensemble de réflexes verbaux et non verbaux dont il se servira au besoin.

Parmi les situations durant lesquelles l'enseignant doit réagir spontanément et avec célérité se classe l'exposé magistral pendant lequel il est fréquemment confronté à des événements perturbateurs : l'élève qui veut faire son « comique » ou l'élève « dans la lune ». Jones (1987) est l'un des chercheurs qui suggèrent à l'enseignant plusieurs modalités de réactions pour composer avec les événements perturbateurs dans le déroulement d'un enseignement. Jones a observé que 50 % du temps réel d'enseignement est perdu à cause d'élèves inattentifs ou qui tentent d'attirer l'attention par tous les moyens possibles. Par ailleurs, 80 % de ces pertes de temps proviennent d'élèves qui parlent sans en avoir obtenu la permission.

Le chevauchement, l'un des aspects de l'hyperception, permet à l'enseignant de pouvoir faire face à au moins deux incidents à la fois.

LE NON-VERBAL

Le non-verbal est aussi appelé le « langage du corps ». Jones affirme que 90 % de la discipline dépend d'un non-verbal efficace. Par exemple, un simple contact visuel qui survole tout le groupe (balayage) ou qui s'adresse spécifiquement à un élève est souvent suffisant pour rétablir l'ordre. Ce groupe de réactions comprend les habiletés suivantes : la posture, la gestuelle, l'expression faciale et le contact visuel.

La posture

Les attitudes d'un enseignant ont un effet d'entraînement sur ses élèves. Il est fort probable qu'un enseignant qui s'assoit en mettant les pieds sur son bureau aura de la difficulté à exiger de ses élèves un comportement adéquat. Un enseignant exigeant pour lui-même transmettra sa rigueur à ses élèves. L'attitude, les déplacements et la posture révèlent la personnalité, et parfois même l'humeur, de l'enseignant. Les élèves savent décoder rapidement, par la posture, l'anxiété de leur enseignant ou son enthousiasme. L'attitude d'un enseignant qui s'assoit à son bureau durant toute la rencontre témoigne d'une certaine lassitude ou d'un manque de dynamisme qui refrénera la motivation des élèves au lieu de l'activer.

La gestuelle

L'enseignant peut aussi réagir par le geste. Un hochement de la tête ou un simple signe de la main peuvent attirer l'attention d'un élève distrait. Le langage gestuel, aussi appelé « langage des signes », est une ressource personnelle pour chaque enseignant. À la longue, il devient un code de communication entre l'enseignant et ses élèves.

L'expression faciale

Très peu d'enseignants sont conscients de l'importance primordiale de cet autre mode de communication. C'est un mode d'expression naturel qu'on aurait avantage à maîtriser. Les acteurs qui réussissent le mieux à communiquer sur scène sont souvent ceux qui ont étudié leur propre mimique devant un miroir. Utiliser un sourire pour encourager ou froncer les sourcils pour désapprouver sont des expressions évocatrices.

Le contact visuel

Plusieurs enseignants débutants, par manque d'expérience, fixent des objets dans la classe pendant qu'ils font leur exposé pour ne pas avoir à affronter le regard des élèves. Savoir balayer fréquemment du regard toute la classe pour conserver l'attention ou faire un clin d'œil à un élève pour montrer qu'on lui porte attention sont des gestes qui doivent être mis en pratique et intégrés. Ces réactions impliquent une grande maîtrise de soi et peuvent demander à certains un effort ardu.

LE VERBAL

En plus des expressions corporelles, l'enseignant a recours à d'autres types de réactions pour demeurer maître de l'action qui se déroule en classe ; il s'agit de tout ce qui est audible, de la parole au silence, en passant par le bruit.

L'expression verbale

La parole est l'instrument privilégié de la communication véritable, la première, l'originelle, celle dont l'enseignant se sert le plus naturellement (Bourgault, 1989). Toutefois, savoir communiquer pour questionner ou transmettre une consigne ; savoir à quel moment intervenir pour communiquer un message et être sûr qu'il a été compris ; être conscient que répéter la même chose plusieurs fois est moins efficace qu'une seule intervention ferme ; enfin, savoir maîtriser les intonations de sa voix et la moduler, sont des habiletés qu'on ne maîtrise pas toujours en début de carrière.

Communiquer avec compétence et de manière professionnelle constitue la voie à privilégier pour l'enseignant.

La voix, l'élocution et le débit permettent de retenir l'attention des élèves. À ce titre, l'enseignant évitera les hésitations, le bafouillage, les nombreuses répétitions, les tics verbaux tels que « heu ! » « OK ! » et ainsi de suite. Il utilisera une syntaxe simple mais correcte, soignera son langage, fera porter sa voix sans crier afin que tous les élèves l'entendent bien, même ceux placés à l'arrière de la classe. On dit qu'une voix chaude rassure les élèves, qu'une voix criarde les énerve, qu'un débit harmonieux donne une impression d'assurance et que les hésitations et les bredouillements produisent l'effet contraire (Rossi, 1992).

La communication orale à l'aide de la parole est donc pour l'enseignant qui veut retenir l'attention des élèves un instrument de prédilection. Pour Bourgault (1989), communiquer en classe, c'est maîtriser la langue, avoir quelque chose à dire et savoir le dire pour être compris des élèves ; avoir la passion de ce qu'on enseigne ; aimer les élèves à qui on parle et faire confiance à leur intelligence ; être soi-même et ne pas être menaçant ; ne pas avoir peur de faire sérieux et être capable d'admettre que c'est parfois difficile d'apprendre ; rire et faire rire ; laisser la parole aux élèves et engager le dialogue en classe ; travailler debout pour communiquer avec tout son corps ; enseigner la liberté de parole où la communication orale est un moyen de s'exprimer, respecter les opinions de chacun, savoir dire ses idées au moment opportun, savoir dire « je ne sais pas », savoir douter pour établir une vraie communication. Comme le disait si bien Pierre Bourgault (1989) à propos de la passion, du plaisir et de la liberté : « On se souvient beaucoup plus d'un prof qui nous a donné envie de sa matière que d'un prof qui nous l'a transmise intégralement sans passion. » Il ajoutait par ailleurs que « si nous avons la passion de communiquer une matière qui nous passionne et si nous savons le faire en hommes et en femmes libres », peut-être pourrons-nous offrir mieux que ce que proposent la télévision et les autres...

Le silence

Savoir utiliser le silence comme mode d'intervention est un art. Par exemple, quand, pendant un exposé, un élève parle à son voisin, l'enseignant, par le simple fait d'arrêter l'exposé de deux à cinq secondes, pourra attirer l'attention de l'élève qui parle, ce qui servira d'avis à tous ceux qui seraient tentés de faire comme lui (voir « Réverbération », page 89). Par exemple, l'enseignant peut utiliser un silence en attendant une réponse pour susciter le suspense ou le mystère, pour exprimer son désaccord, sa stupéfaction, etc. L'expression « le silence est d'or » a aussi sa place en gestion de classe.

Le bruit, le son ou la musique

Plusieurs enseignants expérimentés ont maîtrisé cet art de créer des bruits insolites pour attirer l'attention de toute une classe ou d'un élève dans le but de les ramener à la tâche. Lequel d'entre nous, en tant qu'élève, n'a pas vu un enseignant se servir de sa brosse pour frapper le tableau ou de sa chaise ou de sa règle pour produire un bruit, parfois aussi pour émettre un signal lié à des éléments du contenu d'une leçon, pour obtenir l'attention des élèves avant de transmettre les consignes.

LES ATTITUDES RELATIONNELLES

Un dernier groupe d'habiletés de l'enseignant appartenant à la dimension du contrôle durant l'action concerne le renforcement, l'humour, l'improvisation et le monitorage des élèves (voir « La différenciation », page 89 et « Éviter l'escalade de conflits », page 183). Les relations entre l'enseignant et les élèves influent sur le climat de classe, lequel a une influence sur l'apprentissage. Selon Ziv (1979), un enseignant trop occupé à faire respecter les règles, à maintenir le silence et à agir en fonction des perturbations des élèves ne pourra pas bien enseigner. Son attitude engendrera une frustration tant chez lui que chez les élèves, qui deviendra une cause d'indiscipline et pourra se transformer en une agressivité dirigée vers des objets ou même vers les élèves. En général, cette frustration sera orientée vers « le bas » des relations hiérarchiques. Par exemple, des enseignants plus libéraux peuvent se trouver dans des situations où leurs élèves, ayant été frustrés par un autre enseignant, lui expriment leur hostilité en classe. Des sanctions perçues comme injustes ou des examens à préparer durant le week-end peuvent être des sources de frustration. Dans ces situations, nous suggérons à l'enseignant non concerné par ces reproches d'écouter les élèves exprimer leurs frustrations durant quelques minutes dans un discours respectueux, de manière qu'ils puissent se libérer de leur agressivité. Ensuite, l'enseignant recommandera fortement aux élèves de reprendre la communication avec l'autre enseignant afin de trouver avec lui une solution. Le fait d'avoir consacré deux minutes d'écoute au groupe aura permis de faire tomber l'agressivité et de favoriser la reprise de l'enseignement.

À propos...

Une définition de la frustration

« La frustration est une sensation de tension psychologique ressentie lorsqu'un organisme est empêché d'arriver à son but. Comme l'être humain rencontre fréquemment des obstacles qui limitent la réalisation d'objectifs, la frustration fait partie de la vie quotidienne de tous. »
(Ziv, 1979 : 129)

Le renforcement ou l'encouragement

Le renforcement, ou l'encouragement, passe par des modes de communication verbale et non verbale. Cette autre habileté de l'enseignant lui permet de prêter une attention toute spéciale au comportement des élèves au cours d'une tâche d'apprentissage. Albert (1995) affirme que les enseignants ont seulement le pouvoir d'influencer les comportements des élèves et non de les contrôler ou de les changer. Il conseille à l'enseignant d'identifier le comportement spécifique de l'élève, d'intervenir immédiatement devant un comportement inapproprié et de prévoir des encouragements. Il ajoute que le renforcement, ou l'encouragement, permet aux élèves de construire leur estime de soi et, par voie de conséquence, d'augmenter leur motivation à coopérer ainsi qu'à apprendre.

L'humour

En présentant ses attentes à un groupe d'élèves, l'enseignant Raymond a ajouté ceci : « La dernière fois qu'un élève a dormi dans ma classe, il s'est réveillé en échec. » Il connaissait bien ses élèves. Dans le cas contraire, ce genre d'humour aurait pu se retourner contre lui. Toutefois, ses paroles témoignaient d'une bonne maîtrise de la situation. Des élèves caractériels ou perturbateurs auraient réagi bien différemment. Au moment de faire connaissance avec les élèves, mieux vaut manier l'humour avec prudence...

Avner Ziv (1979) est un des seuls auteurs à traiter d'humour en accord avec certaines théories psychologiques qui font le lien entre l'humour et la gestion de classe. Selon Ziv et son approche de la psychanalyse, l'humour met l'accent sur les émotions de l'individu, ce qui lui permet d'exprimer des pulsions sexuelles ou agressives. Quand l'accent est mis sur l'aspect social, il peut aider un individu à mieux s'adapter. L'humain ne rit pas seul et son rire appartient toujours à un groupe culturel. Pensons aux blagues sur les élèves. Par exemple : « Pourquoi un élève apporte-t-il une échelle à l'école ? » Réponse : « Pour monter les années ! » Parfois, l'accent repose sur le caractère cognitif et permet de faire des liens entre les idées de façon inhabituelle et originale. C'est le passage d'un plan logique à un autre. Ou encore : « Quelle est la lettre la plus chaude de l'alphabet ? » Réponse : « Le T (le thé) ». Le rire unit généralement les élèves entre eux, il les rend complices de leur compréhension d'une bonne blague et de celui qui l'exprime.

Existe-t-il une théorie qui explique le mieux l'humour ? Il semble difficile de prendre position, car ce qui est de l'humour pour l'un peut être perçu d'une autre manière par l'autre. L'humour est un acte de communication avec autrui, il transmet un message aux autres. Il fait partie de la vie quotidienne et nous aide à la supporter. L'une de ses composantes est le rire, qui peut même dédramatiser une situation critique. Le rire présente diverses significations, telles que présentées dans le tableau 5.2.

TABLEAU 5.2

Des significations du rire		
mépris	bienvenue	logique
sexualité	convenance	victoire
agressivité	approbation	soulagement
désapprobation	complicité	mélancolie

L'intérêt pour l'humour n'est pas récent. Des philosophes comme Aristote, Platon et Descartes l'ont utilisé. Baudelaire, Montesquieu, Lafontaine, Vigneault, pour ne nommer que ces écrivains, l'ont utilisé également. En réalité, l'humour influe sur tous les arts et s'exprime de plusieurs façons, comme plusieurs humoristes québecois le font, ou en l'associant au chant ou à la chanson comme Natalie Choquette, Yvon Deschamps ou Anthony Kavanagh. Les enseignants qui apprécient l'humour y ont souvent recours pour se faire comprendre. Ils sont dotés d'un tempérament enjoué ou sont des pince-sans-rire.

Si nous souhaitions mesurer l'humour chez les individus, on pourrait utiliser un sociogramme pour obtenir de bonnes indications. Nous pouvons avancer que le sens de l'humour chez les adolescents est semblable à celui des adultes. Le stade de la pensée formelle leur permet de réaliser des opérations intellectuelles mises en œuvre par l'adulte. La pensée abstraite et la possibilité d'une pensée systématique en partant d'hypothèses permettent aux adolescents de créer et d'apprécier un humour très subtil.

L'humour peut-il influencer le climat psychologique de la classe et sa dynamique ? Ziv rapporte dans son étude que les étudiants, tout comme les élèves, considèrent le sens de l'humour comme étant la qualité la plus importante de l'enseignant. Selon eux, il y a réduction de la distance humaine, surtout à partir du secondaire, l'humour est une porte pour entrer dans le groupe, les élèves disent : « Il sait rire avec nous... » C'est également un moyen qui facilite l'apprentissage. On se souvient davantage des expériences agréables. L'humour communique un message et crée généralement une atmosphère favorable à l'écoute. Pour cette raison, les enseignants qui veulent influencer la dynamique du groupe-classe et rendre leurs élèves plus réceptifs à l'apprentissage utilisent l'humour. Des recherches ont montré que dans un climat démocratique de classe, l'humour est plus présent ainsi que les interactions.

Enfin, d'autres éléments sont essentiels dans la formation d'une impression chez les élèves : la cohérence des traits centraux de l'individu. Par exemple, si quelqu'un est bon, il sera généreux et loyal ; si quelqu'un est froid, il sera distant et peu empathique. Ce principe de cohérence permet une importante économie d'analyse psychologique de la part d'un individu. Le principe de réciprocité a aussi été démontré : nous aimons bien ceux qui nous aiment (voir rubrique « À propos », page 180). Tous ces éléments conjugués dans une bonne mesure contribuent au bon climat psychologique et de confiance du groupe-classe. Nous concluons avec l'avis de Ziv sur le fait que la blague doit toujours ajouter à ce qui est à apprendre ou au comportement à changer.

L'improvisation

Les travaux de chercheurs comme Tochon (1993) et Yinger (1987) montrent de façon claire que l'improvisation fait partie intégrante de la situation d'enseignement. Elle prend naissance dans la phase interactive où le contrôle durant l'action demande de la part de l'enseignant une grande hyperperception aux signes, aux mouvements et aux discours des élèves. Cette habileté lui permet de recourir au processus de réflexion dans l'action, la pensée-en-acte, devant un imprévu, un incident critique. C'est-à-dire qu'il doit solliciter des savoirs, des savoir-faire, des schémas ainsi que des ressources physiologiques et psychologiques pour intervenir de façon adaptée dans le contexte, comme le mentionne Pelletier (2006). Cette intervention éducative, appelée « improvisation » peut consister à mettre en œuvre une solution connue (un algorithme) ou à générer une nouvelle solution en adaptant une routine ou en innovant à l'aide d'une heuristique (voir rubrique « À propos », page 121). Holborn (2003) prétend que les enseignants experts sont capables d'improviser dans des situations interactives non familières au lieu de dépendre de formules toutes faites.

Peut-on s'entraîner à l'improvisation en gestion de classe ? Il semble difficile pour un stagiaire de s'entraîner directement en classe durant la formation à l'enseignement. Toutefois, Pelletier (2006) relève dans les résultats de sa recherche que les enseignants qui ont investi dans une formation à l'improvisation théâtrale perçoivent des attributs de leur gestion de classe exclusive à l'improvisation. Selon les participants, il semble que l'entraînement à l'improvisation favorise chez eux l'utilisation du discours digressif, l'aptitude à communiquer, la rapidité d'exécution et la vigilance. Ces habiletés actives durant l'interaction jouent un rôle important dans la maîtrise des imprévus en classe. Elles soutiennent le rappel des règles, de la planification, des manières de faire ; l'adaptation de routines professionnelles ; l'utilisation de l'improvisation et des digressions. Enfin, Pelletier propose d'offrir des ateliers de formation en improvisation avec vidéoscopie afin d'aider à comprendre les mécanismes ou le processus d'improvisation dans une interaction. Selon lui, cette piste pourrait atténuer le choc de la réalité chez les novices.

Le monitorage

La période d'exercices d'application d'une notion est une autre situation où l'enseignant doit être attentif aux élèves qui détournent l'attention de leurs camarades, de l'élève qui attend une réponse depuis un bon moment ou de l'élève qui ne peut travailler seul. Dans cette situation de monitorage, l'enseignant ne peut intervenir auprès de toutes ces mains levées, car il n'a pas le temps de répondre individuellement à toutes ces demandes. Cette situation des élèves en attente peut les conduire à une démotivation, voire à un désordre, qui peut perpétuer la relation de dépendance envers l'enseignant. En réponse à ces situations difficiles à gérer, Kounin (1970) et Charles (1997) désignent « le monitorage » comme l'habileté qui consiste à stimuler les élèves pendant les activités réalisées individuellement ou en équipe. Voici une liste des comportements qu'ils suggèrent :

- organiser la disposition de la classe pour rejoindre facilement et rapidement chaque élève ;
- exposer au tableau, ou sur les murs du local, des rappels écrits sous forme de schémas auxquels les élèves pourront se référer, plutôt que de répéter plusieurs fois une même explication ;
- demander aux élèves de lever la main quand ils ont besoin d'aide ;
- apporter une aide individuelle opportune, et ce, en 20 secondes et de la façon suivante : trouver rapidement ce que l'élève a fait de bien, souligner ses progrès et l'encourager ; donner un indice (en référence aux rappels écrits) qui l'aide à poursuivre son travail, puis le laisser travailler seul et se diriger vers un autre élève ;
- apporter aussi de l'aide aux élèves qui ne lèvent pas la main ;
- demander aux élèves de placer leur travail sur le coin gauche du bureau lorsqu'ils ont terminé afin que l'enseignant puisse le regarder tout en circulant ;
- inviter l'élève qui a terminé son travail à aider un autre élève ;
- valoriser le travail en demandant à un élève de le présenter devant la classe ou en le commentant.

En somme, durant le travail individuel ou en équipe, l'enseignant doit réguler l'engagement des élèves dans la tâche et contrôler leurs comportements à l'aide du monitorage actif. Il circule, occupe l'espace, classe et examine la qualité du travail des élèves. L'enseignant analyse constamment les faits anecdotiques qu'il observe pour soutenir et guider ses élèves dans les activités d'apprentissage. C'est son rôle de monitorage durant l'action.

Éviter l'escalade de conflits

Il existe aussi des situations où un élève cherche à entraîner l'enseignant dans une escalade d'argumentations ou d'affrontements. Pour éviter un tel enlisement, Walker et Walker (1995) suggère à l'enseignant d'ignorer ou d'éviter d'entrer dans le jeu de l'élève par ces quelques comportements :

- ne faire aucune remarque ou demande à l'élève lorsque ce dernier est agité, attendre qu'il se calme ;
- ne pas se laisser entraîner dans une séquence de questions-réponses sans fin ;
- ne pas obliger l'élève à faire un geste avec lequel il est tout à fait en désaccord.

À nos yeux, il vaut mieux demander une rencontre en privé à un moment ultérieur afin de permettre à chacun des protagonistes de se calmer et, après un temps de réflexion, de voir la situation d'un autre point de vue. Cela évite de prendre des décisions sous l'effet de la colère et permet de maintenir une intervention bienveillante de la part de l'enseignant. Le moment de rencontre peut être fixé après le cours, en fin de journée ou le lendemain. Il faut préciser clairement à l'élève le lieu et l'heure de la rencontre afin d'éviter la confusion. En général, une rencontre en privé permet de résoudre l'incident critique et d'obtenir la collaboration de l'élève. Cette orientation de la discussion évite à l'enseignant de se donner en spectacle devant les élèves qui attendent l'esclandre. La discussion en privé permet à l'élève de ne pas perdre la face et de conserver son estime de soi. La discussion prend fin dans la dignité pour toutes les parties. Beaucoup de jeunes enseignants attendent trop longtemps avant de rencontrer individuellement l'élève perturbateur. Pourtant, c'est un des moyens de gestion les plus efficaces. L'élève qui rencontre un enseignant qui s'intéresse à lui, adhère plus facilement aux visées de formation de celui-ci.

EN CONCLUSION

Ce chapitre a décrit notre système de gestion de classe composé de trois dimensions et intitulé « POC », soit P pour planification, O pour organisation et C pour contrôle durant l'action. Cette dernière sous-compétence de la compétence à gérer une classe se développe dans l'action par l'exposition à de multiples contextes d'enseignement. Dans un premier temps, l'enseignant définit clairement ses attentes avec son ou ses groupes d'élèves. Cette habileté est difficile à construire étant donné qu'elle touche directement à la personnalité de l'en-

À propos...

Observation anecdotique

L'observation anecdotique permet à l'enseignant de suivre le déroulement des événements en observant attentivement la multidimensionnalité des événements de la classe, la simultanéité de ses propres actions, la vitesse à laquelle se déroulent les événements, la prise de décision dans l'urgence, l'imprévisibilité et une intervention immédiate. C'est une observation tous azimuts qui convient à une rétroaction qualitative générale.

seignant. Ce dernier doit se montrer sous son vrai jour devant ses élèves afin d'établir une relation authentique et dynamique avec eux. C'est la cohérence dans les pratiques de communication de l'enseignant qui influe sur l'impression des élèves. Dans un deuxième temps, l'enseignant détermine toujours en collaboration avec les élèves ce qu'ils doivent faire, ce qu'ils ont le droit de faire ou ne peuvent pas faire. Ce droit renferme les règles de la classe inscrites dans un code de conduite, lequel fait lui-même partie du code de vie de l'établissement scolaire. Ce code de conduite est progressivement intégré à la vie de la classe. Dans un dernier temps, l'enseignant contrôle le système de gestion qu'il a élaboré avec ses élèves en l'actualisant régulièrement. Pour ce faire, il déploiera son hyperperception et une intervention bienveillante rapide face à tout mouvement perturbant le déroulement d'une situation d'enseignement.

Nous croyons que la maîtrise du contrôle durant l'action détermine pour plusieurs novices le désir de poursuivre la carrière d'enseignant ou d'abandonner cette profession (dans ce dernier cas, ils croient qu'ils ne sont pas faits pour ce métier, qu'ils se sont trompés de parcours). Les individus qui ne réussissent pas très tôt à maîtriser la situation pendant l'interaction, à assumer leur leadership ou à prendre leur place dans le groupe éprouveront rapidement un sentiment d'incompétence. Nous ne saurons trop insister sur la maîtrise de cette dimension de la gestion de classe qui, elle-même, est favorisée à la fois par une bonne planification et une bonne organisation. Pourquoi alors, avant l'action, ne pas se donner tous les atouts qui peuvent nous conduire à des succès ?

Plusieurs habiletés de contrôle ont été explicitées, telles que l'expression de ses attentes, l'hyperperception ou la vigilance, le chevauchement, la mobilité ainsi que les habiletés à communiquer avec compétence dans l'interaction avec les élèves. On remarque que plusieurs ressources physiologiques et psychologiques de l'enseignant sont mobilisées devant le contrôle dans l'interaction, entre autres le savoir-faire non verbal, les attitudes dans le discours verbal, l'humour, l'improvisation, le renforcement positif (monitorage actif) et l'évitement de l'escalade de conflits. Toutefois, durant cette situation de contrôle de la plupart des imprévus et incidents critiques, il importe pour l'enseignant, comme l'a si bien dit Pierre Bourgault, ce grand communicateur québécois, d'aimer ceux avec qui nous interagissons, d'être soi-même, d'être sérieux, de rire et de faire rire, et, surtout, de donner voix aux élèves. La parole est un instrument exceptionnel de communication, elle permet d'émettre ses opinions, de défendre ses valeurs, ses croyances et invite les autres à en faire autant. Les élèves doivent pouvoir s'en servir et interagir avec l'enseignant. Ne dit-on pas qu'enseigner c'est aussi communiquer !

Exercices de réflexion et d'intégration

Carte trouée

Complétez la carte trouée de la page 186 à l'aide de la liste des concepts du chapitre. Comparez ensuite vos réponses avec celles figurant au bas de cette page.

Absentéisme • Agir d'une manière juste (justice) • Application • Attitude arrogante • Attitudes relationnelles • Balayage • Bruit • (Catégorisation) des règles • C'est bien • Chevauchement • Civilité • Clarté • Code de conduite • Concision • Contact visuel • Contestation • Contrôle • Conventions sociales • Coopération • Couper la parole • Debout • Définir ses attentes • Déplacement • Devoirs de l'enseignant • Devoirs de l'élève • Empathie • Enseignement • Être assidu et ponctuel (assiduité) • Être fréquemment (en retard) • Évaluation • Éviter l'escalade (confrontation) • Expression faciale • (Formulation) des règles • Gestuelle • Habiletés • Hyperperception • (Hochement) de la tête • Humour • Image de l'enseignant (mon image) • Improvisation • Justice • Langage soigné • Loi sur l'instruction publique (L.I.P.) • Mobilité • Identification de (mes irritants) • (Monitorage) actif • Ne pas plagier ni tricher (honnêteté) • Non-verbal • Oublier son matériel • Parole • Politesse • Ponctualité • Porter la casquette en classe • Posture • Refuser de travailler en équipe • Regard • Règles de classe • (Relations) en classe • Rencontre en privé • Renforcement • Respecter le (projet éducatif) • Respecter les échéances liées aux travaux (respect) • Savoir communiquer • Se battre • Silence • Sourire • (Travailler) consciencieusement • Tricher • Verbal •

---

1. Mon image; 2. Devoirs de l'élève; 3. Empathie; 4. Attitude arrogante; 5. Formulation; 6. Mobilité; 7. Verbal; 8. Justice; 9. Travailler; 10. Assiduité; 11. Clarté; 12. Enseignement; 13. Balayage; 14. Posture; 15. Expression faciale; 16. Silence; 17. Renforcement; 18. Improvisation; 19. Monitorage; 20. Civilité; 21. Ponctualité; 22. Hochement; 23. Regard; 24. C'est bien; 25. Couper la parole; 26. Refuser de travailler en équipe; 27. Tricher.

(suite p. 186)

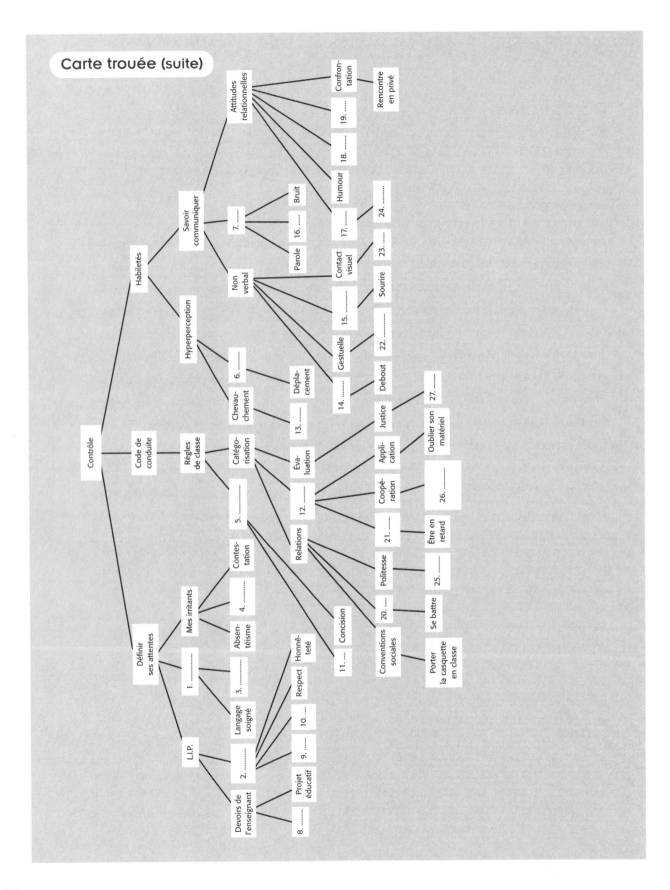

Carte trouée (suite)

Monitorage de l'enseignant pendant le travail individuel

 La liste d'énoncés suivants invite à réfléchir sur la situation du travail individuel quand il y a plus de dix mains levées dans un groupe. Répondez par oui ou par non à chacun des énoncés, en vous inspirant des comportements suggérés à la page 182[3].

RÉACTIONS DE L'ENSEIGNANT	OUI	NON
Pouvez-vous répondre à la plupart des mains levées au cours d'un travail individuel?	●	●
Avez-vous suffisamment de temps pour apporter l'aide demandée?	●	●
Certains élèves perdent-ils du temps à vous attendre?	●	●
Sentez-vous vos élèves dépendants de vous?	●	●
Pouvez-vous atteindre facilement le bureau de chaque élève?	●	●
Avez-vous prévu des rappels, des explications et des consignes sous forme de schémas écrits ou autres pour soutenir les exercices demandés?	●	●
Répétez-vous les mêmes réponses à plusieurs élèves?	●	●
Plusieurs élèves posent-ils la même question?	●	●
Pouvez-vous identifier rapidement ce qu'un élève a fait de correct et le lui dire?	●	●
Pourriez-vous, par un indice, ramener rapidement un élève à la tâche?	●	●
Êtes-vous aussi attentif aux élèves qui ne lèvent pas la main?	●	●
Vos interventions dépassent-elles une minute par élève?	●	●

3. Ces observations peuvent être appuyées par une vidéo. Un collègue pourrait vous filmer pendant une situation de travail individuel. Ensuite, vous pourriez faire la critique de vos habiletés de contrôle pendant l'action et extraire de cette dimension de votre gestion de classe les points positifs et les points à améliorer.

CHAPITRE 6

L'intervention

 Intentions de gestion éducative

La lecture de ce chapitre permet :

• d'intervenir efficacement dans différents contextes auprès des élèves ;

• de se sensibiliser à ses droits et à ses responsabilités.

Ce chapitre traite des pratiques enseignantes conçues pour contrôler des situations de gestion de classe dans des contextes variés. Au chapitre 5, nous avons établi un code de conduite en classe, il s'agit maintenant de l'actualiser. Le but de ce chapitre est donc d'outiller l'enseignante pour qu'elle puisse intervenir auprès des élèves manifestant des problèmes de discipline et de comportement. Dans un premier temps, nous jetons un regard sur la compétence à gérer une classe qui, selon nous, s'acquiert dans un contexte situé. Puis, nous présentons une démarche d'intervention progressive qui s'applique à différentes situations que nous avons regroupées dans une banque de données. Cette démarche propose une variante de l'étude de cas qui va de la description d'une situation à l'analyse de plusieurs actions s'étant révélées efficaces pour résoudre des comportements indisciplinés. Nous rejoignons ainsi la démarche du « traitement compétent » d'une situation donnée.

DÉFINITION DE L'INTERVENTION

L'enseignante, de par sa fonction, doit intervenir dans différents contextes et auprès de clientèles diversifiées en tenant compte de ses droits et de ses responsabilités. Pour ce faire, elle utilise un ensemble de ressources pour agir dans un contexte et une situation donnés. Son intervention se trouve influencée par son identité culturelle, personnelle et professionnelle. Sa manière de gérer un conflit donnera une valeur à ses actions, qui seront constructives ou destructives, empreintes d'humanité ou non. L'intervention dite « située » comprend une série d'actions qui se déroulent nécessairement dans un ici et un maintenant de l'enseignante-en-action-et-en-situation. Par extension, la compétence à gérer une classe est elle-même située et indissociable de l'enseignante agissant dans un espace-temps donné. En ce sens, nous pouvons parler de la gestion de classe comme d'une compétence situationnelle.

UNE DÉMARCHE D'INTERVENTION

Rappelons que l'approche préventive que nous privilégions s'appuie d'abord sur un climat de confiance propice à l'apprentissage créé à partir d'une bonne connaissance entre l'enseignante et les élèves et des élèves entre eux, de la variation des modes de travail (individuel, équipe, groupe-classe) et des activités d'enseignement en classe. Une intervention proactive et progressive permet de gérer des problèmes de discipline ou de simples écarts à la règle. Il ne faut pas oublier que la didactique est également un outil fort utile à la prévention et qu'elle influe sur la qualité du contrôle des comportements de discipline, comme le souligne Meloche (2006).

Cependant, lorsqu'il s'agit du problème de comportement d'un élève, l'enseignante doit intervenir de façon plus soutenue. Dans certaines situations, elle sait pertinemment que la prévention ne suffit pas. Il lui faut intervenir dès que cela se produit auprès de certains élèves récalcitrants pour maintenir ou améliorer le climat de la classe et appliquer des conséquences afin d'asseoir son autorité et sa crédibilité. Par exemple, que faire avec un élève du préscolaire qui mord ses camarades ? Que faire avec un élève de 3e année qui est passif mais devient agressif dès que l'enseignante l'interpelle ? Avec un autre de 6e année soupçonné d'intimidation (taxage) ou avec un adolescent de 2e secondaire qui refuse de se mettre à la tâche et dort sur son pupitre ? Lorsqu'un élève présente des comportements qui ne peuvent être modifiés par la simple application du code de vie en classe, l'enseignante doit agir de façon plus systématique.

Les situations d'indiscipline en classe sont parfois nombreuses et requièrent beaucoup de doigté de la part de l'enseignante pour intervenir de manière appropriée.

En amont de l'intervention située, Romano (1993) énumère quatre principes d'actions de base pouvant guider l'enseignante en classe :

- faire une intervention, la plus simple et la plus discrète possibles, pour ne pas déranger le déroulement d'un cours ou d'une leçon ;
- intervenir sur-le-champ après une infraction à une règle, et ce, de façon consistante et ferme ;
- ne jamais argumenter avec l'élève, plutôt souligner le comportement et rappeler ou faire rappeler la règle ;
- préserver la dignité d'un élève en évitant toute réaction sarcastique ou infantilisante devant ses camarades.

Comme nous l'avons vu dans la section portant sur les habiletés à communiquer avec compétence, les actions de première ligne de l'enseignante peuvent prendre différentes formes. Par exemple, regarder l'élève ou s'approcher de son bureau suffit parfois à le ramener à la tâche. En complément, Romano (1993) propose une démarche d'intervention progressive qui va d'une action mineure à une action majeure pour gérer une situation au cours de laquelle surviennent des comportements indisciplinés plus complexes. Cette démarche comprend des principes d'action qui prendront tout leur sens dans une situation en cours. L'enseignante n'agit pas seulement en vue de modifier le comportement lui-même, mais avec une vision plus large qui prend en compte tous les éléments en jeu dans la situation donnée. Premièrement, l'enseignante n'agit pas, elle ignore le comportement lorsqu'il est isolé pour laisser le temps à l'élève de se corriger lui-même et, parfois aussi, pour se donner le temps de retrouver son calme et de réfléchir à ce qu'il va dire ou faire. Deuxièmement, l'enseignante a recours à des habiletés non verbales pour rappeler à l'ordre, telles qu'un regard soutenu ou un geste discret (pointer du doigt ou hocher la tête, ou se rapprocher physiquement de l'élève). Troisièmement, l'en-

À propos...

Situation en cours

Une situation en cours ou « situation-live » comprend un ensemble de circonstances auxquelles se trouve confrontée une enseignante. Une approche située porte sur la situation immédiate que l'enseignante est en train de vivre alors que l'intervention est le « traitement compétent » d'une situation-problème.

seignante agit verbalement pour rappeler la règle ou demande à l'élève de l'énoncer lui-même, puis insiste pour qu'elle soit suivie. Quatrièmement, au « passage à l'acte », l'enseignante applique immédiatement la ou les conséquences prévues après avoir fait remarquer à l'élève son comportement inadéquat. Enfin, si cette chaîne d'actions est vaine, l'enseignante rencontre l'élève en privé pour obtenir l'information complète sur la situation et rechercher des solutions. Plus précisément, cette rencontre permet : d'établir les faits situationnels ; d'identifier les motivations de l'élève à se comporter ainsi (voir Dreikurs et Cassel, 1972 ; 1990) ; de s'assurer que ce dernier comprend bien pourquoi son comportement est inacceptable et non toléré ; d'amener l'élève à reconnaître sa responsabilité afin qu'il s'engage à modifier son comportement et à trouver des solutions positives, non définitives, qui seront acceptées par les deux parties (Romano, 1993).

Glasser (1982, traduction libre), pour sa part, suggère une démarche d'intervention incluant des principes d'action tout aussi précis :

1. Faire décrire le comportement indiscipliné par l'élève.
   « Qu'as-tu fait à ce moment précis ? »
2. Amener l'élève à évaluer son propre comportement.
   « Est-ce que ce comportement t'aide ? Comment aimerais-tu qu'on te considère ? C'est ce que tu aimerais être ? Que dit le code de conduite en classe dans cette situation précise ? »
3. Établir avec l'élève un plan précis, réaliste et non permanent pour mieux se comporter.
   « Que pourrais-tu faire pour rester en classe avec nous ? Que pourrais-tu faire pour changer ta conduite ? Comment pourrais-tu réagir si une telle situation se présentait de nouveau ? »
4. Obtenir l'engagement d'un meilleur comportement.
   « Pendant combien de temps pourrais-tu adopter ce comportement acceptable ? J'ai confiance, je sais que tu pourras le faire... »
5. Ne pas accepter d'excuses de la part de l'élève, ne pas punir, ne pas critiquer.
   « Qui est responsable de ton comportement ? Quand pourrais-tu faire ceci, cela... ? »

Tout au long de cette démarche, l'enseignante croit en la réussite de l'élève, ce qui permet à ce dernier d'augmenter sa confiance et son sens d'appartenance au groupe. Au cours de la rencontre en privé, l'enseignante prendra soin de faire objectiver l'élève afin qu'il verbalise et trouve des solutions pour s'amender et améliorer son comportement. En conclusion de la rencontre, elle lui demandera de résumer les éléments du plan retenu. Quel que soit son âge, l'élève sera plus enclin à respecter l'entente et sa parole s'il mentionne lui-même le comportement à privilégier. La démarche sera reprise s'il y a échec.

Royer et Fortin (1997) présentent d'autres principes d'actions pour traiter efficacement une situation, entre autres l'explicitation du comportement indiscipliné, le choix des conséquences, un temps de réflexion avant de choisir la conséquence et son application d'une manière ferme et non autoritaire. Ces mêmes auteurs soulignent aussi les principes que nous avons décrits pour enseigner les règles de conduite en classe. L'enseignante établit d'abord des règles de base en classe et les enseigne ensuite en donnant des exemples, des contre-exemples et, parfois même, en les illustrant par des saynètes. Les auteurs suggèrent également de tenir compte de l'historicité d'un comportement indiscipliné pour prévenir une récidive. Ils conseillent de féliciter et d'encourager de différentes façons l'élève qui a manifesté une amélioration de sa conduite, soit immédiatement à la fin de la période de retrait. Ils proposent même l'enseignement systématique des habiletés sociales pour améliorer les interactions en classe. L'enseignement des habiletés sociales s'intègre bien au travail d'équipe, qui concerne la mission de socialisation de l'école québécoise. L'enseignante oriente la conduite et l'attitude de l'élève, et lui suggère des façons d'exprimer ses sentiments de façon adéquate en société. Quelle que soit l'approche retenue, l'intervention en classe doit être brève, discrète, simple, consistante et ferme. Un long discours de la part de l'enseignante influe peu en général sur la conduite de l'élève et du groupe-classe.

Le tableau 6.1 propose une démarche d'intervention progressive en trois temps qui tient compte des principes d'actions décrits précédemment et permet de traiter de façon compétente des situations d'indiscipline en classe.

TABLEAU 6.1

Une démarche d'intervention progressive

1er temps : au préalable

1. Établir d'abord des règles claires en classe, les enseigner en donnant des exemples et des contre-exemples de leur respect et non-respect.
2. Enseigner systématiquement des habiletés sociales en particulier au cours des situations réelles de travail en équipe.
3. Créer une relation positive avec les élèves.
4. Agir sur les antécédents d'un comportement perturbateur en organisant physiquement la classe pour éviter (ou diminuer) la reproduction de ce comportement après que celui-ci s'est produit, et même avant. Il faut aussi revoir sa didactique, il y aurait peut-être lieu de modifier ses choix d'activités, ses façons d'enseigner, certaines routines de gestion, etc.
5. Consulter des collègues pour vérifier la fréquence et la permanence d'un comportement dans d'autres classes ainsi que les ressources professionnelles disponibles à l'école. Nous pourrions parler d'intervention distribuée.

(suite p. 194)

TABLEAU 6.1 (SUITE)

2e temps : en interaction

6. Ignorer le comportement de l'élève s'il s'agit d'un comportement isolé.
7. Utiliser des habiletés non verbales, ou se rapprocher physiquement de l'élève, pour une première intervention.
8. Réagir verbalement en rappelant la règle liée au comportement inadéquat.
9. Faire décrire à l'élève son comportement indiscipliné; *a contrario*, l'enseignante le décrit brièvement et précise pourquoi ce comportement est inadéquat.
10. Appliquer immédiatement, de façon ferme et éducative mais non répressive, la ou les conséquences prévues en cohérence avec l'infraction.

3e temps : en privé

Les actions qui suivent pourraient se faire durant une rencontre en privé si l'élève reproduit un comportement indiscipliné. La fréquence du comportement déviant informe sur l'obligation de poursuivre la démarche avec l'élève afin d'orienter ce comportement vers l'objectif souhaité. À cette étape, la démarche d'intervention doit s'intensifier.

11. Amener l'élève à évaluer son propre comportement.
12. Ne pas accepter d'excuses de la part de l'élève mais le mettre en confiance ; ne pas le punir mais le sanctionner ; ne pas critiquer la personnalité de l'élève mais se centrer sur le comportement inacceptable.
13. Établir avec l'élève un plan précis, réaliste et ponctuel pour qu'il se comporte mieux.
14. Donner à l'élève le choix des conséquences. Se rappeler qu'il y a toujours trois solutions à un problème humain et que l'élève peut proposer une autre solution acceptable.
15. Donner à l'élève un temps raisonnable pour qu'il puisse prendre sa décision.
16. Obtenir de la part de l'élève l'engagement d'un meilleur comportement.
17. Féliciter, encourager et renforcer systématiquement les comportements adaptés de l'élève, que ce soit verbalement, à l'aide d'un contrat avec un système de points.

Comme nous le constatons, l'enseignante joue un rôle majeur dans la prévention des comportements indisciplinés en classe. Des enseignantes ont parfois tendance à attribuer uniquement la responsabilité des comportements indisciplinés à l'élève, à la famille ou à la société. Cette responsabilité appartient aussi à l'enseignante à qui la société a confié un mandat social d'éducation. En gardant à l'esprit cette obligation, il lui faut parfois remettre en question sa planification, son organisation ou son contrôle des situations d'enseignement, voire ses manières de faire. En présence de défaillances de son système de gestion de classe, le cycle de gestion pour une situation donnée doit être révisé (voir pages 23 et 24). Les questions suivantes peuvent guider sa réflexion : Qu'est-ce que j'ai fait ? Qu'est-ce que ça me fait quand un élève se comporte ainsi ? Qu'est-ce qui est significatif ? Qu'est-ce qui me frustre ou est intolérable pour moi ? Est-ce que certaines de mes routines professionnelles sont dysfonctionnelles ? Comment le contrat de communication peut-il être plus utile ? Faut-il rappeler ses valeurs, ses croyances, ou celles priorisées par l'école ? Est-ce que le modèle d'enseignement retenu demande à être diversifié pour adapter l'enseignement à certains élèves, etc. ? La question qui reste en suspens est celle-ci : Comment s'opère une intervention située qui s'appuie sur les principes d'actions énumérés au tableau 6.1 ? Ces principes demeurent-ils intacts dans le traitement de situations réelles ? Ou doivent-ils être adaptés ? L'enseignante doit-elle procéder autrement si la situation l'exige ? Du point de vue de l'action située, la stratégie planifiée pourra difficilement s'appliquer dans sa totalité dans une situation en cours. L'enseignante en situation se demandera : « Comment dois-je adapter ces stratégies planifiées en fonction de la situation que je vis et y trouver des solutions de rechange *hic et nunc* ? » L'intervention située prend la couleur de la situation, c'est une sorte de caméléon qui, en même temps, transcende la situation. Nous pensons que les véritables stratégies de gestion de classe se développent dans des situations qui se vivent en classe.

ÊTRE EN SITUATION DE GÉRER L'INDISCIPLINE

Pour être cohérents avec une intervention située, nous avons créé un contexte signifiant et effectif par l'apprentissage situé (*situated learning*), où la compétence « s'exerce et se développe dans et par l'action en situation et la réflexion sur l'action. De plus, la compétence se conçoit comme une intelligence des situations et non comme un contenant de savoirs. » (Masciotra, 2006 : 3) Pour ce faire, nous avons mis en place des forums de discussion, créant ainsi une communauté de pratique dans le but d'accompagner les étudiants en stage d'enseignement à différents moments de leur formation et les enseignantes débutantes (Nault et Nault, 2001). Avec cet outil de formation, nous visions le développement du « traitement compétent » de situations par la pensée réflexive sur des situations à distance, la pensée réflexive en situation, qui est une pensée-en-acte, une pensée qui opère ici et maintenant, dans le feu de l'action, et qui n'a pas le temps de se faire réflexive (Schön, 1983, 1987) et l'entraide professionnelle provenant des pairs et des enseignantes en exercice (Zola, 1992). En ce sens, les travaux de Zola montrent que le développement professionnel passe par les entretiens entre les enseignantes au regard de leur pratique quotidienne. Cela implique en premier lieu que l'enseignante prenne conscience de ses propres pratiques avant de passer à l'action pour ensuite les analyser et les évaluer dans des échanges avec ses pairs et les enseignantes en exercice.

À propos...

Questionnement de l'enseignante

Avant même d'entreprendre toute démarche d'intervention, l'enseignante se demande « qu'est-ce qui me frustre ? » ou « qu'est-ce qui m'est intolérable ? » quand un élève conteste mon autorité ou me manque de respect.

Un forum s'appuyait sur le rôle que les pairs peuvent jouer dans la formation. La lecture que fait un individu de son environnement est teintée de subjectivité. La vision de l'autre nuance, enrichit et influence son propre point de vue. Le dialogue avec les autres interpelle, parfois choque, mais il permet d'élargir sa perception du monde et, en particulier, les situations qui se vivent en classe. C'est un processus d'inter-subjectivation. Même si ce contact est parfois source de déséquilibre, il permet d'évoluer et de mieux se préparer à l'accompagnement des élèves au cours du travail coopératif où ils ont à gérer leurs différences face aux autres. La réflexivité permet à chaque enseignante d'élaborer des réponses à des situations nouvelles et inattendues dans l'action ; une sorte de culture de la prise en charge située ou pas s'installe. Pour juger de l'efficacité de la réflexivité, il faut examiner l'action sur laquelle elle débouche. De ces forums, nous avons retenu un ensemble de situations en gestion de classe qui ont été vécues et objectivées. La réflexion porte sur des situations-problèmes racontées par ceux qui les ont vécues. Ces situations-problèmes illustrent des comportements ou des actions indisciplinés d'élèves que nous avons regroupés en tenant compte des trois aspects de la tâche enseignante liés à ses trois rôles : encadrer les relations entre élèves ; leur enseigner les contenus du programme de formation ; et évaluer leurs apprentissages. Cette catégorisation s'appuie sur l'article 19 de la Loi sur l'instruction publique qui affirme que l'enseignante a une fonction de direction des élèves qui lui permet d'intervenir et d'évaluer : « Dans le cadre du projet éducatif de l'école et des dispositions de la présente loi, l'enseignante a le droit de diriger la conduite de chaque groupe d'élèves qui lui est confié. » Pour traiter chacune des situations-problèmes de gestion de classe, nous utilisons ensuite la démarche d'intervention progressive que nous avons présentée à la page 193. Le tableau 6.2 illustre cette démarche d'intervention avec différentes classes de situations juxtaposées aux actions de l'enseignante placées dans le désordre.

TABLEAU 6.2

Exemples de classes de situations-problèmes et d'actions de l'enseignante

Sur une échelle de 1 à 6 : (1) étant une action mineure et (6), une action majeure.

Aspect relationnel de la tâche de l'enseignante
Rôle : encadrer les relations pour favoriser un climat propice à l'apprentissage.

SITUATION-PROBLÈME	ACTIONS DE L'ENSEIGNANTE
Un élève pointe du doigt l'enseignante et réplique avec des propos vulgaires.	• L'enseignante demande à l'élève de sortir de la classe. (4) • Elle exige des excuses sur-le-champ de la part de l'élève. (2) • Elle rappelle la règle : j'utilise un langage soigné et respectueux, règle non négociable qui a été présentée dès la première rencontre. (1) • Elle convoque l'élève à son bureau dès la fin de la rencontre (et exige des excuses avant de commencer la discussion). (3)

Aspect pédagogique de la tâche de l'enseignante
Rôle : enseigner pour favoriser la construction de compétences.

SITUATION-PROBLÈME	ACTIONS DE L'ENSEIGNANTE
Des élèves viennent se plaindre à l'enseignante durant la pause que trois élèves chuchotent constamment pendant son exposé.	• Avec l'accord des élèves qui chuchotent, elle les change de place. (5) • Elle les rappelle à l'ordre calmement mais fermement (deux ou trois rappels pas plus car...). (2) • Elle les rencontre en privé et convient avec eux d'une façon de solutionner ce problème. (4) • Elle regarde fréquemment et avec insistance les élèves concernés. (1) • Elle sépare ces élèves en faute pendant de courts ateliers en équipe. (6) • Elle se tient fréquemment près d'eux quand elle enseigne. (3)

Aspect évaluatif de la tâche de l'enseignante
Rôle : évaluer les apprentissages des élèves.

SITUATION-PROBLÈME	ACTIONS DE L'ENSEIGNANTE
Certains élèves contestent la correction d'une réponse à un examen.	• Elle s'assure que le corrigé est bon. (3) • Elle examine les réponses de l'ensemble des élèves à cette question et apporte des modifications s'il y a lieu. (2) • Elle reçoit ces élèves, écoute et prend en note leurs doléances. (1) • Elle retourne ces élèves au corrigé. (4)

Dans le tableau 6.2, les circonstances entourant une situation comportementale sont indiquées. Chaque action de l'enseignante est numérotée : le chiffre (1) représente une action mineure et le chiffre le plus élevé, une action majeure. En rétablissant l'ordre, les actions se situeraient sur un *continuum*, illustrant ainsi une démarche d'intervention progressive.

Le tableau 6.3 présente différents types de situations-problèmes vécues en gestion de classe et issues de forums de discussion entre stagiaires. Ils sont regroupés selon les aspects de chacun des rôles de l'enseignante.

TABLEAU 6.3

Types de situations-problèmes en gestion de classe

Aspects pédagogiques (enseigner)	Aspects relationnels (encadrer)	Aspects évaluatifs (évaluer)
Élève qui oublie le matériel pour le cours ou la leçon.	Élèves qui se bousculent ou se battent.	Élève qui pose des questions pendant un examen.
Élève qui dérange la classe.	Élève qui veut sortir de la classe à tout moment.	Élève qui copie pendant la réalisation d'un travail noté.
Élève démotivé.	Élève harcelé, intimidé ou rejeté.	Élève qui ne fait pas ses devoirs.
Élève qui « placote » pendant les cours ou les leçons.	Élève impoli et arrogant.	Élève qui plagie.
Élève qui refuse d'obéir en classe, de travailler.	Élève qui refuse une retenue (rôle des parents).	Élève qui remet son travail en retard.
Élève qui arrive en retard ou qui a accumulé plusieurs retards.	Élève victime d'intimidation.	Élève qui s'absente à un examen.
Élève qui ne fait pas sa tâche dans un travail d'équipe.	Élève drogué.	Élève qui ne respecte pas les exigences liées aux travaux.

Notes sur les activités 6.0 à 6.6

Les activités proposées dans les sections suivantes ont pour but :

1. de construire une démarche d'intervention (activité 6.0) ;
2. de traiter des situations-problèmes tirées du tableau 6.3 qui peuvent être adaptées à tous les ordres d'enseignement.

Pour réaliser les activités 6.1 à 6.5, nous utiliserons le tableau 6.1, « Une démarche d'intervention progressive », le tableau 6.2, « Exemples de classes de situations-problèmes et d'actions de l'enseignante » et l'activité 6.0, « Construction d'une démarche d'intervention ».

Construction d'une démarche d'intervention

Objectifs :

Intervenir efficacement en classe face à des problèmes d'indiscipline ou de comportement. Examiner un type de situation-problème et les actions de qualité requises pour l'améliorer.

Modes de groupement et critère de formation :

Individuellement, en équipes de 4 ou en groupe-classe.

Aménagement spatial et matériel :

Banques de situations-problèmes en gestion de classe avec description ; fiches regroupant des actions pour chacune des situations-problèmes.

Déroulement et consignes :

Étape 0 : Le matériel

1. Constituer une banque de situations-problèmes représentant les aspects de la tâche de l'enseignante : pédagogique (enseigner), relationnel (encadrer) et évaluatif (évaluer), et des situations portant sur l'éthique professionnelle en enseignement (voir pages 229-233).
2. Construire une démarche d'intervention pour traiter chacune des situations-problèmes proposées aux activités 6.1 à 6.8.

Étape 1 : Prendre individuellement connaissance de la situation

1. Lire la description de la situation choisie.
2. Cocher ses propres actions parmi la liste proposée.

Étape 2 : Établir un consensus en équipe

3. Comparer ses actions à celles de ses coéquipiers.
4. Ordonner les actions retenues par l'équipe selon les trois temps présentés au tableau 6.1, pages 193 et 194.
5. Établir une démarche d'intervention progressive pour la situation (voir tableau 6.2).

Étape 3 : Faire une mise en commun des démarches d'intervention

6. Comparer les démarches d'intervention de chacune des équipes pour une même situation.

SITUATIONS DE GESTION DE CLASSE
LIÉES AUX ASPECTS PÉDAGOGIQUES

Les situations-problèmes se rapportant aux aspects pédagogiques de la tâche de l'enseignante sont liées au rôle qui consiste à enseigner les éléments du contenu des programmes de formation. Elles regroupent les comportements de cet ordre : entrer bruyamment en classe ; refuser de faire les exercices, de suivre les consignes, de collaborer, d'accomplir sa tâche dans un travail d'équipe, ou d'en dévier ; questionner sans lien avec le contenu enseigné ou monopoliser les discussions en classe ; rédiger d'autres travaux pendant le cours ou lire son roman préféré ; oublier le matériel nécessaire pour le cours.

Notes sur les activités 6.1 à 6.3

Les situations-problèmes 6.1 à 6.3 sont liées aux aspects pédagogiques. Pour vous aider à les réaliser, consultez le tableau 6.1, « Une démarche d'intervention progressive » (page 193), le tableau 6.2, « Exemples de classes de situations-problèmes et d'actions de l'enseignante » (page 197) et l'activité 6.0, « Construction d'une démarche d'intervention » (page 199).

Activité 6.1 Élève qui dort durant un exposé

« Pendant un cours en laboratoire en diversité végétale, un élève (appelons-le Gaston) est arrivé à quelques reprises en présentant des signes de grande fatigue. Il s'est endormi durant un exposé que je donnais portant sur les exercices à accomplir par la suite. Je vous signale tout de suite qu'il ne s'agissait pas d'un laboratoire incluant quelque manipulation dangereuse, il n'y avait donc aucun risque d'accident ou de blessure pour Gaston à part celui de tomber en bas de son tabouret.

Je ne suis pas du tout offusquée qu'un élève s'endorme durant mon cours. Je ne remets pas en doute non plus la qualité de mon enseignement. Je crois être une enseignante très présente en classe et qui a le souci de maintenir l'intérêt des élèves par différents moyens, y compris celui de stimuler l'attention des élèves somnolents.

La question que je me pose est celle-ci : Est-ce que Gaston, en dormant, nuit vraiment à la gestion de ma classe ? Je regrette que ce garçon ne puisse pas tirer profit de mon exposé pour améliorer l'exécution des exercices à faire ensuite. Je me doute qu'il aura plus de difficultés que les autres et qu'il pourrait les déranger. Par ailleurs, comme les élèves sont en dyades et qu'ils doivent souvent se coordonner, échanger de l'information et s'entraider durant l'exécution des exercices de laboratoire, il y a un risque potentiel de friction entre Gaston et son coéquipier. Heureusement, Gaston est un gentil garçon, habituellement de bonne humeur et sans aucune agressivité. »

Fiche-activité 6.1 Traitement de la situation-problème

Quelles actions appropriées devrait effectuer l'enseignante ? Parmi les actions proposées, cochez celles que vous feriez (1re colonne) en indiquant, dans la 2e colonne, l'ordre dans lequel vous les effectueriez, selon une démarche d'intervention progressive.

Actions suggérées à l'enseignante	Mes actions	Ordre de mes actions
Amène l'élève à décrire clairement son comportement.		
Se positionne par rapport au comportement : me dérange-t-il ? Nuit-il aux apprentissages de son coéquipier ? Des autres élèves ?		
Au cours d'une rencontre en privé, amène l'élève à assumer le fait qu'il n'a peut-être pas bien compris la matière et à prendre les mesures nécessaires pour compenser son manque d'attention en classe.		
Prend deux minutes après la classe pour mentionner à l'élève qu'elle l'a vu dormir en classe, que ça n'a pas dérangé son enseignement, mais qu'il devra se débrouiller par lui-même pour compenser son manque de collaboration.		
Amène l'élève à trouver des solutions à son comportement en classe.		
Se rapproche physiquement de l'élève de façon discrète et le place en situation de dissonance cognitive : « Ça dort mieux dans son lit qu'à l'école ? Alors, que fais-tu en classe ? »		
Formule une règle de classe précise concernant la participation des élèves en classe (remise de rapports de laboratoire ou de notes de cours à la suite d'un exposé, etc.).		
N'intervient pas. « Je préfère un élève qui somnole en classe qu'un élève qui ne se présente pas du tout. »		
Questionne l'élève en se tenant près de lui.		
Ouvre une fenêtre pour améliorer l'aération de la classe. Demande discrètement à l'élève d'aller boire de l'eau, de marcher dans le corridor et de revenir en classe réveillé.		

Les témoignages suivants relatent des situations-problèmes liées à la motivation des élèves.

« Un élève de 14 ans m'a confié qu'il ne veut plus aller à l'école. Il ne joue pas un jeu, comme certains pourraient le penser. Il n'est vraiment plus intéressé à aller à l'école. Il s'est même autoexpulsé à deux reprises, c'est-à-dire qu'il s'est levé durant un cours de français, m'a regardé et a dit : "Je ne suis plus capable, je m'en vais !" Plusieurs enseignantes lui ont parlé, mais sans résultat. »

« Un élève ne montre aucun intérêt pour les activités du cours. L'an dernier, il a échoué à ce cours et il le reprend cette année. Il obtient des résultats dans les soixante, malgré qu'il ait déjà suivi le cours. Il ne remet pas ses travaux et montre un manque total d'intérêt ou s'arrange pour déranger les autres. »

« Mes groupes d'élèves du 3e secondaire font ce qu'ils veulent et les études ne les intéressent vraiment pas. Aucune attitude positive. L'autre jour, pour susciter leur intérêt au cours, j'ai fait une activité en équipes de quatre. Les élèves ont discuté de tout sauf du contenu de l'activité. »

« Un groupe d'élèves rappeurs ne réussissent pas bien à l'école et sont très démotivés. Il est difficile pour moi de les intéresser, car, pour eux, tout de l'école les ennuie. »

« Un élève nouvellement arrivé se fait fréquemment expulser de l'école... Il semble se foutre complètement de sa situation. Pourtant, il ne dérange absolument pas en classe, il semble écouter et vouloir faire ses travaux. Malheureusement, il remet (quand il y pense) ses travaux en retard. Pour compliquer les choses, à cause de ses expulsions, il accuse beaucoup de retard par rapport aux autres élèves. »

« J'ai deux cas d'élèves assez typiques. Le premier a eu 18 sur 57 à son examen. Je suis surprise de le voir en 3e secondaire cette année. Alors, je me suis renseignée sur son cas : il a échoué dans les trois matières de base en plus de trois autres matières. Pourtant, il fait ses exercices, écoute bien en classe, ne dérange absolument pas. En le connaissant mieux, je me rends compte que c'est un garçon bien ! Quant à l'autre élève qui a obtenu 13 sur 57, je crois qu'elle a déjà redoublé. Elle avait trois absences motivées après seulement deux semaines de classe. Elle ne dérange pas tellement en classe. Elle placote un peu et travaille peu. Elle ne vient pas me voir en récupération pour rattraper le temps perdu. Bref, je crois qu'elle décroche carrément et qu'elle s'en fout... J'ai donc également confié son cas à la personne-ressource et nous tentons de joindre les parents. »

« Des élèves échouent de façon assez lamentable et n'ont aucune chance de réussir leur année ! De plus, ces élèves dérangent et perturbent souvent le climat du cours. Ils n'ont bien entendu pas étudié avant leur examen et n'ont pas achevé le projet qu'ils devaient remettre. »

« Il y a un élève qui se distingue par son comportement étrange. Il est généralement calme, mais il n'est pas du tout motivé, très peu intéressé, ne fait jamais ses devoirs, veut souvent quitter la classe avant que sonne la cloche, ce qui me pose toujours des problèmes. Il y a quelques jours, cet élève a essayé de se suicider. »

(suite p. 203)

Traitement des situations-problèmes

Quelles actions appropriées devrait effectuer l'enseignante ? Parmi les actions proposées, cochez celles que vous feriez (1re colonne) en indiquant, dans la 2e colonne, l'ordre dans lequel vous les effectueriez, selon une démarche d'intervention progressive.

Actions suggérées à l'enseignante	Mes actions	Ordre de mes actions
Rencontre l'élève en privé afin de tenter de trouver la source du problème.		
Offre de l'aide à cet élève (psychologue, psycho-éducateur, direction, parents et, au besoin, la Direction de la protection de la jeunesse…).		
Utilise les centres d'intérêt de ces élèves dans le cadre des cours, car la motivation passe souvent par la compréhension que le savoir acquis en classe peut être réutilisé dans la vie de tous les jours.		
Utilise des approches pédagogiques actives et variées. Interroge les élèves à ce sujet. Leurs réponses pourraient guider l'enseignante vers le type de pédagogie à mettre en place pour les intéresser.		
S'informe auprès des élèves de leurs intérêts, de leurs attentes, de ce qu'ils aimeraient faire en classe pour que le cours soit plus agréable.		
Propose des activités plus physiques, plus manuelles, plus concrètes.		
Tient compte des formes multiples d'intelligence des élèves en planifiant les activités.		
Recueille quelques faits précis pour pouvoir faire travailler les élèves sur de petits projets (sorte d'étayage à la J. Bruner).		
Raconte des expériences personnelles qui sont, de près ou de loin, liées à la matière à l'étude.		
Fait confiance aux élèves et croit en leurs capacités.		
Utilise l'humour pour susciter la motivation des élèves.		
Invite les élèves à s'engager davantage en leur parlant de sa perception.		
Propose aux élèves de réaliser des projets.		
Offre un temps de récupération à ces élèves. S'ils refusent de se reprendre, rend cette activité obligatoire avec l'autorisation des parents.		
Prend contact avec les parents afin de s'assurer de leur collaboration.		
S'informe de la situation familiale de l'élève auprès d'autres collègues avant de communiquer avec les parents.		
Propose des cours privés aux élèves si les parents peuvent en assumer les coûts.		
Accorde une attention particulière à ces élèves pendant les exercices, les encourage lorsqu'ils comprennent bien et font correctement les tâches.		
Observe la réaction des autres élèves par rapport à un élève démotivé et recourt à la pression sociale du reste de la classe par l'intermédiaire des leaders positifs, en faisant attention toutefois de ne pas humilier l'élève devant ses camarades.		
Lorsque l'élève démotivé pose une question, lui accorde plus d'attention.		
Autres, préciser :		

Les témoignages suivants relatent des situations-problèmes liées au respect de l'autorité de l'enseignante.

« Un élève très costaud, bien bâti, trouble les autres élèves durant un cours ou une leçon de maths. Après plusieurs avertissements, je le mets à la porte. L'élève refuse de sortir. J'insiste, mais l'élève est imposant et refuse obstinément. Alors, je me sers de l'interphone pour communiquer avec la sécurité, mais personne ne répond. »

« Une élève refuse de suivre les consignes. De plus, elle distrait ses amies et me lance de temps en temps des regards méchants. »

« Un élève plus grand a fait un croc-en-jambe à un plus petit qui passait devant lui dans le corridor. Voyant cela, je me suis assuré que la victime n'était pas blessée avant de demander des explications. Cet élève m'a répondu d'une manière tout à fait impolie et déconvenue, et est retourné aussitôt dans sa classe. Je l'ai suivi dans le but de parler à son enseignante. Pendant ce temps, il continuait à me crier de retourner dans ma classe. Je lui ai finalement dit que je voulais simplement lui parler et que s'il ne m'accompagnait pas à la direction tout de suite, je demanderais l'aide de quelqu'un d'autre... »

« Un groupe d'élèves jouaient au football dans un coin reculé de la cafétéria, pensant ne pas se faire prendre. Je les ai interpellés et leur ai demandé d'aller jouer dehors sur le terrain réservé à cet effet. Dès que je leur ai tourné le dos, ils ont recommencé. Je suis intervenue de nouveau, mais ils recommençaient dès que je leur tournais le dos. Je suis donc allée chercher une enseignante qui surveillait cette zone en même temps que moi. »

« Deux élèves d'un même groupe refusaient de prendre les notes de cours dans leur cahier. Lorsque je leur ai demandé de m'expliquer pourquoi, ils m'ont répondu qu'ils avaient les mêmes notes dans leur manuel scolaire. J'ai insisté en leur disant que ce n'était pas la même chose, mais en vain, ils ne voulaient rien savoir. »

« Il y a une semaine, une élève est revenue en classe après avoir été expulsée de l'école. Tout s'est bien passé jusqu'à aujourd'hui. Durant la semaine, j'ai préparé mes élèves à la rédaction d'un texte ; je leur ai demandé d'élaborer leur plan avant d'effectuer une recherche dans Internet. Aujourd'hui, quand j'ai demandé à l'élève de commencer sa recherche à l'ordinateur, elle m'a répondu que son plan n'était pas encore fait. Je lui ai donc demandé de l'élaborer. Je me suis occupée des autres élèves croyant qu'elle ferait son plan. Par la suite, j'ai dû insister pour qu'elle range un devoir d'un autre cours, tout en l'incitant à se mettre au travail comme les autres. Évidemment, elle n'avait pas son manuel. Finalement, après quatre avertissements, je lui ai retiré son devoir de l'autre cours et l'ai surprise à copier le travail d'un voisin. Tout ça, sans compter le nombre de fois où je l'ai avertie de se taire et d'arrêter de déranger la classe. C'était assez, je lui ai ordonné de prendre sa chaise et ses affaires et de venir s'asseoir dans un coin de la classe. Évidemment, ça ne s'est pas arrêté là. Elle n'a pas cessé de faire des commentaires à voix haute. La prochaine étape, ce sera le corridor et, ensuite, le carrefour (local d'exclusion). Ensuite, j'ai dû continuer à donner mon cours, à répondre aux questions et à ne pas faire payer les autres élèves pour ce qu'elle m'avait fait endurer. »

« Deux élèves arrivent en retard à mon cours. Je leur demande donc de rester après la classe. L'un d'eux me répond qu'il n'a pas le temps. Je ne réplique pas et continue à donner mon cours. L'un des deux élèves se montre très hostile et le ton qu'il utilise à mon égard est irrespectueux. Je lui rappelle que je veux le voir à la fin du cours pour discuter. "Je t'ai dit que j'ai pas le temps." Ce à quoi je réplique, d'un ton moins calme : "Il aurait fallu y penser avant !". Un autre élève se porte à sa défense et je lui demande aussi de rester après la classe. Il répond : "Non". Je continue de donner mon cours. Avant de laisser partir le groupe, j'appelle les trois élèves à qui j'ai demandé de rester, mais aucun ne reste... Sur l'heure du midi, toutefois, deux d'entre eux viennent me retrouver. Je leur explique pourquoi leur comportement est inacceptable. Avant de rentrer en classe pour le prochain cours, ils devront me

(suite p. 205)

remettre une lettre d'excuses. L'un d'eux accepte tandis que l'autre me fait comprendre qu'il n'a pas l'intention d'écrire cette lettre. En soirée, j'entre en contact avec les parents de celui qui ne s'est pas présenté le midi. J'ai une bonne conversation avec sa mère et elle comprend ma condition du retour en classe pour son enfant. Le lendemain, je m'attends donc à recevoir trois lettres d'excuses. À mon grand regret, l'élève dont j'ai appelé la mère ne l'a pas faite. Je l'ai donc envoyé au carrefour (local de suspension). Je lui ai dit que son comportement ne me laissait pas le choix. Cela a jeté un froid dans la classe et plusieurs de ses amis me regardent maintenant avec animosité. Je sais que mon intervention était justifiée. Et j'espère que sa réinsertion en classe se fera correctement.»

Fiche-activité 6.3 Traitement des situations-problèmes

Quelles actions appropriées devrait effectuer l'enseignante ? Parmi les actions proposées, cochez celles que vous feriez (1re colonne) en indiquant, dans la 2e colonne, l'ordre dans lequel vous les effectueriez, selon une démarche d'intervention progressive.

Actions suggérées à l'enseignante	Mes actions	Ordre de mes actions
N'entre pas dans le jeu de l'élève devant le groupe et poursuit le cours ou la leçon.		
Ne perd pas la face devant un élève qui cherche le pouvoir, adopte une attitude détachée devant son comportement inacceptable.		
Rencontre l'élève en privé afin qu'il explique les motifs de son comportement et s'il refuse, le suspend du cours tant et aussi longtemps qu'il ne s'est pas expliqué.		
Accepte le fait qu'on ne puisse pas être apprécié de tous les élèves.		
Fait passer le message en écrivant une lettre à l'élève que «dans une classe, on doit laisser nos différends de côté, sinon la classe ressemblera vite à une véritable jungle».		
Réprimande avec tact le comportement indiscipliné de l'élève.		
Intervient sur-le-champ après le refus.		
Évite d'affronter un élève devant la classe. Demande plutôt l'aide de l'éducatrice spécialisée si l'élève refuse de sortir.		
Impose la sanction prévue à un manquement.		
Fait remplir par l'élève un formulaire pour impolitesse grave.		
Invoque le civisme, le respect des autres et la sécurité des individus et des biens communs pour faire comprendre aux élèves que leurs actions sont inappropriées.		
Réagit devant la désobéissance des élèves et donne des sanctions, tout en utilisant un ton de voix et des mimiques appropriés aux circonstances afin d'être pris au sérieux.		
Opte pour une approche moins sévère et plus humaine car, souvent, les élèves font face chez eux à une «oppression disciplinaire parentale», qu'ils ne supportent pas de retrouver à l'extérieur de la maison.		
Demande à la direction de l'établissement d'organiser plus d'activités le midi de façon à occuper les élèves et à améliorer l'ambiance dans l'école.		
Rencontre la personne responsable de la discipline à la direction.		
Autres, préciser :		

D'AUTRES SITUATIONS-PROBLÈMES
LIÉES AUX ASPECTS PÉDAGOGIQUES

Les descriptions qui suivent se rapportent à d'autres situations-problèmes en gestion de classe liées aux aspects pédagogiques. Pour déterminer les actions que doit effectuer l'enseignante, nous suggérons d'utiliser les mêmes outils de référence que pour les activités précédentes (tableaux 6.1, 6.2 et activité 6.0).

Élève qui oublie le matériel pour le cours ou la leçon

« Un élève n'a pas de matériel, c'est-à-dire aucun crayon ni feuille mobile, depuis deux cours. L'école est située dans un milieu défavorisé. Pour qu'il puisse suivre le cours, je lui ai permis d'en emprunter à un camarade. »

Questions : Que faire ? Peut-on laisser venir un élève en classe sans son matériel sachant que le code de vie de l'école stipule que chaque élève doit avoir son propre matériel ?

Élèves qui dérangent la classe pour attirer l'attention

« Un élève assis au fond de la classe ne cesse de faire du bruit en frappant son stylo sur le bureau, ou encore, en rigolant avec un de ses amis. Tout le groupe se trouve dérangé et cela me contrarie. Je lui demande d'arrêter et il me répond de façon insolente. »

« Il y a un élève qui bouge tout le temps, surtout lorsque j'explique la matière. Je lui ai donné une retenue, mais il ne semble pas comprendre. »

« Cet élève, après trente minutes de cours, n'est plus tenable. Je lui dis d'aller s'asseoir, de garder le silence… Rien à faire. Dès qu'il est assis, il se relève ou "niaise". Il a beaucoup de difficulté à se concentrer et à écouter lorsqu'on lui adresse la parole. Je le prends à part afin de discuter. Finalement, je lui hurle d'arrêter de m'interrompre à tout moment. »

« Deux élèves particulièrement difficiles me donnent des soucis. L'une d'elles ne fait absolument rien et l'autre dérange tout le monde. Je leur ai parlé, mais leur attitude ne change pas. »

« Le leader d'un petit groupe de tannants n'a pas de bons résultats scolaires. Il échoue en histoire et dans d'autres matières, mais d'un autre côté, il dérange constamment, émet des commentaires insignifiants, ne fait jamais le travail demandé. Bref, je n'ai pas l'impression qu'il désire apprendre. »

« Deux fillettes accaparent mon attention pendant les cours en levant la main sans cesse, ajoutant toujours un commentaire. Le reste du groupe réagit très mal à la prise de parole régulière de ces deux élèves

À propos…

Autorité de l'enseignante

L'autorité n'est pas innée, elle fait partie du processus de développement professionnel de l'enseignante. Son image de soi déterminera l'autorité qu'elle pourra exercer sur ses élèves. Sentir que son enseignante a de l'autorité est une nécessité pour les élèves, particulièrement à l'adolescence.

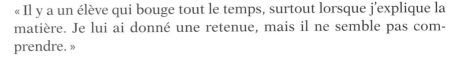

(on les entend dire à voix haute : "Ah non ! Pas encore une histoire inventée ! Bon, qu'est-ce qu'elles ont à dire aujourd'hui ? ", etc.). Depuis le début de l'étape, je leur donne souvent la parole, mais les réactions négatives vont en augmentant... De plus, leurs remarques sont de moins en moins pertinentes. »

« J'ai un élève en ce moment qui me donne du fil à retordre. Il placote continuellement et informe la classe au complet de ses moindres faits et gestes. Il me dérange. À maintes reprises, je l'ai averti, mais rien à faire. J'aimerais l'expulser mais j'hésite, car je me dis qu'il y a sans doute une autre solution. »

« J'ai un élève qui se retourne souvent pour parler et déranger ses voisins... Je ne peux même plus le changer de place, il est à côté de mon bureau... Il demande toujours des choses idiotes en essayant de défier l'autorité et d'attirer l'attention de toute la classe sur ses niaiseries. Lorsque je lui dis quelque chose ou que je me fâche, il me sourit d'une manière effrontée. »

La motivation scolaire doit être continuellement au cœur des préoccupations de l'enseignante.

Questions : Que faire pour intéresser davantage ces élèves et susciter en eux le désir d'apprendre ? Comment répondre à ce besoin d'attirer l'attention ? Comment transformer cette énergie négative en énergie positive pendant que l'enseignante enseigne ?

Élèves qui «placotent» pendant les cours ou les leçons
« Des élèves parlent entre eux, mais je les laisse faire, car je me dis que c'est le premier cours et qu'ils sont un peu excités. Au deuxième cours, ces mêmes élèves parlent encore pendant une activité de lecture et dérangent les autres. Lorsque je leur demande de se taire, ça ne dure jamais longtemps. Je dois toujours intervenir auprès de ces élèves et ils me font perdre un temps fou ! De plus, ce groupe est très lent et je dois répéter les consignes très souvent. »

« À la dernière période de la journée, comme il y avait une grosse tempête de neige, les élèves étaient encore plus excités. Pendant la révision de la matière, plusieurs parlaient, car ils connaissaient déjà ces notions. Cependant, d'autres éprouvaient plus de difficultés et cette révision était essentielle pour eux. Voyant de plus en plus d'élèves bavarder entre eux, je leur ai dit que s'ils n'avaient pas besoin de cette révision, je ne la ferai pas. Alors, j'ai réussi à attirer leur attention, sauf que je suis intervenue trop tard. Je me suis retrouvée à faire plus de discipline que d'enseignement. Ce qui me dérange encore plus, c'est que j'ai beau mettre à la porte des élèves, donner des sanctions et me montrer extrêmement ferme, cela ne change pas leur comportement. Vers la fin de la période, des élèves n'ayant plus de travail se sont mis à discuter entre eux de manière plutôt bruyante. J'ai essayé de les faire taire, sans grand succès. Les élèves ont voulu me tester. Ils n'ont pas arrêté de parler et de déranger. Aucun élève n'écoutait. J'ai fini par donner une copie à ceux qui dérangeaient le plus et, surtout, aux leaders de la classe pour leur montrer que je n'avais pas peur de sévir. De plus, j'ai fait déplacer ces deux élèves très perturbateurs devant mon bureau. »

« Cette semaine, mes élèves avaient à écrire un texte argumentatif. Je m'attendais à ce que tout aille pour le mieux étant donné mon excellente planification. J'ai été très surprise de constater qu'ils profitaient de ce temps d'écriture individuelle pour placoter, poser des questions inutiles et me rendre presque folle ! Je ne savais plus où donner de la tête tellement chacun avait ses petites interrogations au lieu de chercher dans ses livres et ses notes ; beaucoup parlaient et dérangeaient dès que j'avais le dos tourné et n'avançaient pas autant qu'ils auraient dû. J'étais découragée et je suis sortie de ma classe épuisée. Comme beaucoup de nouvelles enseignantes, je cherche sans doute trop à me faire accepter des élèves : je parle avec eux, je réponds à leurs commentaires, ce qui les incite à placoter. Je m'épuise ensuite à essayer de les calmer et de les faire taire. »

« Dans un groupe, quatre élèves ont décidé de brasser la baraque. Ainsi, chaque fois que j'ai la tête tournée vers le tableau, elles bavardent entre elles. Je les ignore. Ce sont quatre hyperactives qui sont placées ensemble, l'une à côté de l'autre. Leur promiscuité favorise le bavardage. »

« Une élève parle avec sa voisine sans arrêt. Lorsqu'elle se tait, elle dort ! Elle ne fait pas ses devoirs. Vendredi dernier, j'ai dû hausser le ton en m'adressant à elle et à une autre élève ; aucune ne m'écoutait et elles placotaient ensemble. Je voulais leur faire comprendre que je ne tolère pas ce type de comportement dans ma classe et qu'elles doivent écouter. »

« Le vendredi, à la troisième période, il est à peu près impossible d'obtenir le silence d'un groupe d'élèves. Je leur demande de se taire ; je pose des questions en les nommant pour qu'ils se rendent compte qu'ils ne suivent pas. Tout ça ne fonctionne pas vraiment. Ils ne font pas les exercices demandés et dérangent les élèves qui travaillent. Il est difficile de mettre à la porte un élève en particulier puisque chaque élève est aussi coupable qu'un autre. Il va falloir que je sois plus sévère, même si ce n'est pas dans ma nature. Je me demande quoi faire. L'option qui me vient à l'esprit est de continuer à faire de la discipline, question de "driller" mes groupes. »

Questions : Quelles autres actions auraient eu le même effet ou auraient été plus adéquates ? Comment réagir au comportement des élèves qui entrent en classe et continuent leur conversation pendant les leçons ? Comment améliorer le climat de classe ?

Élèves qui ne travaillent pas en classe

« Dans un groupe difficile, il y a quelques élèves qui vont échouer en maths à la fin de l'année. Malgré ce fait, ils ont préféré tout simplement arrêter de travailler. D'autres élèves aiment bien émettre des commentaires à tout moment. Cela n'a évidemment rien de constructif... Le placotage est omniprésent. Un élève plus fort que les autres a décidé, en guise de désapprobation à mon égard, de n'effectuer aucun travail en classe à part aux examens. Il ne remet pas les travaux et les mini-tests qui « comptent » pourtant dans le bulletin. Il refuse de discuter avec moi. Et il me répond dans un langage quasi irrespectueux. J'ai donc refait au complet mon plan de classe en séparant les "placoteux" et en rapprochant de moi ceux qui en ont besoin. Les élèves ont accepté ces changements sans trop de problème et la situation s'est ainsi grandement améliorée. Ils écoutent maintenant quand j'explique une notion. C'est déjà un début. Toutefois, le problème reste entier pour ceux qui ne font pas les exercices. J'ai déjà entrepris de noter le travail fait en classe. La situation s'est améliorée quelque peu. Mais certains s'en balancent complètement et me remettent une feuille blanche, ou rien du tout. J'ai convenu de parler avec l'enseignante titulaire d'une de ces élèves. »

« Une élève qui ne travaille pas est impolie et dérange la classe. Après quelques avertissements, comme elle refuse de changer son comportement, je l'ai expulsée de la classe. Après la période, j'ai tenté de discuter avec elle pour mieux la comprendre. Je lui ai dit qu'elle avait du potentiel et que c'est pour cette raison que je la pousse à travailler. Elle était ouverte à la discussion et m'a avoué avoir quelques problèmes d'ordre familial dont elle n'a pas à me parler et qui expliquent son comportement. Je lui ai ensuite demandé : "Comment agiras-tu au prochain cours ?" Elle m'a répondu : "Tu verras bien !" »

« Un élève dérangeait ses voisins en se balançant sur deux pattes ! Le groupe étant déjà assez bruyant, je l'ai averti à plusieurs reprises. Après vingt minutes, il n'avait fait aucun exercice. Je l'ai averti une dernière fois en lui disant que c'était la dernière, sinon il devrait quitter la classe. L'avertissement final n'ayant absolument rien donné, je l'ai expulsé calmement. Il est sorti sans rien ajouter. »

Questions : Que fait-on avec des élèves qui refusent de travailler ? Pourquoi les garder en classe et les laisser déranger ceux qui veulent travailler ? Les envoyer au local de retrait, est-ce réellement la meilleure chose à faire ?

À propos...

Chercher le pouvoir

Dans chacune des situations décrites, nous retrouvons des élèves que nous pourrions désigner « les trouble-fête ». Ils utilisent un autre mobile d'action pour exprimer leurs besoins d'être acceptés et reconnus par les autres et celui d'appartenir à un groupe.

Élèves absents ou en retard

« Un de mes élèves s'absente à un cours sur quatre pour rencontrer la psychologue de l'école. Ses absences sont motivées. Je lui transmets l'information sur ce qui a été étudié en classe et lui demande de faire le travail chez lui. Toutefois, les notions sont maintenant plus complexes. Les autres élèves ayant progressé pendant ses absences, il n'arrive pas à récupérer seul. Je ne sais pas quoi faire. »

« Mathieu, un élève de mes groupes de 2ᵉ secondaire, fait partie de l'équipe de volleyball de l'école et s'absente tous les vendredis pour des pratiques. Parfois, il s'absente une autre journée pour une compétition. Cela m'ennuie parce qu'il manque plusieurs notions et exercices importants pour son apprentissage. Au cours suivant, il pose beaucoup de questions, ce qui retarde la progression des autres élèves. Il doit faire les devoirs qui ont été donnés aux autres élèves, mais il les oublie souvent. Toutefois, il arrive à maintenir sa note dans la moyenne. Ce qui m'ennuie, c'est le retard qu'il me fait prendre avec l'ensemble de la classe. »

« Un élève de mon groupe de 3ᵉ secondaire arrive au moins une fois par semaine avec une ou deux minutes de retard à mon cours. Le règlement de l'école stipule qu'un retard doit être mentionné sur le billet de présence et que l'élève doit se présenter le samedi matin pour une heure de retenue pendant laquelle il copie des pages du règlement. Au trimestre d'automne, j'ai mentionné ses retards et il a fait ses retenues, mais voilà que, depuis le mois de janvier, il ne se rend pas à la retenue du samedi. Une retenue manquée doit être reprise le samedi suivant durant deux heures. Un élève qui ne respecte pas cette obligation est suspendu de l'école pendant trois jours. Le retardataire a eu droit à trois suspensions et je n'arrive pas à lui faire reprendre le temps perdu. Cela me crée beaucoup de travail et de préoccupations pour sa réussite, car ses notes sont au-dessous du seuil de passage. De plus, il semble démotivé. »

« Manuelle se présente régulièrement à ses cours. Mais, de nombreuses fois, aussi lorsqu'elle constate qu'il y a du travail à réaliser en équipe, elle me demande la permission d'aller à l'infirmerie. Elle a toujours un problème de santé : mal de ventre, mal de tête, crampes à l'estomac, etc. Elle passe la période à l'infirmerie et je reprends les notions avec elle sur l'heure du midi. Cela me prend beaucoup de mon temps et me dérange. »

Questions : Comment guider dans son apprentissage un élève souvent absent ou en retard ? Faut-il toujours déclarer les minutes de retard ? Comment remplacer la punition consistant à copier le règlement de l'école par une autre méthode plus constructive ?

À propos...

Ponctualité et assiduité

Selon la Loi sur l'instruction publique (chapitre 1, section 1), plusieurs devoirs incombent à l'élève tels que travailler consciencieusement, être assidu et ponctuel, respecter les échéances liées aux travaux, ne pas tricher ou plagier, etc.

SITUATIONS-PROBLÈMES LIÉES
AUX ASPECTS RELATIONNELS

Les situations-problèmes de la gestion de classe se rapportant aux aspects relationnels de la tâche de l'enseignante sont liées au rôle qui consiste à encadrer les relations interpersonnelles en classe. Les comportements fréquemment observés dans ces situations-problèmes sont : se présenter en classe avec un baladeur, un cellulaire ou un téléavertisseur ; arriver systématiquement en retard ; se déplacer inutilement, sortir sans raison de la classe ou se lever avant la fin du cours ; adopter une attitude arrogante, qui dénigre une opinion ou à la question d'un élève ou de l'enseignante ; utiliser un langage inapproprié ; somnoler ou se laisser aller ; couper la parole ou répondre sans lever la main ; contester l'autorité du professeur ; etc.

Notes sur les activités 6.4 à 6.6

Les situations-problèmes 6.4 à 6.6 sont liées aux aspects relationnels. Pour vous aider à les réaliser, consultez le tableau 6.1, « Une démarche d'intervention progressive » (page 193), le tableau 6.2, « Exemples de classes de situations-problèmes et d'actions de l'enseignante » (page 197) et l'activité 6.0, « Construction d'une démarche d'intervention » (page 199).

Les témoignages suivants relatent des situations-problèmes liées au harcèlement ou au rejet.

« Une élève souvent malade est harcelée par ses camarades. Elle est asthmatique à un degré assez grave, si bien que lorsqu'elle fait une crise, elle est hospitalisée pour plusieurs jours. »

« Un élève était triste, je suis allée le voir pour lui demander ce qu'il avait et il s'est mis à pleurer. J'ai essayé de le consoler du mieux que je pouvais. Il m'a dit qu'il y avait des élèves dans la classe qui le ridiculisaient. »

« Un élève subit les paroles méchantes des autres élèves qui refusent en plus de faire équipe avec lui. Les élèves lui crient des bêtises à tue-tête. Cet élève est victime de rejet en classe et peut-être dans l'école. Il ne montre pas d'habiletés physiques particulières comme beaucoup d'élèves victimes d'intimidation. Par contre, il se comporte bizarrement quelquefois. Par exemple, il pleure en classe quand il n'obtient pas ce qu'il veut. »

Fiche-activité 6.4   Traitement des situations-problèmes

Quelles actions appropriées devrait effectuer l'enseignante ? Parmi les actions proposées, cochez celles que vous feriez (1re colonne) en indiquant, dans la 2e colonne, l'ordre dans lequel vous les effectueriez, selon une démarche d'intervention progressive.

Actions suggérées à l'enseignante	Mes actions	Ordre de mes actions
Informe les élèves des particularités de certains de leurs camarades, par exemple lorsqu'une maladie affecte l'un d'eux.		
Parle à l'élève en évoquant son expérience personnelle (moi aussi j'ai déjà vécu cela).		
Recommande aux élèves de lire des articles ou de consulter des sites Internet afin d'en apprendre davantage sur la maladie en question.		
Discute avec les élèves des effets négatifs que peut subir une personne atteinte de cette maladie à la suite de moqueries dues à son état.		
Comprend la détresse de l'élève et lui offre sa protection.		
Change l'élève de place.		
Sensibilise les élèves à l'intimidation en abordant le sujet en classe.		
Fait écrire un texte sur l'intimidation aux élèves, de manière qu'ils puissent donner leur avis sur le sujet et suggérer des moyens de l'éviter.		

(suite p. 213)

Actions suggérées à l'enseignante	Mes actions	Ordre de mes actions
Observe le comportement de l'élève intimidé pour comprendre ce qui pousse les autres à le rejeter.		
Accorde plus d'attention à l'élève et tente d'établir avec lui une relation de confiance.		
Valorise l'élève par rapport aux qualités dont il fait preuve, par exemple en le questionnant en classe, en l'encourageant, mais avec tact, sans insister, en prenant garde de ne pas intensifier le phénomène de rejet.		
Recourt aux leaders positifs de la classe pour qu'ils travaillent de temps à autre avec l'élève, ce qui pourrait inciter les intimidateurs à relâcher leur pression.		
Rencontre en privé les élèves qui se moquent d'un élève afin de leur inculquer le respect des autres.		
Sensibilise les élèves au respect et aux valeurs humanistes en leur interdisant de se trouver des boucs émissaires dans la classe.		
Lors d'un travail en équipe, jumelle l'élève intimidé avec des élèves qui ne sont pas portés à se moquer de lui ou avec un élève du même type afin de briser leur isolement respectif.		
S'enquiert auprès d'autres enseignantes de leur manière d'agir avec cet élève.		
Discute avec l'élève des causes de son rejet afin de l'amener à modifier son comportement en conséquence.		
Donne la parole à l'élève et le félicite de ses bonnes réponses.		
Discute avec l'élève des attitudes sociales qu'il pourrait adopter en groupe pour modifier son comportement de victime.		
Autres, préciser :		

Les témoignages suivants relatent des situations-problèmes liées à des attitudes irrespectueuses.

« L'un de mes élèves souffre d'un trouble de comportement cote 12 réintégré. Il est rejeté par le groupe parce qu'il critique tout et qu'il ne travaille pas. Dès qu'une chose ne fonctionne pas à son goût, il vient s'en plaindre à moi. La dernière fois, je lui ai ordonné de s'asseoir, lui disant que j'allais régler une chose à la fois. Il m'a répondu de relaxer. Avais-je bien entendu ? Eh oui ! C'est ce qu'il m'avait dit. Je lui ai demandé de ne plus me parler sur ce ton, ajoutant que ce n'était pas dans son intérêt d'être impoli. Plus tard, un autre incident s'est produit et il m'a encore dit de relaxer ! Je l'ai donc retenu après le cours pour lui parler. Évidemment, il a prétendu que c'était de ma faute et qu'il se sentait agressé quand je lui parlais. J'en ai discuté avec une autre enseignante et avec la responsable du local d'exclusion. Toutes deux m'ont dit de ne pas m'en faire : cet élève joue à la victime et se sent attaqué pour tout et pour rien. Après plusieurs avertissements dans mon cours aujourd'hui, j'en ai eu assez et je l'ai fait sortir dans le corridor avec son bureau. Il ne me dira plus de relaxer ! »

« Cette semaine, j'ai été choquée par le comportement bizarre d'un élève. C'était la première fois que j'entendais un élève critiquer ouvertement et sévèrement une autre enseignante devant la classe. Cela ne démontre pas seulement une absence totale de respect, mais c'est aussi un grave manquement à la politesse. D'autres élèves en ont profité pour attaquer d'autres enseignantes. J'ai imposé le silence, ensuite j'ai demandé aux élèves d'adresser leurs reproches aux seules enseignantes concernées. »

« Aujourd'hui, première période, il y a un examen. Les élèves arrivent en classe très réveillés et surexcités. Je les observe s'agiter, puis j'entends un élève me dire qu'un élève a pris la place d'un autre. Ce n'est pas la première fois que cela se produit... Mon cerveau encore endormi cherche la bonne action à faire, quelque chose de percutant qui va permettre à cet élève de comprendre qu'il doit regagner sa place... Finalement, tout ce que je trouve à lui dire, c'est "va à ta place !" Il m'écoute ! Génial ! Cependant, une fois assis, il me regarde dans les yeux et me dit : "Tu me fais chier !" d'une voix si douce et sans colère que je me demande si j'ai bien entendu. Je le regarde, perplexe. Pourquoi m'a-t-il dit une chose pareille ? Finalement, je l'ai envoyé à la direction. Il est suspendu pour deux jours avec deux retenues et doit faire des excuses devant la classe. Il m'a dit qu'il n'avait pas pensé à ce qu'il disait... Le pire, c'est que je le crois. »

« L'un de mes élèves ne m'aime pas et il a décidé de ne rien faire. Il est arrogant, mais sait habituellement jusqu'où il peut aller. J'ai déjà essayé de le rencontrer, mais cela n'a pratiquement rien donné. Un incident majeur avec lui s'est produit lundi. J'avais les données d'un schéma au tableau sur un transparent. L'élève a décidé de venir s'asseoir plus près du tableau (à côté de son copain qui a la langue bien pendue évidemment) pour prendre les mesures. Je lui ai dit de prendre les mesures et de retourner s'asseoir à sa place par la suite. "Non", m'a-t-il répondu. Je lui ai dit qu'il avait deux minutes pour prendre les mesures et il m'a envoyé promener... Je l'ai donc expulsé sur-le-champ. Il est parti en claquant la porte très fort. Il était évidemment frustré et en colère contre moi. Il refuse catégoriquement toute conversation avec moi. Pas facile de régler un problème si on ne peut pas se parler. J'ai donc appelé sa mère pour obtenir sa collaboration (et la mettre au courant de la situation). Ce n'était peut-être pas la meilleure solution, mais je n'en voyais pas d'autres. Elle m'a assurée qu'elle allait lui demander qu'il consente à me parler. Au cours suivant, j'ai laissé la chance au coureur. Il n'est pas revenu me parler, mais il a eu un comportement exemplaire. J'ai alors décidé de laisser passer un cours avant de lui demander une rencontre pour faire le point. »

« Ce matin, mes élèves avaient un examen. J'ai transmis la consigne suivante : lorsque votre examen sera terminé, vous pourrez commencer votre devoir. Au moment où plus de la moitié des élèves avaient terminé l'examen, un élève est allé aider son camarade derrière lui à faire son devoir. Je lui ai demandé de revenir à sa place, car il y avait encore des élèves en examen. Il a immédiatement répliqué en mentionnant qu'il ne dérangeait personne et m'a ignorée par la suite. Je lui ai redit calmement de revenir s'asseoir à sa place. C'est alors qu'il s'est mis à sacrer et à m'injurier. Je l'ai expulsé sur-le-champ et lui ai mentionné qu'il ne pourrait réintégrer ma classe qu'à la condition d'accepter de me rencontrer et de respecter mes demandes et les règlements. C'est une politique de l'école. Il est parti en claquant la porte. »

(suite p. 215)

Traitement des situations-problèmes

Quelles actions appropriées devrait effectuer l'enseignante ? Parmi les actions proposées, cochez celles que vous feriez (1re colonne) en indiquant, dans la 2e colonne, l'ordre dans lequel vous les effectueriez, selon une démarche d'intervention progressive.

Actions suggérées à l'enseignante	Mes actions	Ordre de mes actions
Reprend immédiatement l'élève à sa première impolitesse pour l'empêcher de perturber le cours.		
Rencontre l'élève après le cours ou la leçon pour entendre son point de vue et lui expliquer le sien.		
Fait sortir l'élève de la classe à la deuxième impolitesse.		
Met sur pied un plan d'action très vigoureux avec les autres enseignantes et l'élève pour mettre fin à son problème d'impolitesse.		
Définit ses attentes dès les premières rencontres avec les élèves en instaurant une règle sur le respect des autres.		
Conserve son calme et son sang-froid afin de ne pas perdre sa crédibilité auprès des autres élèves. Applique la règle à cet effet.		
Utilise l'humour pour souligner la bêtise de l'élève et faire en sorte que le jeune admette immédiatement la gratuité et le manque de respect de son acte.		
Dans le cas d'un comportement répétitif, prend des mesures en collaboration avec la direction de l'école et les parents de l'élève afin que celui-ci modifie son comportement.		
Sensibilise les élèves à l'importance du respect mutuel.		
Prend la mesure de ses limites et les respecte.		
Ignore les agissements des élèves lorsqu'ils dépassent les bornes une première fois.		
Si un incident malheureux se reproduit, retient l'élève après la classe et intervient en privé plutôt que devant le groupe.		
Tente de faire participer l'élève en classe.		
Réfléchit aux attitudes des adolescents, bien souvent perçus comme étant tout d'un bloc et considérant toute chose comme équivalente et sans nuance.		
Rencontre l'élève même si son comportement reste approprié, ce qui sera une occasion de le féliciter et d'entretenir une relation plus positive avec lui.		
Amène l'élève à offrir des excuses, écrites ou verbales, devant la classe ou au cours d'une rencontre individuelle avec l'enseignante.		
Amène l'élève à s'engager à adopter une attitude respectueuse envers l'enseignante.		
Fait écrire un texte de réflexion d'environ une page dont le contenu analyse la conduite fautive, explique en quoi elle est répréhensible et ce que fera l'élève à l'avenir.		
S'assure de l'appui de la direction relativement aux conditions que l'enseignante entend faire respecter à l'élève.		
Choisit une ou des conditions de retour en classe avec lesquelles l'élève se sent à l'aise.		
Autres, préciser :		

Activité 6.6 — Élève drogué

Les témoignages suivants relatent des situations-problèmes liées à la toxicomanie.

« Un élève arrive drogué en classe. Dois-je le renvoyer chez lui ? Le garder en retenue ? Dans les deux cas, il me semble que je contourne le problème et que ces solutions risquent de détourner encore plus l'élève de l'école. »

« Bien que je m'efforce d'utiliser du matériel pédagogique stimulant et de trouver des contes qui puissent susciter l'intérêt des élèves, plusieurs ont l'air amorphes ou "ailleurs" pendant les cours. Je pense que des élèves fument du pot juste avant leurs cours. Dois-je les rencontrer personnellement ou en discuter ouvertement dans la classe ? »

Fiche-activité 6.6 Traitement des situations-problèmes

Quelles actions appropriées devrait effectuer l'enseignante ? Parmi les actions proposées, cochez celles que vous feriez (1re colonne) en indiquant, dans la 2e colonne, l'ordre dans lequel vous les effectueriez, selon une démarche d'intervention progressive.

Actions suggérées à l'enseignante	Mes actions	Ordre de mes actions
Ne fait aucune allusion à l'état de l'élève qui se drogue devant la classe.		
Parle avec l'élève concerné après le cours afin d'en savoir davantage et de l'aider éventuellement. Lui propose de l'écouter s'il a besoin de se confier et l'assure de sa discrétion.		
Avise la direction lorsque l'élève refuse de parler.		
Avertit les parents de l'élève.		
Prend le temps de bien observer l'élève concerné.		
Recourt à des mesures d'aide mises en place dans l'école, par exemple en discutant avec un intervenant spécialisé en toxicomanie qui peut proposer des plans d'intervention appropriés.		
Fait travailler les élèves en équipe.		
Varie les activités d'enseignement et le matériel.		
Consulte les intervenants de l'école qui sont en charge du dossier de toxicomanie.		
Suscite des discussions en classe en invitant des conférenciers (un policier, par exemple, qui donne son point de vue sur la consommation de drogue) pour sensibiliser les élèves au problème.		
Communique avec l'élève et échange sur ses loisirs, ses autres champs d'intérêt.		
Accepte son absence de contrôle sur certaines conduites fautives, ce qui ne l'incite pourtant pas à baisser les bras ou à éviter certaines interventions auprès des élèves qui se droguent.		
Fait comprendre aux élèves qu'il est au courant, quitte à prendre à part un élève qui se drogue afin de l'informer de ses inquiétudes.		
Ne tolère pas un élève sous l'influence de la drogue pendant les cours, du moins lorsque l'état de l'élève est suffisamment apparent pour que l'enseignante et les autres élèves s'en rendent compte.		
Utilise l'interphone pour prévenir le surveillant ou la direction lorsqu'un élève n'est pas en mesure de bien travailler en classe.		
Écoute l'élève et le confie à des personnes-ressources.		
Parvient à distinguer les élèves qui sont vraiment en difficulté et qui ont besoin d'aide de ceux qui recherchent l'attention, ce qui n'est pas toujours simple.		
Autres, préciser : [1]		

1. Quand la drogue n'est plus un jeu : Site informationnel basé sur l'entraide et créé pour les proches de l'alcoolique et du toxicomane. Contient des outils d'information : index des drogues, tests en ligne, dictionnaire et références : http://www.isef.ntic.org/searchntic.php?id=3571 ou http://www.quandladrogue.com/

D'autres situations-problèmes liées aux aspects relationnels

Les descriptions suivantes complètent les situations-problèmes de gestion de classe appartenant aux aspects relationnels du rôle d'encadrement de l'enseignante.

Élèves qui se battent

« En marchant dans le corridor de l'école, j'ai été témoin d'une bataille entre deux élèves. Je me suis d'abord arrêtée sans rien faire, puis j'ai lancé : "ça va faire !". Par chance, je n'étais pas toute seule, une autre enseignante n'était pas loin et elle est intervenue dans la mêlée. Malgré tout, l'un d'eux a réussi à s'enfuir. »

« L'autre jour, dans ma classe, deux élèves se sont battus parce que l'un d'entre eux avait volé l'étui à crayons de l'autre. Ils se menaçaient verbalement en disant des gros mots pour paraître virils, puis se tenaient par le gilet. Je suis intervenue en m'avançant vers eux et en leur demandant d'arrêter. Et ils m'ont écoutée, heureusement ! »

« J'ai eu à faire face à une bataille entre deux garçons. Je ne savais que faire ! Je ne pouvais sûrement pas intervenir... Ils ne m'auraient pas obéi si je leur avais demandé d'arrêter. Tous les autres élèves attendaient que je réagisse... »

« Une élève très douée a eu 99 % dans une matière à la première étape. Sa satisfaction a été de courte durée. Trois filles de sa classe, jalouses de sa note, l'ont agressée et battue violemment. L'élève est très mal en point et a quelques dents brisées. Elle a été retirée de l'école et les trois élèves ont été suspendues. »

Questions : Comment réagiriez-vous si des élèves se battaient en classe ? Comment les accueilleriez-vous à leur retour en classe ?

Élève victime d'intimidation (taxage)

« Je faisais la surveillance de la zone des casiers durant l'heure du midi. J'ai vu un petit groupe de 3 ou 4 élèves qui bousculaient un de leurs camarades. En m'approchant d'eux, j'ai entendu l'élève harcelé dire : "Laissez-moi, je n'ai pas d'argent !" En me voyant, ils se sont vite dispersés. »

Questions : Comment réagiriez-vous à ces formes de violence verbale et non verbale ? Que feriez-vous en pareille circonstance ?

Clic et déclic

Comprendre la violence verbale et non verbale

Une bonne façon de comprendre l'impact de la violence verbale et non verbale sur les élèves serait d'expérimenter « La leçon de discrimination ». Pour en savoir plus, consultez le lien suivant :
http://www.radio-canada.ca/actualite/v2/enjeux/niveau2_10939.shtml

SITUATIONS-PROBLÈMES LIÉES
AUX ASPECTS ÉVALUATIFS

Les situations-problèmes se rapportant aux aspects évaluatifs de la tâche de l'enseignante sont liées au rôle qui consiste à évaluer les apprentissages des élèves. Nous retrouvons dans cette classe de situations les comportements suivants : retarder la remise des devoirs et des lectures ou négocier des extensions pour leur remise ; ne pas respecter les exigences dans les travaux sur le plan de la qualité du français et des consignes (contenu et nombre de mots exigés, par exemple) ; contester ou réagir démesurément au nombre de travaux ou de devoirs, d'exercices et de lectures à faire ; plagier ou tricher au cours d'un examen ; etc.

Notes sur les activités 6.7 et 6.8

Les situations-problèmes proposées aux activités 6.7 et 6.8 sont liées aux aspects évaluatifs de la tâche de l'enseignante. Pour vous aider à les réaliser, consultez le tableau 6.1, « Une démarche d'intervention progressive » (page 193), le tableau 6.2, « Exemples de classes de situations-problèmes et d'actions de l'enseignante » (page 197) et l'activité 6.0, « Construction d'une démarche d'intervention » (page 199).

Activité 6.7 Élève qui copie

Le témoignage suivant relate une situation-problème liée à l'évaluation.

« Un suppléant est chargé de surveiller le déroulement d'un examen. Son rôle se limite à prendre les présences et à donner les consignes d'un travail qui devra être fait individuellement. Quelques minutes après le début du travail, il remarque une fille et un garçon qui semblent avoir développé une certaine complicité. Dans son for intérieur, le suppléant a l'impression de se retrouver devant une situation de tricherie. Il n'est pas certain, il doute. Mais il n'aime pas ce qu'il voit. Il se lève et fait le tour de la classe lentement en rappelant que le travail se fait individuellement et qu'on a intérêt à garder les yeux sur sa copie pour ne pas souffrir un jour de cette maladie incurable qu'est le strabisme. Les deux élèves se regardent toujours. Le suppléant est de plus en plus convaincu qu'il a affaire à du copiage, mais il ne sait pas quoi faire. Enlever les copies aux deux élèves pendant que les autres travaillent ? Attendre la fin de la période ? Faire un rapport au titulaire ? Mais le directeur, lui, qu'est-ce qu'il en pensera ? Va-t-il le rappeler de nouveau ? Et les parents ? Le suppléant décide enfin qu'en l'absence de preuves et dans le doute, il vaut mieux s'abstenir. Toutefois, à la fin du cours, il s'adresse aux deux élèves : « Un petit conseil d'ami, la prochaine fois, pendant un examen ou un travail noté, assurez-vous donc de garder les yeux sur votre travail ! Certains profs pourraient être tentés de penser que vous copiez... Est-ce qu'on se comprend ? »

Fiche-activité 6.7   Traitement de la situation-problème

Quelles actions appropriées devrait effectuer l'enseignant ? Parmi les actions proposées, cochez celles que vous feriez (1re colonne) en indiquant, dans la 2e colonne, l'ordre dans lequel vous les effectueriez, selon une démarche d'intervention progressive.

Actions suggérées à l'enseignante	Mes actions	Ordre de mes actions
Demande à l'un des deux élèves de changer de place puisque le doute est présent.		
Réaménage la disposition des bureaux pour des examens et travaux notés.		
Discute des causes et des répercussions du copiage avec les élèves.		
N'intervient pas directement puisqu'il y a un doute et que tout geste concret accuse ouvertement l'élève.		
Rappelle les comportements adéquats avant de distribuer l'examen ou le test.		
Informe la titulaire de ses doutes pour que celle-ci soit vigilante durant la correction en vue d'être équitable envers les autres élèves.		
S'informe de la conséquence prévue par l'établissement en pareille circonstance.		
Autres, préciser :		

Activité 6.8 Élève qui oublie de faire ses devoirs

Le témoignage suivant relate une situation-problème liée à l'évaluation.

« En observant l'agenda des élèves, je me suis rendu compte que ceux qui ont des difficultés sont souvent ceux qui ne font pas leurs devoirs. C'est manifeste. Tout au long de l'étape, j'indique les devoirs au tableau et les explique pour m'assurer qu'ils sont bien compris. Pourtant, lorsque je regarde l'agenda de certains élèves, rien n'est indiqué. Pensez-vous qu'il faudrait prendre quelques minutes pour vérifier tous les agendas lorsqu'il y a des devoirs inscrits au tableau, et ce, à chaque cours ou chaque jour ? Le programme est très chargé et nous manquons déjà de temps pour passer le contenu. »

Fiche-activité 6.8   Traitement de la situation-problème

Quelles actions appropriées devrait effectuer l'enseignante ? Parmi les actions proposées, cochez celles que vous feriez (1re colonne) en indiquant, dans la 2e colonne, l'ordre dans lequel vous les effectueriez, selon une démarche d'intervention progressive.

Actions suggérées à l'enseignante	Mes actions	Ordre de mes actions
Vérifie si les devoirs ont été faits et donne une sanction aux élèves en faute.		
Fait le tour de la classe au début du cours ou de la journée pendant que les élèves font un exercice de calcul mental ou pendant la correction des devoirs à l'aide du solutionnaire exposé à l'écran.		
Inscrit un mot dans l'agenda de l'élève qui n'a pas fait son devoir et exige qu'il soit signé par ses parents. Vérifie ultérieurement que les parents ont bel et bien signé ce mot. Si ce n'est pas le cas, appelle les parents.		
Après trois avertissements, demande à l'élève de faire le devoir fautif en retenue.		
Demande à un élève, différent chaque jour, de dire à la classe, à la fin de chaque période, quels sont les devoirs et l'étude à noter dans son agenda.		
Vérifie les agendas d'un groupe différent chaque semaine. Cette vérification peut faire partie des règles de classe établies en début d'année.		
Répète les consignes concernant les devoirs au début de chaque cours, prend quelques minutes pour que les élèves notent les devoirs dans leur agenda et répète les devoirs à faire à la fin du cours.		
Planifie par étapes trois types de devoirs : obligatoires, au choix et ceux que les élèves se donnent en lien avec les contenus enseignés et approuvés par l'enseignante. La vérification est faite à l'aide d'une fiche à double entrée où apparaissent les noms des élèves, puis, en abscisse, les types de devoirs et, en ordonnée, la date de remise pour chacun.		
Autres, préciser :		

UNE UTILISATION JUDICIEUSE DU CADRE LÉGISLATIF [2]

La personne enseignante a des responsabilités, des obligations et des droits inscrits dans des lois et des règlements qui orientent, soutiennent et limitent son travail. En raison de sa fonction sociale, on attend d'elle qu'elle soit un modèle non seulement pour les élèves qui lui sont confiés mais également pour toutes les personnes qui composent la société. « Les enseignants incarnent la Loi sociale, par le biais du pouvoir que l'école leur confère et que la société leur reconnaît. Ils ont une autorité légitime sur les élèves… » (Desaulniers et Jutras, 2006 : 61). Ainsi, aucune personne enseignante ne peut prétendre ignorer la loi pour se disculper ou se soustraire à ses responsabilités et à la justice. D'entrée de jeu, nous recommandons aux personnes enseignantes de bien prendre connaissance de leur contrat d'embauche, de leur convention collective et de la section 1 de la Loi sur l'instruction publique (L.I.P.). Devant une situation critique, nous suggérons fortement de consulter l'employeur et le syndicat. Nous avons retenu ici quelques lois qui relèvent des différents paliers de gouvernement, allant du gouvernement canadien à l'établissement scolaire :

- Charte canadienne des droits et libertés et Code criminel (Gouvernement du Canada) ;
- Charte des droits et libertés de la personne et Code civil du Québec (Gouvernement du Québec) ;
- Loi sur l'instruction publique modifiée par le projet de loi 180 en 1997, Régime pédagogique et programmes de formation de l'école québécoise (PFÉQ) (Ministère de l'Éducation, du Loisir et du Sport) ;
- Loi sur le régime de négociation des conventions collectives provinciales de travail dans les secteurs public et parapublic ;
- Politiques et règlements locaux (Commissions et établissements scolaires) ;
- Contrat de travail (Commission scolaire ou institution privée) ;
- Code de conduite en classe enchâssé dans le code de vie de chaque établissement scolaire.

Voyons maintenant plus en détail l'utilisation judicieuse du cadre juridique et réglementaire régissant la profession enseignante. Nous examinerons principalement où se situe la frontière entre la violence physique illégale et l'exercice du droit de correction.

Au regard du droit civil

Le 1er janvier 1994, l'article 651 du Code civil du Québec qui stipulait que le titulaire de l'autorité parentale a sur l'enfant un droit de correction modérée et raisonnable est disparu. Depuis, nombre de

---

2. Nous tenons à remercier chaleureusement Me Johanne Drolet pour la rédaction de cette section relative au cadre législatif. Dans cette section, nous avons utilisé l'expression « la personne enseignante » pour désigner l'enseignante et l'enseignant.

personnes enseignantes s'interrogent sur la portée de cette disparition et sur les conséquences possibles en matière de maintien de l'ordre et de discipline en classe. Auparavant, on reconnaissait que, par délégation *in loco parentis*, la personne enseignante avait sur son élève un droit de correction modérée et raisonnable, droit pouvant être défini comme le recours à la force physique utilisé par cette personne dans l'exercice de ses fonctions, dans le but de corriger un élève. Il va sans dire que ce droit n'était pas absolu et que les tribunaux en ont défini certaines balises. Dans ce contexte, nous tenterons de délimiter la situation juridique actuelle tant en ce qui concerne le droit civil que le droit criminel. Retenons pour l'instant que la règle de base à l'effet qu'il est interdit de toucher physiquement un élève sans le consentement de ce dernier demeure d'actualité.

À ce sujet sur le plan des droits fondamentaux, le droit à l'intégrité physique ou à la sécurité de sa personne est reconnu au premier alinéa de l'article 1 de la Charte des droits et libertés de la personne qui stipule que :

> « Tout être humain a droit à la vie, ainsi qu'à la sûreté, à l'intégrité et à la liberté de sa personne. »

Droit à l'inviolabilité et à l'intégrité de la personne

Sur le plan civil, le droit à l'inviolabilité et à l'intégrité de toute personne est, depuis le 1er janvier 1994, énoncé aux articles 3 et 10 du Code civil du Québec :

> 3. « Toute personne est titulaire de droits de la personnalité, tels le droit à la vie, à l'inviolabilité et à l'intégrité de sa personne, au respect de son nom, de sa réputation et de sa vie privée. »

> 10. « Toute personne est inviolable et a droit à son intégrité. [...] Sauf dans les cas prévus par la loi, nul ne peut lui porter atteinte sans son consentement libre et éclairé. »

L'article 10 du Code civil du Québec établit comme principe de droit commun l'inviolabilité de la personne et le droit à son intégrité. Par ailleurs, sur le plan de la responsabilité civile, l'article 1457 du Code civil du Québec stipule en partie la responsabilité de chaque individu avec ce qui suit :

> « Toute personne a le devoir de respecter les règles de conduite qui, suivant les circonstances, les usages ou la loi, s'imposent à elle, de manière à ne pas causer de préjudice à autrui. »

Responsabilité de réparer le préjudice causé à autrui

> « Elle est, lorsqu'elle est douée de raison et qu'elle manque à ce devoir, responsable du préjudice qu'elle cause par cette faute à autrui et tenue de réparer ce préjudice, qu'il soit corporel, moral ou matériel. [...] »

Dès lors, une atteinte injustifiée à l'intégrité physique d'un élève serait considérée comme une faute civile dont la victime pourrait demander réparation pour les dommages subis. La personne enseignante peut-elle justifier le recours à la force physique par le biais d'un droit de correction modérée et raisonnable qui, avant le 1er janvier 1994, était contenu dans l'article 651 du Code civil du Québec ? À notre connaissance, les tribunaux québécois n'ont pas eu à trancher la question de l'existence du droit de correction en droit civil après les modifications au Code civil du Québec, en 1994. La personne enseignante doit donc être consciente que deux interprétations peuvent être données à cette abrogation. La première est que le droit de correction est inclus dans le devoir de surveillance, de garde et d'éducation. Conséquemment, le droit de correction existe toujours, mais doit être utilisé dans le respect des dispositions de la Charte québécoise et du Code civil que nous venons de mentionner. La seconde interprétation, tout aussi plausible, serait à l'effet que le droit de correction a tout simplement été aboli. Dans tous les cas, il serait sage d'inciter la personne enseignante à la plus grande prudence avant qu'elle ne recoure à la force physique comme moyen de correction.

Gestion par la non-violence plutôt que par la force physique

Dans tous les cas, la colère est mauvaise conseillère pour intervenir avec force auprès d'un élève. Il vaut mieux demander à l'élève fautif de quitter les lieux. En cas d'un refus d'obtempérer, l'utilisation de l'interphone est appropriée pour demander à la direction, au surveillant ou au psychoéducateur de venir chercher l'élève.

Le retrait plutôt que la colère

Des parents ont déjà intenté des poursuites civiles en dommages et intérêts au nom d'enfants qui alléguaient avoir subi des dommages à la suite d'actes de violence de la part d'une personne enseignante. Bon nombre de ces actions ont été instituées devant la Cour des petites créances (réclamation maximale de 7 000 $ selon l'article 953a du Code de procédure civile). Cependant, il est à prévoir que les tribunaux seront de plus en plus sévères pour les personnes qui utilisent la force physique à l'égard des élèves qui leur sont confiés.

Au regard du droit criminel

Sur le plan pénal, le Code criminel interdit de façon générale de recourir à la force physique pour résoudre les tensions engendrées par les relations humaines, que ce soit dans la famille, à l'école ou ailleurs, par le biais des infractions de voies de fait ou autres infractions connexes. Les règles relatives aux infractions de voies de fait et autres infractions connexes interdisent toute forme de violence ou d'emploi de force physique contre une autre personne sans son consentement. Il s'avère donc important d'examiner attentivement la question de l'emploi de la force physique par une personne enseignante pour corriger un élève puisqu'elle peut, par ses actes, s'exposer à des sanctions criminelles, civiles ou disciplinaires.

À cet effet, l'article 265 et suivants du Code criminel se lisent en partie comme suit :

265 « (1) Commet des voies de fait, ou se livre à une attaque ou à une agression, quiconque, selon le cas :

a) d'une manière intentionnelle, emploie la force, directement ou indirectement [3], contre une autre personne sans son consentement ;

b) tente ou menace, par un acte ou un geste, d'employer la force contre une autre personne, s'il est en mesure actuelle, ou s'il porte cette personne à croire, pour des motifs raisonnables, qu'il est alors en mesure d'accomplir son dessein ;

[...]

(3) pour l'application du présent article, ne constitue pas un consentement le fait pour le plaignant de se soumettre ou de ne pas résister en raison :

a) soit de l'emploi de la force envers le plaignant ou une autre personne ;

b) soit des menaces d'emploi de la force ou de la crainte de cet emploi envers le plaignant ou une autre personne ;

c) soit de la fraude ;

d) soit de l'exercice de l'autorité.

[...] »

Limite de l'autorité de la personne enseignante

On constate que la définition de l'infraction de voies de fait est assez large et n'exclut pas les incidents d'où ne résulte aucune blessure. Le seul fait d'appliquer intentionnellement, directement ou indirectement, la force sur une autre personne sans son consentement constitue des voies de fait au sens du droit criminel, sous réserve d'une situation de légitime défense. Le Code criminel reconnaît le droit de légitime défense contre une attaque sans provocation et définit les conditions permettant de l'invoquer.

Droit de légitime défense

34 « (1) Toute personne illégalement attaquée sans provocation de sa part est fondée à employer la force qui est nécessaire pour repousser l'attaque si, en ce faisant, elle n'a pas l'intention de causer la mort ni des lésions corporelles graves. »

Pour pouvoir invoquer le paragraphe (1) de l'article 34, il faut :

1) être attaqué illégalement sans provocation ;

2) n'employer que la force nécessaire pour repousser l'attaque ;

3) ne pas avoir l'intention de causer la mort ni des lésions corporelles graves, même si, accidentellement et sans négligence criminelle, la chose se produit.

---

3. L'expression « directement ou indirectement » couvre les situations où, par exemple, la personne enseignante blesserait un élève en utilisant un objet.

L'emploi de la force raisonnable est aussi généralement considéré comme justifiable dans les situations d'urgence, c'est-à-dire pour empêcher que l'élève ou d'autres personnes (ou, à la limite, des biens) ne subissent un préjudice encore plus grave. À ce sujet, l'article 37 du Code criminel stipule que :

« (1) Toute personne est fondée à employer la force pour se défendre d'une attaque, ou pour en défendre toute personne placée sous sa protection, si elle n'a recours qu'à la force nécessaire pour prévenir l'attaque ou sa répétition.

(2) Le présent article n'a pas pour effet de justifier le fait d'infliger volontairement un mal ou dommage qui est excessif, eu égard à la nature de l'attaque que la force employée avait pour but de prévenir. »

<aside>**Responsabilité de maintenir un ordre minimal en classe**</aside>

Il en est ainsi dans les cas où seul l'emploi de la force physique permettrait de venir à bout d'un élève et de maintenir un ordre minimal dans la classe, ordre nécessaire à la sécurité de tous les élèves et relevant des obligations de surveillance de la personne enseignante. C'est l'application de la doctrine de nécessité qui justifie alors le recours à la force. Dans ces situations, en cas d'altercation entre un élève et une personne enseignante à l'occasion de l'imposition à l'élève d'une mesure disciplinaire, la responsabilité criminelle de la personne enseignante ne sera pas engagée dans la mesure où l'altercation est provoquée par la résistance de l'élève à une mesure disciplinaire méritée et raisonnable. Encore faut-il pouvoir prouver ces circonstances. Si cette personne riposte à une provocation d'un élève et est subséquemment accusée de voies de fait, la provocation pourrait constituer une circonstance permettant d'atténuer la lourdeur de sa sentence mais ne constituerait pas, en soi, un moyen de défense permettant de l'innocenter.

Tel qu'il appert dans l'article 265 du Code criminel énoncé ci-dessus, l'infraction vise également des menaces d'employer la force contre une autre personne si le comportement permet de croire qu'on est en mesure de les exécuter. Aussi, lorsqu'une personne enseignante est accusée de s'être livrée à des voies de fait contre un élève, elle peut soulever le moyen de défense prévu à l'article 43 du Code criminel si les conditions qui y sont énoncées et celles définies par les tribunaux sont remplies. Cette disposition législative se lit comme suit :

<aside>**Respect de la mesure raisonnable de l'emploi de la force**</aside>

« Tout instituteur, père ou mère, ou toute personne qui remplace le père ou la mère, est fondé à employer la force pour corriger un élève ou un enfant, selon le cas, confié à ses soins, pourvu que la force ne dépasse pas la mesure raisonnable dans les circonstances. »

Au cours des dernières décennies, la règle qui permettait l'emploi de la force raisonnable à des fins de discipline a été restreinte, de sorte qu'aujourd'hui le châtiment corporel n'est à l'abri d'une condamnation criminelle que lorsqu'on l'applique à deux catégories de personnes : les enfants, par le biais de l'article 43 du Code criminel (sous réserve des conditions d'application) et les personnes se trouvant à bord d'un navire, par le biais de l'article 44 du Code criminel. La défense de l'article 43 est disponible à la personne qui, au moment de la correction, exerce par délégation l'autorité parentale ou l'exercice par délégation. Cette défense est disponible et peut être fructueuse, même si la conduite reprochée contrevient à d'autres règles d'origine disciplinaire, législative, ou réglementaire qui ne sont pas du ressort du droit criminel. Il n'est pas nécessaire non plus que le titulaire de l'autorité parentale qui a délégué son autorité soit d'accord avec l'usage de la force employée contre l'enfant dont il a la charge. En effet, il revient au délégué de mesurer l'opportunité et la légitimité des gestes qu'il fait à l'égard de l'enfant dans sa tâche d'éducation et de surveillance. Le délégué peut même utiliser la force modérée envers un enfant, malgré une consigne claire à cet effet du titulaire de l'autorité parentale.

Au regard de la convention collective du travail

Généralement, la convention collective offre une certaine protection à la personne enseignante en cas de poursuites civiles. La clause-type négociée localement se lit ainsi :

La faute lourde, lourde de conséquence

« La Commission s'engage à prendre fait et cause de toute enseignante ou de tout enseignant (y compris l'enseignante ou l'enseignant à la leçon, et la suppléante ou le suppléant occasionnel et l'enseignante ou l'enseignant à taux horaire) dont la responsabilité civile pourrait être engagée par le fait ou à l'occasion de l'exercice de ses fonctions durant la journée de travail (ou en dehors de la journée de travail quand l'enseignante ou l'enseignant s'occupe d'activités expressément autorisées par la direction) et convient de n'exercer, contre l'enseignante ou l'enseignant, aucune réclamation à cet égard sauf si un tribunal civil le tient responsable de négligence grossière ou de faute lourde [4]. »

Certaines ententes locales stipulent cependant que, dans un cas de poursuite recherchant la responsabilité civile d'une personne enseignante en matière d'abus sexuel, la Commission pourrait, après enquête, décider de ne pas prendre fait et cause.

---

4. Selon l'article 1474 du Code civil du Québec, la « faute lourde » est celle qui dénote une insouciance, une imprudence ou une négligence grossière. Dans le contexte scolaire, la faute lourde désignerait le comportement qui dénote, de la part de la personne enseignante, une incurie ou une insouciance grossière et complète de la conséquence des actes qu'elle fait et se rapproche ainsi de l'acte intentionnel ou volontaire visant à infliger des blessures permanentes à l'élève.

Au regard du contrat de travail

Dans plusieurs commissions scolaires et institutions privées, des directives spécifiques de la direction interdisent aux personnes enseignantes de recourir à la force physique pour imposer leur autorité auprès des élèves.

Au regard de la Loi de l'instruction publique

Selon l'article 19 de la Loi de l'instruction publique L.R.Q. c. I-13.3 :

Interpréter et porter un jugement sur le travail de l'élève : l'évaluation est sûrement l'une des fonctions les plus complexes que la personne enseignante doit assurer.

« Dans le cadre du projet éducatif de l'école et des dispositions de la présente loi, l'enseignant a le droit de diriger la conduite de chaque groupe d'élèves qui lui est confié. »

La personne enseignante a notamment le droit de :

« 1° prendre les modalités d'intervention pédagogique qui correspondent aux besoins et aux objectifs fixés pour chaque groupe ou pour chaque élève qui lui est confié ;
2° choisir les instruments d'évaluation des élèves qui lui sont confiés afin de mesurer et d'évaluer constamment et périodiquement les besoins et l'atteinte des objectifs par rapport à chacun des élèves qui lui sont confiés en se basant sur les progrès réalisés. »

Par ailleurs, les obligations de la personne enseignante sont énumérées comme suit à la section II :

22. « Il est du devoir de l'enseignant de :
1. contribuer à la formation intellectuelle et au développement intégral de la personnalité de chaque élève qui lui est confié ;
2. collaborer à développer chez chaque élève qui lui est confié le goût d'apprendre ;
3. prendre les moyens appropriés pour aider à développer chez ses élèves le respect des droits de la personne ;
4. agir de manière juste et impartiale dans ses relations avec ses élèves ;
5. prendre les mesures nécessaires pour promouvoir la qualité de la langue écrite et parlée ;
6. prendre des mesures appropriées qui lui permettent d'atteindre et de conserver un haut degré de compétence professionnelle ;
    6.1 collaborer à la formation des futurs enseignants et à l'accompagnement des enseignants en début de carrière ;
7. respecter le projet éducatif de l'école. »

La personne enseignante doit connaître et respecter ces éléments de responsabilités professionnelles. Elle exerce ses fonctions sous l'autorité de la direction de l'établissement scolaire. La personne enseignante a également l'obligation d'éviter l'inconduite ou l'immoralité et de ne commettre aucune faute grave dans l'exécution de ses fonctions afin de conserver son brevet d'enseignement. Pour enseigner au Québec, une personne doit être titulaire d'une autorisation d'enseigner délivrée par le ministre de l'Éducation, du Loisir et du Sport (MELS). Ce dernier a le pouvoir de révoquer ou de suspendre cette autorisation après enquête en bonne et due forme d'un comité nommé à cette fin. En fait, l'article 26 de la Loi sur l'instruction publique édicte que :

> « Toute personne physique peut porter plainte au ministre contre un enseignant pour une faute grave commise à l'occasion de l'exercice de ses fonctions ou pour un acte dérogatoire à l'honneur ou à la dignité de la fonction enseignante. »

N'importe qui peut déposer au ministre une plainte contre une personne enseignante pour autant qu'elle soit écrite, motivée et faite sous serment. Le ministre soumet la plainte à un comité d'enquête composé de trois membres, incluant un avocat ou un juge comme président, un parent et une personne enseignante. Dans le cas où le comité considère la plainte comme bien fondée, le ministre peut, s'il l'estime opportun, suspendre, révoquer ou maintenir sous conditions son autorisation d'enseigner. Il avise le plaignant, la personne enseignante et la commission scolaire de sa décision. La décision finale relève de la discrétion du ministre et le rapport du comité n'est pas publié. Le tableau 6.4 résume les droits et les responsabilités de la personne enseignante selon les droits civil et criminel respectivement du Québec et du Canada.

TABLEAU 6.4

Résumé des droits et des responsabilités de la personne enseignante selon les droits civil et criminel	
DROIT CIVIL	**DROIT CRIMINEL**
• Preuve prépondérante • Évaluation selon la balance des probabilités • Poursuite en dommages et intérêts	• Preuve hors de tout doute raisonnable • Doute entraîne un acquittement • Culpabilité entraîne une infraction criminelle avec sanction
Art. 651 : Recours à la force physique ; droit de correction Art. 3 : Titulaire de droits de la personnalité Art. 10 : Inviolabilité de la personne et droit à son intégrité Art. 1457 : Respect des règles…, préjudice à autrui… tenue de réparer ce préjudice. Art. 1474 : La faute lourde	Art. 265 : Infraction par voies de fait Art. 34 : Droit de légitime défense Art. 37 : Emploi de la force ; situations d'urgence Art. 43 : Moyen de défense des personnes exerçant l'autorité

UNE ÉTHIQUE PROFESSIONNELLE EN ENSEIGNEMENT

Partant du ministère de l'Éducation (2001), mentionnons que la compétence éthique se déploie en contexte professionnel réel et qu'elle se situe sur un *continuum* qui va du plus simple au plus complexe. Elle se fonde sur un ensemble de ressources qui sont de l'ordre des responsabilités, des devoirs, des valeurs, des normes, des règles, des us et coutumes, de la culture et du savoir-mobiliser en contexte d'action professionnelle. La compétence éthique est un savoir-agir réussi, efficace, efficient et immédiat qui se manifeste de façon récurrente à travers son agir professionnel. En d'autres mots, c'est comment faire bien ce qu'il faut bien faire. L'éthique constitue donc un projet et une finalité sans fin.

À ce point, nous pouvons nous demander : Comment reconnaître un problème éthique ? Comment évaluer la compétence éthique ? En enseignement, nous pouvons dire : « J'ai un problème de nature éthique à dénouer quand... »

Il importe de prendre quelques minutes pour compléter cette phrase et de confronter sa réponse à la fin de ce chapitre. Par ailleurs, dans le but d'avancer dans la compréhension de l'agir éthique et responsable dans l'exercice des fonctions d'enseignante, mentionnons que l'éthique est le discernement des valeurs éducatives en jeu à travers ses interventions et qu'il est essentiel dans l'évitement de toute forme de discrimination à l'égard des élèves, des parents et des collègues. Le respect des aspects confidentiels de sa profession fait également partie du comportement éthique attendu d'une enseignante. L'enseignante doit aussi pouvoir répondre de ses actions en fournissant des arguments fondés auprès des publics intéressés, par exemple en faisant état de ses décisions relatives à l'apprentissage et à l'éducation des élèves. Situer ses choix et ses actions dans les grands courants de pensée philosophique par rapport aux problèmes moraux qui sont en jeu en classe permet de justifier ses interventions. L'utilisation du cadre juridique régissant la profession enseignante soutient également l'agir de façon éthique devant un incident critique.

Enfin, l'éthique professionnelle en enseignement permet d'agir de manière responsable auprès des élèves pour que l'on puisse sans réserve recommander de confier un groupe d'élèves à une enseignante. Ces manières de faire sont :

- la mise en évidence des valeurs en jeu dans ses interventions ;
- la mise en place d'un fonctionnement démocratique dans sa classe ;
- l'attention accordée à l'inclusion de tous ;

Clic et déclic

Compétences professionnelles sur l'éthique de l'enseignante

Pour en savoir plus sur les composantes de la compétence 12 « Agir de façon éthique et responsable dans l'exercice de ses fonctions », consultez le lien suivant : http://www.meq.gouv.qc.ca/dftps/interieur/PDF/formation_ens.pdf

- le maintien d'une attitude positive et respectueuse envers tous les élèves ;
- la prévision et la mise en place de pratiques qui assurent le respect, l'intégrité, la santé et la sécurité des élèves ;
- le respect, dans ses actions et son discours, du projet éducatif de l'école et des autres intervenants en éducation ;
- l'inviolabilité.

Cette liste non exhaustive offre quelques suggestions d'opérationnalisation de la compétence éthique en vue de stimuler la conception de chacun par rapport à ses interventions sur les plans éthique et préventif.

Avant de conclure cette partie, retournons à la phrase à compléter à la page 229. Nous convenons que nous avons un problème éthique à dénouer quand au moins six caractéristiques sont réunies.

- Premièrement, il règne un sentiment d'inconfort, des incertitudes et un malaise dans la situation-problème.
- Deuxièmement, il y a implication d'autrui : le bien-être, la sécurité, l'équité ou la justice de l'autre, ou des autres individus, est en jeu.
- Troisièmement, la présence d'un conflit de valeurs ou de principes entraîne des individus dans un différend à propos du sentiment de justice ; de la valeur du travail bien fait, du respect ; des principes d'équité, d'évaluation, de partage, de coopération, etc. Notons que, dans notre société, les valeurs sont fort variées compte tenu d'un système pluraliste et d'un néolibéralisme omniprésent, et qu'il peut donc exister des confrontations de valeurs entre individus.
- Quatrièmement, on note une absence de repères clairs qui engendre le doute ou la déroute. Dans cette situation, il faut suivre des règles, des normes sociales, des règlements, des cadres juridiques existants.
- Cinquièmement, le besoin de réflexion est imminent. Un temps de réflexion individuelle à l'aide d'une démarche structurée est nécessaire avant de discuter avec des collègues ou des personnes-ressources de la décision et des arguments à retenir. Pour adopter une démarche rationnelle, il faut :
  - décrire les faits ;
  - identifier les valeurs conflictuelles en recourant aux règlements de l'école, aux normes, aux cadres légaux, aux législations et aux chartes afin de nommer les valeurs ou les principes de façon précise ;
  - prendre ensuite une décision en adoptant un plan d'action comprenant les modalités et les étapes dans le temps ;
  - justifier son choix en présentant aux personnes concernées des arguments solides.

À propos...

Le **néolibéralisme** désigne tout à la fois une idéologie, une compréhension du monde, des modes de gouvernement, une doctrine économique encourageant le laissez-faire et prônant la limitation de l'intervention de l'État dans l'économie. Le néolibéralisme se caractérise entre autres par une vision de l'individu en tant qu'entrepreneur de lui-même devant, par l'effort, développer son capital humain. Cette vision peut entraîner des abus pour le bien-être de la majorité ou de minorité de citoyens.

Certains individus pourraient choisir d'autres avenues, surtout si leurs valeurs sont ancrées dans le néolibéralisme. Toutefois, compte tenu de son analyse, il est possible d'appuyer son choix en ayant toute l'information requise en main. Si la situation ne se règle pas, le processus pourra être révisé.

- Enfin, sixièmement, une action doit être entreprise pour agir professionnellement et assurer un suivi.

Au fil des situations étudiées en éthique appliquée, devant un problème de nature éthique, nous constatons que toutes ces caractéristiques sont réunies. La figure 6.1 illustre les quatre étapes à suivre pour entreprendre une démarche d'analyse rationnelle d'une situation-problème.

FIGURE 6.1

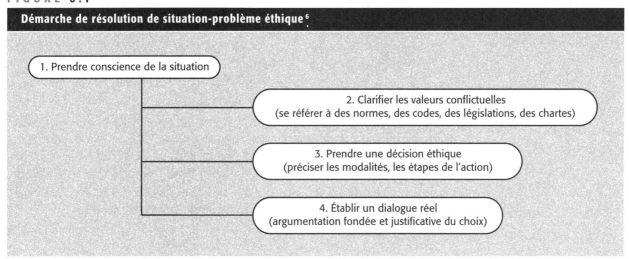

Démarche de résolution de situation-problème éthique [6]

1. Prendre conscience de la situation

2. Clarifier les valeurs conflictuelles
(se référer à des normes, des codes, des législations, des chartes)

3. Prendre une décision éthique
(préciser les modalités, les étapes de l'action)

4. Établir un dialogue réel
(argumentation fondée et justificative du choix)

6. Adaptation de Legault, 1999.

EN CONCLUSION

La démarche de l'intervention dite « située » que nous proposons dans ce chapitre intègre l'approche préventive que nous avons privilégiée tout au long de cet ouvrage. Au chapitre 1, nous avons fait mention de la responsabilité sociale attribuée à l'enseignante pour prolonger des normes et des structures de participation qui sont valorisées dans les diverses microcultures de la société. Ce *leitmotiv* est repris dans le présent chapitre au moyen de l'intervention éducative progressive du cadre législatif régissant la profession enseignante et de la compétence éthique en vue de guider l'enseignante vers un agir professionnel humain et sans porter préjudice à autrui.

L'enseignante joue un rôle majeur dans la gestion des comportements indisciplinés et récidivistes en classe et dans l'école, ne serait-ce que dans l'art de rappeler une règle. Nous avons donc souligné l'importance de planifier les situations d'enseignement en connaissant le cadre législatif de son action professionnelle, puis de les contrôler selon des règlements, des codes, des chartes, des lois et la législation contemporaine de la société dans laquelle elle évolue. Puis, la banque de situations-problèmes aura d'abord permis au lecteur, d'expérimenter une adaptation des études de cas, de réfléchir à une intervention progressive de l'action auprès des élèves.

Notre démarche dans ce chapitre s'inscrit dans un apprentissage situé à l'endroit de clientèles diversifiées, dans des modes de travail variés visant le développement de la compétence de l'éthique professionnelle. Les actions dans une situation donnée ne fonctionneront peut-être pas dans d'autres situations, mais l'ensemble des actions qu'entreprendra l'enseignante pourra la conduire à des schèmes d'action, sortes de réflexes dont elle-même ou le stagiaire se servira inconsciemment en classe dans des situations-problèmes. Enfin, il nous paraît essentiel d'inviter l'enseignante à prendre connaissance en détail de son contrat de travail et de la convention collective, puis de demander à son employeur, au cours de sa carrière, des mises à niveau de ses connaissances sur le cadre législatif.

À propos...

Un schème

Un schème est une organisation invariante de la conduite pour une classe de situations donnée.

Exercice de réflexion et d'intégration

Carte trouée

À partir de cette liste de concepts, complétez la carte trouée qui suit.

Arrogance • Article 265 • Article 19 • Article 651 • Article 34 • Article 1457 • Article 26 • Bataille (entre élèves) • Cadre législatif • Chartes • Charte (canadienne) des droits • Charte (québécoise) des droits et libertés de la personne • Code civil • Code criminel • Code de conduite • Code de vie • Contextes variés • Convention collective (de travail) • Copiage • Démotivation • Devoirs non faits • Droit de correction • Droit de diriger la conduite des élèves • Droit de légitime défense • Encadrement • Enseignement • Éthique professionnelle • Évaluation • Impolitesse • Intégrité • Intervention • Loi sur l'instruction publique (L.I.P.) • Placotage (durant les cours) • Porter plainte auprès du ministre du MÉLS • Préjudice à autrui • Règles • Respect • Tâche éducative • Valeurs • Voies de fait •

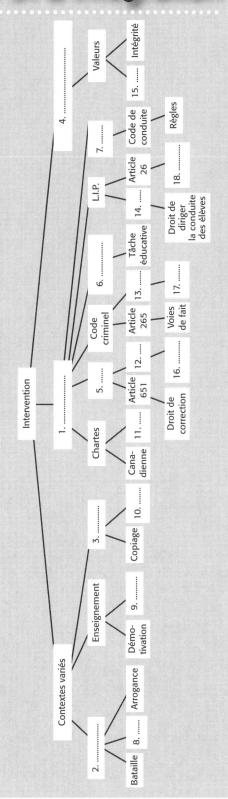

1. Cadre législatif ; 2. Encadrement ; 3. Évaluation ; 4. Éthique professionnelle ; 5. Code civil ; 6. Convention collective ; 7. Code de vie ; 8. Impolitesse ; 9. Placotage ; 10. Devoirs non faits ; 11. Québécoise ; 12. Article 1457 ; 13. Article 34 ; 14. Article 19 ; 15. Respect ; 16. Préjudice à autrui ; 17. Droit de légitime défense ; 18. Plainte au ministre.

CHAPITRE 7

La régulation
de la gestion de classe

 Intentions de gestion éducative

La lecture de ce chapitre permet :

• de comprendre le processus de la pensée réflexive ;

• de s'initier à un outil de soutien à la pensée réflexive pour développer la compétence à gérer une classe.

La régulation consiste à mobiliser ses ressources internes et externes pour mieux gérer une situation récurrente de gestion en classe.

Dans les chapitres précédents, nous avons présenté les dimensions et les éléments qui constituent notre système de gestion de classe, le POC : « P » pour planification, « O » pour organisation et « C » pour contrôle. Nous avons insisté sur le fait que l'enseignant doit mettre en pratique ces trois dimensions pour développer sa compétence à gérer une classe. C'est à l'occasion de cette pratique qu'il pourra utiliser la « pensée réflexive », hautement reconnue dans les écrits portant sur la profession enseignante. Dans le présent chapitre, nous cernons premièrement le processus critique et créatif de la pensée réflexive. Deuxièmement, nous montrons le développement de cette compétence en enseignement à partir de la recension de quelques modèles de développement professionnel. Troisièmement, nous suggérons un outil de soutien à la pensée réflexive en tenant compte des comportements à maîtriser pour qu'une gestion de classe soit efficace.

DÉFINITION DE LA PENSÉE RÉFLEXIVE

Le paradigme de la pensée réflexive est au cœur des discussions sur les approches de formation des enseignants depuis le début des années 1980 dans des pays anglo-saxons, tels que la Grande-Bretagne, les États-Unis et le Canada. Les auteurs en éducation s'y réfèrent sous différentes appellations, comme le « mode de raisonnement » (Dewey, 1910), le « praticien réflexif » (Schön, 1983), l'« enseignant-chercheur » (Stenhouse, 1975), la « théorie cognitiviste » (Borko, 1988) et la « théorie critique » (Elliot, 1987). Toutes ces approches ont en commun la réflexion qui favorise le développement professionnel. Ce processus est présenté soit comme un mode d'enquête réfléchi sur l'environnement éducatif, soit comme une analyse constante des situations-problèmes, soit comme une évaluation critique de la pratique. Il se distingue alors des autres modes d'apprentissage professionnels, tels que l'action par essais et erreurs, le frayage ou l'imprégnation (l'individu apprend sans l'intention d'apprendre), l'imitation ou le modelage (l'individu a l'intention d'apprendre mais on ne lui explique pas la méthode ni le sens de l'action), le transfert d'expérience comme élève (l'individu refait ce que faisaient ses propres enseignants) et l'action contrôlée à l'aide de connaissances scientifiques apprises ou de ressources humaines aidantes, par exemple un mentor, un enseignant associé à la formation ou un superviseur. Les écrits de Argyris et Schön (1974), de Bourdieu (1980) et de Giddens (1987) favorisent une certaine compréhension de la pensée enseignante sur la pratique d'enseignement qui se déploie de manière à la fois organisée et aléatoire à travers le déterminisme de la structuration du système scolaire. Cette pensée enseignante crée une sorte de réflexivité comme modalité régulatrice de l'agir professionnel. Par contre, il convient de distinguer ici la pensée réflexive de l'approche située. La métacognition, appartenant à la perspective introspectionniste, tout comme la réflexion, est interne à la personne, par conséquent, elle est différente de la personne-en-action-et-en-situation. Toutes les deux visent la compréhension des savoirs de l'action. Comme Doyle le fait remarquer dans la préface du présent ouvrage, jusqu'à quel point un enseignant apprend-il lorsqu'il réfléchit à ce qu'il a fait dans sa classe alors qu'il est dans l'action ? La réflexion porte sur des situations-problèmes racontées par ceux qui les ont vécues, elles ne sont pas situées pour l'enseignant qui ne les a pas vécues. Toutefois, si la valeur des savoirs d'expérience et d'usage est largement reconnue par les chercheurs, les méthodes pour les appréhender de façon non naïve sont plus rares. Dans les faits, en général, 1) il existe un écart entre le prescrit, le fait et le dit chez l'individu ; 2) l'action professionnelle est toujours multilogique ; 3) la réflexivité est complexe. Elle se réfère à des plans irréfléchis ou incorporés aussi diversifiés que :

- la pensée interactive de l'enseignant pendant qu'il enseigne ;
- la pensée de l'enseignant pendant qu'il planifie ;
- la pensée de l'enseignant sur ses croyances par rapport aux élèves, à la classe et à l'apprentissage ;
- la perception de l'enseignant quant à sa propre performance, à ses routines professionnelles et à ses activités automatisées, ainsi qu'à ses talismans didactiques qui constituent ses schèmes d'actions pédagogiques ;
- la prise de conscience des procédures qu'utilise l'enseignant pour résoudre les problèmes en classe (Kagan, 1988).

Comme les différents spécialistes qui se sont intéressés au processus de la pensée réflexive, nous pouvons facilement tomber dans une certaine ambiguïté si, au préalable, l'objet, l'acte et le moment de la mise en œuvre de la pensée réflexive ne sont pas précisés. En ce qui concerne la gestion de classe telle que nous la présentons dans cet ouvrage, la pensée réflexive porte sur la planification de situations d'enseignement, l'organisation du quotidien en classe et le contrôle durant l'action inclusive de l'intervention. Ce sont là les trois dimensions de notre système de gestion de classe qui constituent les objets de l'acte réflexif que nous explicitons ici. Notons que ces objets se situent à des moments précis dans le déroulement de l'action : avant (phase proactive), pendant (phase interactive) et après (phase postactive). On peut donc considérer que la pensée réflexive en gestion de classe est une réflexion sur des actions précises mises en œuvre dans des situations en classe. Ce processus est illustré par la figure 7.1 à la page 238, dans laquelle la pensée réflexive tient compte de l'amont et de l'aval de l'action en gestion de classe.

À propos...

Observation régulatrice

Bégin (2003), pour sa part, définit l'autorégulation comme une observation de ses propres mécanismes de fonctionnement dans une situation, observation permettant de rajuster ses conduites et ses connaissances sur les tâches et ses manières de faire.

FIGURE 7.1

Le processus de la pensée réflexive en situation de gestion de classe

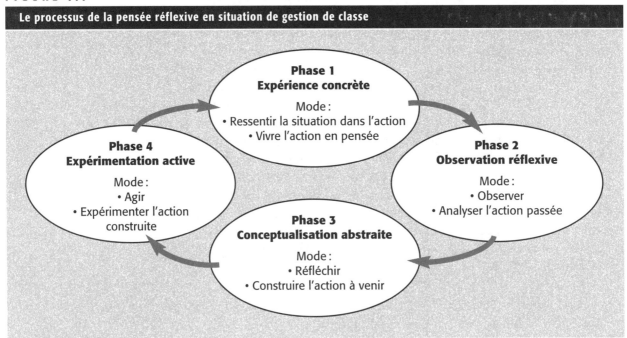

C'est dire que la pensée réflexive en situation de gestion de classe comprend tout effort de conscientisation d'actes à venir à la lumière d'actes passés incluant la réflexion instantanée faite au moment où l'action se déroule (dans l'action). C'est un saut du connu vers l'inconnu, des hypothèses constituées d'inférences (suggestion d'actions) émises à partir de situations vécues et qui seront par la suite expérimentées dans l'action (action construite). Nous pouvons parler ici de l'apprentissage expérientiel de la gestion de classe (Kolb, 1984).

Appliquons le schéma de la pensée réflexive au récit de Nancy présenté en introduction de cet ouvrage.

Lorsque Nancy constate un problème dans sa gestion du temps, nous remarquons que sa planification d'une situation d'enseignement a tenu compte d'un certain nombre d'activités pour acquérir des compétences spécifiques. Cette situation devait la conduire immédiatement à la planification de la situation suivante. Le fait de ne pouvoir atteindre la situation ou les compétences visées dans le temps prévu l'a obligée à refaire la planification à venir. Elle mesure l'importance de ce problème, car de tels événements causant des pertes importantes d'énergie pourraient devenir récurrents tout au long de sa carrière. Heureusement, à la fin de sa première leçon, elle se rend compte elle-même du problème et de son importance. C'est alors que s'enclenche le processus de la pensée réflexive, quand elle se met à analyser ce qui n'a pas marché dans la journée. Elle fait donc une réflexion en amont de l'action passée, à savoir sur ce qui n'a pas fonctionné dans sa planification du temps, soit dans l'organisation de ses routines professionnelles ou de son matériel, soit dans le contrôle de l'action lors de l'ouverture de sa leçon ou des transitions durant la transmission des consignes. Cette pensée rétroactive la projette en aval de l'action et lui permet de s'autoréguler, de reconstruire son système en apportant des correctifs fondés. Le lendemain, ou au cours d'une prochaine situation d'enseignement, elle pourra vérifier l'efficacité de ces correctifs par l'expérimentation et, de nouveau, elle reviendra en amont de son action jusqu'à ce qu'elle ait maîtrisé cette habileté à gérer le temps.

LA PENSÉE RÉFLEXIVE, UN MODE D'APPRENTISSAGE DE LA GESTION DE CLASSE

À maintes reprises dans cet ouvrage, nous avons illustré la gestion de classe en utilisant des extraits de journaux de bord de stagiaires en enseignement et des témoignages d'enseignants en situation réelle. Rappelons-nous, entre autres, l'expérience de Lætitia, une enseignante novice.

À propos...

Autorégulation

Allal et Mottier-Lopez (2007) définissent l'autorégulation comme un ensemble d'opérations visant à orienter l'action vers un but spécifique, à contrôler la progression de la démarche vers ce but, à assurer un retour sur ce qui a été vécu et à confirmer ou à réorienter la trajectoire adoptée.

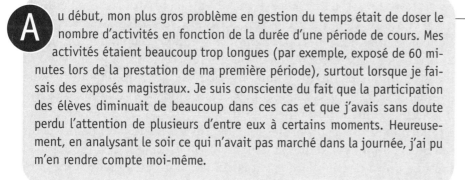

Au début, mon plus gros problème en gestion du temps était de doser le nombre d'activités en fonction de la durée d'une période de cours. Mes activités étaient beaucoup trop longues (par exemple, exposé de 60 minutes lors de la prestation de ma première période), surtout lorsque je faisais des exposés magistraux. Je suis consciente du fait que la participation des élèves diminuait de beaucoup dans ces cas et que j'avais sans doute perdu l'attention de plusieurs d'entre eux à certains moments. Heureusement, en analysant le soir ce qui n'avait pas marché dans la journée, j'ai pu m'en rendre compte moi-même.

Gestion du temps d'apprentissage

Lætitia met en œuvre le processus de la pensée réflexive par rapport à son action en classe. Cette approche l'amène à franchir des phases d'autorégulation, à savoir la métacognition et l'autoréflexion (Bandura, 1986 ; Zimmerman, 2000). La métacognition regroupe les connaissances de la régulation cognitive de Lætitia qui la conduisent à mobiliser ses ressources internes et externes pour mieux gérer une situation récurrente de gestion de classe. Autrement dit, Lætitia analyse ce qui n'a pas été réussi dans sa gestion du temps. Elle utilise des processus cognitifs ou des stratégies d'apprentissage par rapport à une norme professionnelle pour évaluer comment mieux faire et pour retenir l'information utile au regard du but de la situation d'enseignement. L'autoréflexion lui permet de revoir les stratégies auxquelles elle a eu recours pour maîtriser sa pratique après la planification de situations d'enseignement. Cette réflexion renvoie à son potentiel cognitif pour réguler son action dans son environnement-classe. Partant de Tardif (2007), disons que cet exemple illustre le potentiel métacognitif et autorégulé de Lætitia; il participe à la reconnaissance de sa capacité d'apprendre à partir de son action en réfléchissant à celle-ci et de progresser tout au long de sa carrière. Cette réflexion l'a conduite à réguler son action en vérifiant certains éléments parmi ses connaissances acquises et elle a construit son jugement à l'aide de ses réponses par rapport à sa réalité, c'est-à-dire qu'elle a modifié ses activités et expérimenté des moyens efficaces pour mieux en contrôler la durée.

Le processus de la pensée réflexive qu'utilise l'enseignant régulièrement pour réguler sa compétence à gérer une classe soutient l'évolution pertinente de son agir professionnel. Il permet à l'enseignant, qu'il soit débutant ou expérimenté, non seulement de corriger des problèmes qui surgissent de façon ponctuelle, mais aussi d'identifier, voire d'anticiper des problèmes liés à l'action, qui sont invisibles pour l'observateur externe. À l'aide de l'inventaire de situations ou d'actions à la fin de ce chapitre, il est possible de soutenir plus efficacement le processus de la pensée réflexive sur la gestion de classe. En tant que superviseures de stages et professeures à la formation des enseignants en gestion de classe, il nous est arrivé à plusieurs reprises, à l'aide de cet inventaire, de guider des stagiaires et des enseignants associés. Cette liste nous a permis de repérer des comportements déjà maîtrisés et d'autres à améliorer. À partir de ces repères, des objectifs étaient alors formulés et intégrés dans un plan de développement professionnel (PDP). Ce plan vise à guider et à soutenir l'enseignant ou l'étudiant dans l'amélioration de sa pratique à gérer une classe. L'habileté à réfléchir sur les gestes professionnels passés et à réguler ceux à venir s'acquiert au moyen d'un entraînement systématique à la réflexion et par une pratique régulière, parfois guidée, pour en arriver à une consolidation des dimensions composant la compétence en gestion de classe.

Une bonne manière pour l'enseignant de développer sa pensée réflexive comme praticien réflexif consiste à décrire objectivement, par écrit, dans un cahier, à la fin de la journée par exemple, la séquence de ses gestes en classe. Ce qui renvoie aux récits d'expériences personnelles en enseignement auxquels Doyle fait allusion dans la préface de cet ouvrage. Déjà, plusieurs enseignants, trop subjectifs, idéalisant leur performance ou étant soumis à leurs émotions, éprouveront des difficultés à reconstituer la réalité de l'action. Toutefois, leurs souvenirs peuvent demeurer partiels et voiler inconsciemment des aspects importants de leur enseignement. Dans ce sens, l'inventaire (ICGC) peut aider à compenser cette lacune en offrant des cibles de réflexion à l'enseignant réflexif.

Cependant, la seule utilisation des moyens cités ne corrigera pas la subjectivité de l'enseignant qui s'entraîne à réguler des situations vécues dans l'après-coup. Dans certains cas, il lui sera même nécessaire de confronter ses propres observations à celles d'un observateur neutre dans le but d'objectiver la réalité de l'action ou le réalisme de ses perceptions. Cette démarche, qui peut être appelée « hétérorégulation », consiste à restituer fidèlement une situation vécue par l'enseignant et ce qu'il a fait pour mettre en œuvre sa pensée réflexive afin d'analyser son action de façon critique en vue de : 1) découvrir les causes d'un problème ; 2) identifier les comportements qui pourraient être améliorés ; ou 3) consolider des actes qui se sont montrés efficaces pour constituer ses propres schèmes d'action.

LE DÉVELOPPEMENT DE LA COMPÉTENCE EN GESTION DE CLASSE

Il n'existe pas une seule bonne façon de gérer une classe. Chaque enseignant acquiert des aptitudes correspondant à sa personnalité et aux caractéristiques de ses élèves, de même qu'à une certaine norme professionnelle. Le processus développemental de l'acquisition de la compétence en gestion de classe peut être examiné sous plusieurs angles, tout comme un prisme. Par exemple : 1) le développement vocationnel chez l'adulte ; 2) le développement de la connaissance de soi, le « connais-toi toi-même » de Socrate, qui signifie « reconnais l'humain en toi avec ses forces, ses limites et ses valeurs, sois humble et parle aussi de tes limites » ; 3) le développement morale / éthique qui examine l'action humaine à travers ses perceptions du bien, du mal et de la justice. Par exemple, la justice étant une valeur priorisée chez les adolescents à l'école, l'enseignant doit comprendre que la représentation de la justice peut être « procédurale », reposant sur la recherche de l'égalité des chances, ou une justice de « mérite », plus arbitraire et dérivant généralement vers l'inégalité sociale.

Plusieurs auteurs soulignent que la compétence à enseigner s'acquiert progressivement ; nous présumons qu'il en est de même pour la compétence à gérer une classe. Partant de Wolfgang (1995), qui s'inspire de Katz (1972), nous présentons ici quatre niveaux de développement professionnel liés à la maîtrise de la gestion de classe.

- Le premier niveau concerne le stagiaire et le nouvel enseignant. De façon générale, c'est l'intuition et la survie qui les conduit. Il a un répertoire limité de techniques à utiliser en cas d'indiscipline en classe, il est permissif puis très strict et il est finalement parfois mal à l'aise de donner des sanctions lorsque des élèves dérangent. Il recourra à un modèle théorique ou pratique de la gestion de classe qu'il maîtrise bien.

Clic et déclic

Plan de développement professionnel

Vous pouvez consulter le plan de développement professionnel dans l'annexe 4 du document *Le stage probatoire des enseignants et des enseignantes du préscolaire, du primaire et du secondaire*. Les dispositions réglementaires et l'évaluation des compétences professionnelles attendues (MÉLS, 2006) sont accessibles à partir du lien suivant :
http://www.meq.gouv.qc.ca/lancement/RegAutorisationEnseigner/StageProbatoire.pdf

- Le deuxième niveau se rapporte à l'enseignant ayant acquis au moins trois années d'expérience, donc plus confiant. Ses techniques sont plus raffinées et adaptées à son style personnel. Cependant, il éprouve de la difficulté avec les élèves très difficiles. Il doit donc enrichir son répertoire de techniques et de stratégies pour être en mesure de calmer ces élèves. Cet enseignant utilisera un contrôle itératif dans la conduite de sa classe. Sur le *continuum* du style de gestion lié au pouvoir, il agira en un va-et-vient progressif entre le style interactionniste, interventionniste et non interventionniste (voir pages 21 à 23).

- Le troisième niveau correspond à celui de l'enseignant expérimenté ayant enseigné pendant plusieurs années. Il a confiance en lui, en ses méthodes et en ses stratégies, et ses résultats sont très satisfaisants. Il sait recourir aux personnes-ressources pour aider des élèves à risque et il peut actualiser un plan d'intervention personnalisé (PIP) fréquemment utilisé dans le milieu scolaire.

- Enfin, au quatrième niveau, nous retrouvons l'enseignant philosophe et professionnel. C'est un leader pour les élèves et il devient une excellente ressource pour les nouveaux enseignants en insertion professionnelle. Il connaît les questions éthiques et morales que soulèvent les règlements de l'école et il a à cœur le bien des élèves.

Ces niveaux de développement mettent en exergue la capacité progressive de l'enseignant à prendre en compte les dimensions multiréférenciées de la gestion de classe. Ils mettent en lumière toute la complexité de la pratique enseignante.

D'AUTRES MODÈLES DE DÉVELOPPEMENT PROFESSIONNEL

Nous poursuivons l'examen de la question du développement professionnel au regard du praticien réflexif de Schön (1983 ; 1987) et de King et Kitchener (1994) en vue d'être proactif et de prévoir les conditions d'une action optimale ; du modèle de croissance fondé sur les inquiétudes des stagiaires et des novices de Fuller (1969), et des stades de développement liés à l'expérience acquise avec le temps de Katz (1972).

Le paradigme du praticien réflexif dans sa conception postmoderne présente la croissance professionnelle comme la capacité de dépasser la résolution de problème pour s'élever dans la relation aux savoirs qui se construisent au moment de la réflexion dans-et-sur l'action. Sprinthall, Reiman et Sprinthall (1996) décrivent qu'à ce niveau le praticien cadre son intention et ses perceptions, puis les recadre en virtuel dans le spatiotemporel pour faire déboucher l'action sur l'expérience. Par ailleurs, les travaux de King et Kitchener (1994) démontrent que le jugement réflexif de l'adulte se complexifie avec le temps, ses réflexions progressant à plusieurs stades selon les représentations liées à quatre dimensions :

1. la connaissance sur les savoirs théoriques (ensemble des savoirs homologués agissant à titre de référence de disciplines contributoires), les savoirs sur la pratique d'ordres psychopédagogique, didactique et organisationnel, les savoirs sur la pratique issus des pratiques sociales et produits par les enseignants (des savoir-faire, le savoir-être, les procédures, les stratégies, les techniques, etc.) ;
2. la nature du travail et ses lois ;
3. la volonté d'accepter la responsabilité de ses décisions ;
4. l'ouverture à un nouvel éclairage après une prise de décision.

Ces énoncés montrent donc le passage entre divers stades de transformation de la réflexion tout au long d'une carrière. Ces stades se produisent-ils au même rythme chez tous les enseignants ?

Dans le champ des fondements cognitifs, Fuller, en 1969, tente de comprendre comment les stagiaires et les novices en enseignement évoluent. Le modèle est fondé sur leurs inquiétudes et permet de comprendre comment leurs expérimentations doivent être poursuivies avant de pouvoir amorcer le prochain stade. Chaque stagiaire passe par des étapes de développement à des rythmes différents. Au début, il a des inquiétudes à l'égard du contrôle de la classe et de la discipline. Il vit le « choc de la réalité » qui se crée à partir du « choc du familier » puisque le stagiaire a l'impression qu'il connaît bien le rôle de l'enseignant et qu'il peut l'exercer. Mais il en ignore de nombreuses dimensions. Le monde connu se révèle autrement. Au fur et à mesure qu'il maîtrisera sa compétence en gestion de classe, il y aura une diminution de ses inquiétudes et une augmentation de sa confiance. Cela lui permet d'acquérir plus efficacement d'autres compétences liées au référentiel de formation. La communication interactive devient plus soutenue, la didactique est mise en œuvre dans des conditions d'attention favorables. Sa concentration sur les tâches d'apprentissage augmente, car les interruptions organisationnelles sont moins nombreuses.

Katz (1972), en s'inspirant des stades de croissance de Fuller (1969), a élaboré, à partir d'une étude menée auprès d'enseignants du préscolaire, les étapes de développement en lien avec l'expérience vécue. Comme nous l'avons vu chez Wolfgang (1995), il existe quatre niveaux qui comportent tous des besoins de soutien et de formation continus. Le temps passé à chaque niveau varie néanmoins, la progression habituelle, selon l'auteure, couvre généralement les cinq premières années d'enseignement. Nous résumons dans le tableau 7.1 les modèles présentés.

 À propos...

Régulation

La régulation interne se nomme aussi « autorégulation ». Pour bien situer les stratégies métacognitives que sont la régulation et la pensée réflexive (ou réflexivité), Tardif (2007) ajoute que l'autoobservation, l'autocontrôle et l'autojugement sont d'autres ressources ou moyens mis au service de l'autorégulation.

TABLEAU 7.1

Éléments des modèles de développement professionnel en gestion de classe

	KING ET KITCHENER (1994)	WOLFGANG, 1995 ; KATZ, 1972	FULLER, 1969
	Modèle axé sur la connaissance	**Modèle axé sur l'expérience**	**Modèle axé sur les inquiétudes**
ÉTAPE 1	**Stades 1 et 2** • Vision simple du monde • Croyance dans la connaissance absolue • Autorité comme source de cette connaissance **Stade 3** • Reconnaissance des divers points de vue • Croyance dans la relativité de la connaissance • Utilisation de croyances et de l'expérimentation dans la prise de décision	**Stade 1** Survie (grande anxiété, besoin d'aide à l'insertion professionnelle)	**Stade 1** Période centrée sur l'enseignement (inquiétude relative à soi-même, à sa capacité d'enseigner)
ÉTAPE 2	**Stade 4** • Reconnaissance de la légitimité des points de vue • Habilitation à l'interprétation d'évidences • Différenciation entre croyances et expérimentations dans la prise de décision • Reconnaissance de la précarité des connaissances dans certains domaines	**Stade 2** Consolidation du positionnement (consolidation de ses propres apprentissages et de ses tâches, besoin de soutien spécialisé)	**Stade 2** Période centrée sur le contenu et la structure (inquiétude relative à la maîtrise du contenu à enseigner)
ÉTAPE 3	**Stades 5 et 6** • Vision de la connaissance en contexte • Vision de l'intégration des perspectives pouvant être plus ou moins vraies • Interprétation des évidences selon un point de vue cohérent	**Stade 3** Renouveau (désir de changer ses routines professionnelles, besoin de formation)	**Stade 3** Période centrée sur l'élève (inquiétude liée aux problèmes d'apprentissage des élèves)
ÉTAPE 4	**Stade 7** • Caractéristiques des stades 5 et 6 toujours présentes • Capacité de modifier des jugements basés sur de nouvelles évidences	**Stade 4** Maturité (acceptation de son identité professionnelle, besoin de participer à des activités professionnelles de plus haut niveau)	

Dans le tableau 7.1, l'utilisation du modèle de King et Kitchener (1994) présente l'avantage de la compréhension du déplacement du point de vue (recadrage des idées, des connaissances et des représentations). Le traitement de l'information d'une étape à l'autre se transforme pour acquérir à la fois assurance et complexité. Selon les données recueillies auprès des novices, il semble qu'au moins quatre mois de pratique soient nécessaires pour diminuer le niveau d'inquiétude par rapport aux modèles de Fuller (1969) et Katz (1972).

IMPLICATIONS DES MODÈLES

Les trois modèles retenus laissent plusieurs questions en suspens. Combien de changements peuvent être intégrés par stade ? Est-ce que la courbe d'évolution dans le processus développemental atteint toujours la troisième étape de Fuller (1969) chez tous les sujets ? Nous croyons que plusieurs changements sont possibles selon le contexte, les obstacles et les expériences. Aussi, certains enseignants peuvent cumuler vingt ans d'expérience à un premier stade ou progresser vers le suivant dans le modèle de King et Kitchener (1994), et cesser ensuite toute évolution.

L'enseignant, à la première étape, considère l'apprentissage comme la transmission d'un savoir qui tient compte de sa représentation sociale. Pour réussir sa gestion de classe, il aura besoin du soutien de ses collègues et de la direction (voir page 238). À la deuxième étape, l'enseignant considère l'apprentissage comme une interaction continuelle avec les élèves de sa classe. Il prête attention au contenu et il est capable de déposer ses notes de cours. Son esprit a libéré de l'espace pour installer et maintenir une gestion de classe ferme mais souple ainsi que ses routines professionnelles et des *habitus* sociaux. Son besoin de formation continue se développe dans l'approfondissement de certains champs de connaissances disciplinaires, didactiques, pédagogiques ou autres. L'atteinte de la troisième étape rend compte de la conception de l'apprentissage comme un processus de transformation réciproque, à la fois chez l'élève et chez l'enseignant. Nous apprenons toujours de nos élèves. À l'étape 4, il y a différenciation des démarches pédagogiques, l'enseignant peut parler de son style de gestion de classe et nommer ce qu'il fait. Il devient « missionnaire ». Il accepte de recevoir des stagiaires.

Au-delà de ces quatre étapes, il y a l'enseignant exceptionnel qui jouit d'un pouvoir de créativité qu'il veut partager au profit de l'amélioration de la profession. L'activité professionnelle est alors davantage orientée vers la production de matériel, la création de stratégies d'apprentissage ou l'amélioration de modèles théoriques à travers un processus de recherche-action souvent étayé par d'autres recherches dans le domaine. Dans ce processus de transformation, il est évident

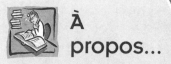

À propos...

Une compétence réflexive

La pensée réflexive serait une compétence transversale de la formation à l'enseignement. Elle accompagnerait l'enseignant tout au long de sa carrière pour l'aider à construire son jugement professionnel.

qu'un passage se crée de l'extériorité vers l'intériorité de ce qu'est intrinsèquement l'enseignant dans son identité personnelle et professionnelle.

INVENTAIRE DES COMPORTEMENTS DE GESTION DE CLASSE

Toujours dans le but de favoriser le développement de la compétence à gérer une classe, nous avons élaboré un inventaire de comportements en gestion de classe (ICGC) qui nourrit la pensée réflexive à l'aide d'écrits sur la gestion de classe et de notre expérience dans le domaine de la formation des enseignants.

La structure organisationnelle de cet inventaire respecte les grandes divisions du présent ouvrage : la Planification de situations d'enseignement, l'Organisation du quotidien en classe et le Contrôle durant l'action (POC). Dans chacune de ces trois catégories se retrouvent les principaux comportements qui constituent la compétence professionnelle en gestion de classe.

Selon les circonstances, on peut utiliser une seule catégorie de comportements ou plusieurs, de même qu'on peut sélectionner ceux d'une même catégorie qui conviennent à une situation particulière. En proposant une sélection de comportements à des enseignants en formation initiale lors d'un cours en gestion de classe que nous donnions en ligne, nous avons constaté que certaines habiletés correspondaient aux besoins individuels de chaque candidat à la profession. Cette expérience de formation des enseignants, à partir de comportements tirés de l'ICGC, pourrait inspirer plusieurs commissions scolaires qui ont à cœur le perfectionnement de leurs enseignants.

De plus, cet inventaire prévoit une transformation quantitative pour l'observation. Ainsi, pour chaque énoncé, nous présentons une droite graduée de 0 à 10 permettant de situer, à la suite d'une autoévaluation ou de l'observation d'un sujet, le degré de maîtrise de son comportement professionnel. Évidemment, un comportement bien maîtrisé obtient la cote 10, à l'opposé, un comportement inadéquat ou absent équivaut à 0. Grâce à cette mesure, il devient possible d'établir un score composite pour un ensemble de comportements que choisit l'utilisateur. En d'autres mots, le score de chaque comportement s'additionne pour former un score global dans toutes les catégories. Ce système quantitatif permet de mesurer l'évolution professionnelle d'un enseignant à différents moments [1] de sa carrière, selon les étapes de la

---

1. L'ICGC a servi de canevas à un instrument de recherche appelé « le questionnaire en gestion de classe » (QGC) dont les qualités métrologiques sont solidement démontrées dans le *Manuel d'utilisation du questionnaire en gestion de classe* (voir Nault. T. et Léveillé, J. (1997).

compétence à gérer une classe qui ont été présentées dans les modèles développementaux précédents.

DIFFÉRENTS CONTEXTES D'UTILISATION DE L'ICGC

Cet inventaire peut être employé dans cinq contextes différents selon que le sujet utilisateur est un stagiaire, un formateur en milieu universitaire, un formateur en milieu pratique, un enseignant en exercice ou un administrateur pédagogique (directeur, conseiller pédagogique, etc.).

Le stagiaire

L'ICGC peut être utile au stagiaire en le sensibilisant aux embûches expérimentées par des enseignants d'expérience dont les écrits ont été répertoriés et qui sont considérées comme des sources importantes de difficultés en gestion de classe.

Dans un premier temps, le stagiaire peut s'en servir dans un cadre proactif quand il veut se préparer à un stage. Par anticipation, en fonction de ses ressources personnelles et de ses expériences, le stagiaire pourra s'arrêter sur les comportements devant lesquels il se sent moins expérimenté. Par exemple, un stagiaire qui aurait été moniteur dans une colonie de vacances pourrait se sentir très confiant en se préparant à l'ouverture d'une classe et se croire habile à motiver les élèves durant une première activité. Il pourrait cependant ne pas savoir comment s'y prendre avec ses élèves pour les faire passer d'un travail individuel effectué en silence à la formation d'équipes pour une mise en commun. Dans ce sens, l'inventaire lui fera prendre conscience de la nécessité de travailler à l'organisation de routines professionnelles pour la formation d'équipes au cours des transitions. Ainsi, il pourra prévoir une organisation spatiale qui permet, d'une part, d'éviter des interférences entre les équipes et, d'autre part, de structurer des consignes claires pour que les élèves puissent effectuer la transition dans un temps limité, sans que la pagaille s'installe dans la classe. Sur le plan du contrôle durant l'action, l'inventaire lui suggère de garder la maîtrise du groupe par une surveillance constante de tout ce qui se passe. Éventuellement, cette information lui servira à cibler des objectifs de développement en stage.

Dans un deuxième temps, ce même stagiaire, après un enseignement, pourra exercer sa pensée réflexive en se servant de l'ICGC. Sa réflexion, à l'aide de l'autoanalyse critique des cibles, lui servira à déterminer les comportements bien réussis ou à améliorer sa planification, son organisation ou le contrôle de sa classe. Il pourra valider et consolider ainsi ses habiletés sur le plan des transitions et chercher à autoréguler son action pour améliorer les routines qui se seront montrées moins efficaces.

Le formateur en milieu universitaire

Il est évident que l'ICGC peut aussi servir aux formateurs en milieu universitaire et leur permettre d'introduire dans leurs cours certaines situations concrètes de gestion de classe. En s'associant aux chapitres portant sur la planification, l'organisation et le contrôle, l'inventaire peut suggérer aux formateurs des thèmes qu'ils illustreront à partir de leurs expériences personnelles ou de vidéoscopies, des substrats de la gestion de classe.

À titre de suggestion, nous nous référons à un travail sur les transitions demandé à des étudiants dans un cours sur la gestion de classe. Ce travail portait sur les énoncés P.15 à P.30 et C.21 à C.28 de l'ICGC (voir pages 251 et 254). Selon Kounin (1970) et Struyk (1990), les transitions sont les moments critiques d'une situation d'enseignement qui enregistrent le plus grand nombre de pertes de temps d'apprentissage en classe. Ce travail consiste en l'évaluation informative tripartite de la planification d'une situation d'enseignement mise en œuvre par un stagiaire, observée et analysée à l'aide de la vidéoscopie. Pour effectuer ce travail, l'étudiant doit d'abord prendre connaissance des gestes professionnels à faire sur la grille d'observation des transitions établie par la professeure Struyk (1990) (voir pages 105, 106 et 114) pour le codage des comportements des élèves au moment de la transmission des consignes, du monitorage (supervision des activités) ainsi que de l'organisation spatiale et du matériel de classe. Par la suite, pour préparer sa situation d'enseignement, l'étudiant est invité à consulter, sur le site intitulé « Gestion de classe en ligne [2] », la documentation sur les contenus des savoirs théoriques accompagnés d'études de cas illustrées par une documentation vidéo. Sachant que sa situation d'enseignement est enregistrée sur une bande vidéo qui sera analysée à l'aide d'un instrument spécifique par des observateurs externes, le stagiaire doit prêter attention à la planification et à l'organisation de manière à être en contrôle des transitions.

Le formateur en milieu scolaire

Les formateurs en milieu scolaire, mentors ou enseignants associés, pourront aussi se servir de l'ICGC pour déceler les améliorations à suggérer à leurs stagiaires. Ils pourront repérer rapidement, durant les séances d'observation, des comportements pour lesquels les stagiaires recourront à la pensée réflexive et ils les guideront dans ce processus essentiel au développement de la compétence en gestion de classe. C'est à l'occasion de l'action, souvent dans l'action elle-même, que s'accomplit ce travail de la pensée. Il serait souhaitable que les formateurs dans les écoles demeurent conscients que l'évolution d'un « moi » professionnel se structure en partant des habiletés propres à

---

2. http://www.unites.uqam.ca/gclasse/

chaque individu et que le processus de la pensée réflexive doit puiser dans les ressources personnelles de chaque stagiaire en fonction de chaque situation et du cadre de référence de sa profession. Certes, il faut porter un regard sur soi en tenant compte des attentes sociales, sans pour autant sombrer dans le nombrilisme. Le cadre de référence est présentement le référentiel de formation du MÉQ (2001) relatif aux 12 compétences professionnelles. En ce sens, les formateurs en milieu scolaire développent la compétence à gérer une classe par un accompagnement réflexif. Selon notre expérience personnelle dans la supervision des stages, cette réflexivité est parfois occultée chez des enseignants formateurs. Nous croyons que les formateurs en milieu scolaire pourront mieux soutenir le processus de la pensée réflexive chez leurs stagiaires s'ils le maîtrisent eux-mêmes. L'objet de leur réflexion est leur expérience et leur propre pratique en vue de leur objectivation. En d'autres mots, c'est mettre en œuvre les processus de la métacognition et de l'autorégulation.

L'enseignant en exercice

L'inventaire se veut aussi une aide à l'enseignant en exercice qui souhaite réfléchir sur son agir professionnel en lui rappelant les principaux concepts qui ont été présentés et illustrés dans cet ouvrage. En recourant à l'ICGC, il pourra repérer rapidement les difficultés qu'il éprouve dans l'exercice de ses fonctions. C'est à partir de ses aptitudes et de sa personnalité que l'enseignant peut apporter des solutions personnelles à des situations-problèmes et qu'il pourra par la suite les expérimenter dans sa pratique jusqu'à ce qu'elles soient compatibles avec son style d'enseignement. L'utilisation de l'ICGC favorisera la régulation de sa compétence en gestion de classe et son développement continu (voir aussi « Styles, approches et modèles de la gestion de classe », page 17).

L'administrateur pédagogique

Enfin, il peut arriver qu'un conseiller pédagogique ou un directeur d'école soit invité à intervenir auprès d'un enseignant en difficulté de gestion de classe. Dans un tel cas, l'ICGC est un instrument diagnostique rapide qui permet d'amorcer un plan de développement professionnel (voir rubrique « Clic et déclic », page 241) par l'utilisation de la pensée réflexive. Il permettra à l'enseignant de rectifier son tir dans des situations difficiles ou de demander un perfectionnement *ad hoc* en fonction des difficultés qu'il aura identifiées.

Clic et déclic

Cadre de référence

Le référentiel des douze compétences devient un outil de gestion du développement professionnel de l'enseignant. Pour en savoir plus, consultez le lien suivant :

http://www.meq.gouv.qc.ca/dftps/interieur/PDF/formation_ens.pdf

QUESTIONNAIRE 7.1

Inventaire des comportements de gestion de classe (ICGC) [3]

Fonction : _____   **Année(s) d'expérience :** _____

Discipline : _____   **Niveau :** _____

Consignes :

Indiquez sur une échelle de 0 à 10 le degré de maîtrise obtenu pour chacun des comportements consignés sur cette liste, de la manière suivante :

0 = AUCUNE MAÎTRISE ; 5 = PARTIELLEMENT MAÎTRISÉ ; 10 = TRÈS BIEN MAÎTRISÉ

L'utilisateur contextualise chacun des énoncés en plaçant chaque comportement ou action dans son propre cadre spatiotemporel.

La **planification** est une activité qui tend à systématiser la séquence des actions qu'effectuera l'enseignant dans le cadre spatiotemporel de la classe en vue de construire des apprentissages avec l'élève.

Les activités et le matériel	0	1	2	3	4	5	6	7	8	9	10
P.1 Je dresse une liste des activités possibles.	○	○	○	○	○	○	○	○	○	○	○
P.2 Je choisis des activités en lien avec l'objectif visé.	○	○	○	○	○	○	○	○	○	○	○
P.3 Je détermine la durée de chaque activité.	○	○	○	○	○	○	○	○	○	○	○
P.4 Je planifie des activités supplémentaires en tenant compte des rythmes individuels de travail.	○	○	○	○	○	○	○	○	○	○	○
P.5 Je dresse une liste du matériel disponible en lien avec les activités retenues.	○	○	○	○	○	○	○	○	○	○	○
P.6 Je vérifie le matériel avant le cours.	○	○	○	○	○	○	○	○	○	○	○
P.7 Je planifie l'aménagement spatial et le matériel.	○	○	○	○	○	○	○	○	○	○	○
P.8 Je m'abonne à des magazines professionnels.	○	○	○	○	○	○	○	○	○	○	○
P.9 Je participe régulièrement à des sorties culturelles pour mon propre enrichissement.	○	○	○	○	○	○	○	○	○	○	○
P.10 Je suis membre de mon association professionnelle dans mon champ disciplinaire.	○	○	○	○	○	○	○	○	○	○	○
L'équilibre de la participation en classe											
P.11 Je planifie autant d'actions pour les élèves que pour moi.	○	○	○	○	○	○	○	○	○	○	○
P.12 Je limite les actions sociales (déplacements, placotage, etc.).	○	○	○	○	○	○	○	○	○	○	○
P.13 J'écris les actions que doivent faire les élèves chaque fois que je donne une consigne.	○	○	○	○	○	○	○	○	○	○	○
Les moments critiques dans une journée											
P.14 Je planifie des activités en fonction des moments perçus comme critiques (dernière période de la journée, après une activité intense, etc.).	○	○	○	○	○	○	○	○	○	○	○

3. Adaptation de Nault et Léveillé, 1997. Vous pouvez également consulter le lien suivant : http://www.unites.uqam.ca/gclasse/travail_1.htm

(suite p. 251)

Les **transitions** sont d'autres moments jugés critiques dans le déroulement d'une situation d'enseignement. Elles sont au nombre de trois : l'ouverture, le passage d'une activité à une autre et la fermeture.

L'ouverture

	0	1	2	3	4	5	6	7	8	9	10
P.15 Je planifie l'accueil de mes élèves.	●	●	●	●	●	●	●	●	●	●	●
P.16 Je compose le menu de la leçon.	●	●	●	●	●	●	●	●	●	●	●
P.17 Je crée un babillard-nouvelles en classe.	●	●	●	●	●	●	●	●	●	●	●
P.18 Je planifie la prise des présences à l'aide des plans de classe.	●	●	●	●	●	●	●	●	●	●	●
P.19 Je présente l'objectif du cours.	●	●	●	●	●	●	●	●	●	●	●
P.20 J'invente un déclencheur (mise en situation).	●	●	●	●	●	●	●	●	●	●	●

Le passage d'une activité à une autre

	0	1	2	3	4	5	6	7	8	9	10
P.21 Je planifie le moment des transitions.	●	●	●	●	●	●	●	●	●	●	●
P.22 Je détermine la fin d'une activité.	●	●	●	●	●	●	●	●	●	●	●
P.23 Je prévois la durée des transitions.	●	●	●	●	●	●	●	●	●	●	●
P.24 Je conviens d'un signal pour arrêter une activité en cours.	●	●	●	●	●	●	●	●	●	●	●
P.25 Je me procure un instrument pour mesurer le temps.	●	●	●	●	●	●	●	●	●	●	●

La fermeture

	0	1	2	3	4	5	6	7	8	9	10
P.26 Je conviens d'un signal pour aviser les élèves qu'il ne reste que cinq minutes.	●	●	●	●	●	●	●	●	●	●	●
P.27 Je prépare des questions pour aller chercher la rétroaction affective et cognitive de mes élèves sur la leçon.	●	●	●	●	●	●	●	●	●	●	●
P.28 Je crée une situation simple pour vérifier une compétence.	●	●	●	●	●	●	●	●	●	●	●
P.29 Je demande aux élèves de consigner par écrit ce qu'ils ont appris durant un enseignement.	●	●	●	●	●	●	●	●	●	●	●
P.30 Je prépare une annonce pour le prochain cours.	●	●	●	●	●	●	●	●	●	●	●

L'organisation du quotidien en classe consiste à mettre en place un mode de fonctionnement permettant à l'enseignant d'accomplir efficacement son travail et de lui libérer l'esprit pour répondre aux besoins d'apprentissage de ses élèves. De cette façon, ces derniers demeurent assidus au travail et le temps d'apprentissage ne s'en trouve pas diminué.

Les routines de l'organisation sociale

	0	1	2	3	4	5	6	7	8	9	10
O.1 Je définis mes attentes avec mes élèves.	●	●	●	●	●	●	●	●	●	●	●
O.2 Je présente ma tâche d'enseignant à mes élèves.	●	●	●	●	●	●	●	●	●	●	●
O.3 J'élabore une liste de pertes de privilèges consécutives aux infractions au code de conduite en classe.	●	●	●	●	●	●	●	●	●	●	●
O.4 Je rédige les principes qui fondent l'existence des règles de conduite de la classe.	●	●	●	●	●	●	●	●	●	●	●
O.5 Je présente la façon d'utiliser l'agenda de l'école.	●	●	●	●	●	●	●	●	●	●	●

(suite p. 252)

		0 1 2 3 4 5 6 7 8 9 10
O.6	J'instaure des routines pour l'arrivée des élèves en classe.	● ● ● ● ● ● ● ● ● ● ●
O.7	Je prévois un plan de distribution des places pour les élèves.	● ● ● ● ● ● ● ● ● ● ●
O.8	Je prévois la disposition du mobilier.	● ● ● ● ● ● ● ● ● ● ●
O.9	Je propose un contrat pour le bon fonctionnement au sein de ma classe.	● ● ● ● ● ● ● ● ● ● ●
O.10	Je présente une façon de distribuer et de recueillir le matériel.	● ● ● ● ● ● ● ● ● ● ●
O.11	Je détermine le moment et la façon de se déplacer en classe (règles de circulation).	● ● ● ● ● ● ● ● ● ● ●

Les routines de l'organisation didactique et matérielle

		0 1 2 3 4 5 6 7 8 9 10
O.12	Je définis le mode de travail individuel (pour les lectures silencieuses, les exercices, la prise de notes, etc.).	● ● ● ● ● ● ● ● ● ● ●
O.13	Je définis les modalités pour le travail en équipe :	
	• les critères de formation ;	● ● ● ● ● ● ● ● ● ● ●
	• le rôle des membres ;	● ● ● ● ● ● ● ● ● ● ●
	• l'évaluation du fonctionnement de l'équipe ;	● ● ● ● ● ● ● ● ● ● ●
	• le climat de travail souhaité.	● ● ● ● ● ● ● ● ● ● ●
O.14	Je détermine la méthode de prise de notes.	● ● ● ● ● ● ● ● ● ● ●
O.15	Je détermine un plan de présentation des travaux écrits.	● ● ● ● ● ● ● ● ● ● ●
O.16	Je rédige les étapes pour réaliser une tâche.	● ● ● ● ● ● ● ● ● ● ●
O.17	Je rédige les consignes pour utiliser le matériel.	● ● ● ● ● ● ● ● ● ● ●
O.18	Je rédige les stratégies pour exécuter une tâche.	● ● ● ● ● ● ● ● ● ● ●

Les routines de l'organisation relationnelle

		0 1 2 3 4 5 6 7 8 9 10
O.19	J'établis une routine pour l'élève qui veut répondre ou poser une question.	● ● ● ● ● ● ● ● ● ● ●
O.20	Je prévois un signal pour obtenir l'écoute des élèves.	● ● ● ● ● ● ● ● ● ● ●
O.21	J'établis la routine : une personne parle, les autres écoutent.	● ● ● ● ● ● ● ● ● ● ●
O.22	J'apprends les prénoms des élèves.	● ● ● ● ● ● ● ● ● ● ●
O.23	Je rédige les questions que je vais poser ainsi que les réponses attendues.	● ● ● ● ● ● ● ● ● ● ●
O.24	Je valorise les réponses des élèves.	● ● ● ● ● ● ● ● ● ● ●
O.25	Je pose autant de questions fermées que de questions ouvertes.	● ● ● ● ● ● ● ● ● ● ●
O.26	Je détermine les temps de discussion.	● ● ● ● ● ● ● ● ● ● ●
O.27	Je précise les routines pour les mises en commun.	● ● ● ● ● ● ● ● ● ● ●
O.28	J'évite de parler aux élèves quand ils sont concentrés sur une tâche.	● ● ● ● ● ● ● ● ● ● ●

(suite p. 253)

Le **contrôle durant l'action** se définit comme un ensemble d'habiletés d'observation, d'analyse et d'évaluation qui visent à assurer la conformité des opérations par rapport aux attentes planifiées, aux conditions de réalisation prescrites, aux exigences réglementaires et procédurielles. Ces habiletés permettent aussi de corriger la situation durant l'action (Legendre, 2005).

Habileté à gérer les comportements des élèves

	0 1 2 3 4 5 6 7 8 9 10
C.1 Je clarifie ma tâche et mes attentes dès les premiers contacts avec mes élèves dans un climat de réciprocité.	● ● ● ● ● ● ● ● ● ● ●
C.2 Je consulte mes élèves pour établir les routines, les procédures, les règles de conduite ainsi que les conséquences à la suite d'une infraction.	● ● ● ● ● ● ● ● ● ● ●
C.3 Je conclus un contrat social (forme écrite) avec mes élèves.	● ● ● ● ● ● ● ● ● ● ●
C.4 J'associe les parents au contrat social que j'ai conclu avec les élèves.	● ● ● ● ● ● ● ● ● ● ●
C.5 J'enseigne à mes élèves de façon concrète, progressive et explicite le code de vie de l'école et les routines en classe.	● ● ● ● ● ● ● ● ● ● ●
C.6 Je rappelle régulièrement les règles et les routines, surtout dans les premières semaines de classe.	● ● ● ● ● ● ● ● ● ● ●
C.7 J'affiche les règles sur les murs de la classe.	● ● ● ● ● ● ● ● ● ● ●
C.8 Je présente les principes qui conditionnent les règles.	● ● ● ● ● ● ● ● ● ● ●
C.9 J'interviens dès qu'une règle ou une routine est violée.	● ● ● ● ● ● ● ● ● ● ●
C.10 Je note dans un carnet personnalisé les rappels et les comportements inacceptables.	● ● ● ● ● ● ● ● ● ● ●
C.11 J'évite tout affrontement avec un élève perturbateur.	● ● ● ● ● ● ● ● ● ● ●
C.12 Je fais décrire à l'élève le comportement souhaité.	● ● ● ● ● ● ● ● ● ● ●
C.13 Je suggère à l'élève l'adoption de comportements acceptables.	● ● ● ● ● ● ● ● ● ● ●

L'**hyperperception** (*withitness*) est la capacité de réagir rapidement à une situation donnée tout en étant présent à ce qui se déroule partout dans la classe.

Habileté à surveiller : hyperperception, chevauchement et mobilité, attitudes relationnelles

C.14 Je balaie le groupe du regard régulièrement.	● ● ● ● ● ● ● ● ● ● ●
C.15 J'interviens sur-le-champ auprès d'un élève perturbateur.	● ● ● ● ● ● ● ● ● ● ●
C.16 Je maintiens le rythme, j'évite les temps morts.	● ● ● ● ● ● ● ● ● ● ●
C.17 J'écris le menu au tableau.	● ● ● ● ● ● ● ● ● ● ●
C.18 Je réinvestis le menu pendant le cours.	● ● ● ● ● ● ● ● ● ● ●
C.19 J'établis de brefs contacts avec chacun des élèves.	● ● ● ● ● ● ● ● ● ● ●
C.20 J'interviens lorsqu'il y a un dérangement dans le déroulement d'une leçon (prise de décision rapide).	● ● ● ● ● ● ● ● ● ● ●

(suite p. 254)

> Le **chevauchement** (*overlapping*) est l'habileté à gérer plus de deux événements en même temps et à maintenir tous les élèves en alerte.

	0 1 2 3 4 5 6 7 8 9 10
C.21 Je peux mener deux activités en même temps.	● ● ● ● ● ● ● ● ● ● ●
C.22 Je contrôle les transitions :	
• en obtenant l'attention des élèves ;	● ● ● ● ● ● ● ● ● ● ●
• en décrivant la tâche étape par étape ;	● ● ● ● ● ● ● ● ● ● ●
• en transmettant les consignes, une à la fois ;	● ● ● ● ● ● ● ● ● ● ●
• en prévoyant un travail pour les élèves qui terminent avant le temps prévu ;	● ● ● ● ● ● ● ● ● ● ●
• en précisant les rôles à chacun des élèves.	● ● ● ● ● ● ● ● ● ● ●
C.23 J'établis un lien entre les activités.	● ● ● ● ● ● ● ● ● ● ●
C.24 J'utilise toujours les mêmes signaux.	● ● ● ● ● ● ● ● ● ● ●
C.25 J'équilibre le temps accordé aux différentes activités d'une leçon.	● ● ● ● ● ● ● ● ● ● ●
C.26 Je ne fais pas d'exposés magistraux de plus de 15 minutes.	● ● ● ● ● ● ● ● ● ● ●
C.27 J'écris et je dis les mots clés et les consignes.	● ● ● ● ● ● ● ● ● ● ●
C.28 J'utilise du matériel de présentation varié (transparent, tableau, photocopie, objet, etc.).	● ● ● ● ● ● ● ● ● ● ●

> La **mobilité** est ce comportement qu'adopte l'enseignant pour stimuler les élèves par sa présence un peu partout dans la classe.

C.29 Je me promène entre les pupitres des élèves.	● ● ● ● ● ● ● ● ● ● ●
C.30 Je m'approche de l'élève qui répond ou fait un exposé.	● ● ● ● ● ● ● ● ● ● ●
C.31 Je me déplace quand je fais un exposé.	● ● ● ● ● ● ● ● ● ● ●

> Les **attitudes relationnelles** sont des habiletés qu'adopte l'enseignant pour encourager, valoriser et orienter l'élève dans ses comportements et ses travaux.

C.32 Je stimule les retardataires.	● ● ● ● ● ● ● ● ● ● ●
C.33 Je renforce les bons comportements.	● ● ● ● ● ● ● ● ● ● ●
C.34 J'encourage le travail bien fait.	● ● ● ● ● ● ● ● ● ● ●
C.35 J'incite les élèves à commenter et à critiquer leur travail et celui de leurs pairs.	● ● ● ● ● ● ● ● ● ● ●
C.36 Je demande aux élèves de présenter leurs travaux à la classe.	● ● ● ● ● ● ● ● ● ● ●
C.37 Je situe l'élève dans son cheminement à l'aide d'une fiche de suivi ou d'un portfolio.	● ● ● ● ● ● ● ● ● ● ●

(suite p. 255)

	0 1 2 3 4 5 6 7 8 9 10
C.38 J'insère l'exposé d'un élève dans le menu.	● ● ● ● ● ● ● ● ● ● ●
C.39 Je demande à un élève d'écrire sa démarche au tableau.	● ● ● ● ● ● ● ● ● ● ●
C.40 Je révèle mon humeur par ma posture.	● ● ● ● ● ● ● ● ● ● ●
C.41 J'utilise des gestes pour contrôler certains comportements inacceptables.	● ● ● ● ● ● ● ● ● ● ●
C.42 Je souris pour encourager.	● ● ● ● ● ● ● ● ● ● ●
C.43 Je fronce les sourcils pour désapprouver.	● ● ● ● ● ● ● ● ● ● ●
C.44 Je regarde mes élèves quand je fais un exposé.	● ● ● ● ● ● ● ● ● ● ●
C.45 Je ne répète pas plus de deux fois une même consigne.	● ● ● ● ● ● ● ● ● ● ●
C.46 Je regarde les élèves debout et en silence pour qu'ils se taisent.	● ● ● ● ● ● ● ● ● ● ●

La lecture des énoncés du questionnaire 7.1 est un pas vers la prise de conscience des dimensions de la gestion de classe. Cet inventaire d'actions permet de situer son positionnement en tant qu'enseignant et donne accès à la pratique singulière de l'agir professionnel décrit dans cet ouvrage. En somme, cet inventaire permet de souligner la complexité de la gestion de classe.

EN CONCLUSION

Ce dernier chapitre aborde le développement professionnel continu et la régulation de la gestion de classe à l'aide de la pensée réflexive comme mode d'apprentissage de la gestion de classe. Cette pensée enseignante porte sur plusieurs domaines, entre autres les croyances et les perceptions de l'enseignant par rapport à l'apprentissage des élèves ; sa propre perception de sa performance, de la maîtrise de ses compétences professionnelles et du niveau d'atteinte des objectifs qu'il vise, ainsi que sa prise de conscience des schèmes de résolution de problèmes. La pensée réflexive s'ancre dans et sur l'action en ce qui concerne les phases proactive, interactive et postactive des situations d'enseignement. Elle se situe donc sur un *continuum* temps en amont et en aval de l'action en classe dans un but de prévention et d'efficacité.

Nous avons également décrit la pensée réflexive comme un processus qui décrit, à l'oral ou à l'écrit, ce qui a été fait. C'est une autoanalyse des actions vécues à travers laquelle s'exprime la pensée critique. Après ce cycle, il est essentiel d'autoréguler la poursuite de son intervention en gestion de classe en apportant des changements ou en instaurant des moyens capables de la stabiliser dès la prochaine situation. Il nous a paru essentiel de couvrir les étapes du processus développemental de la gestion de classe qui conduit à un accomplissement professionnel et identitaire. Les trois modèles abordés sont celui de Fuller (1969), axé sur les inquiétudes, celui de Katz (1972) et de Wolfgang (1995), axé sur l'expérience, et celui de King et Kitchener (1994), axé sur la connaissance.

Enfin, nous avons présenté, dans le but d'activer la pensée réflexive, un outil de positionnement qui est un inventaire des comportements de base de la gestion de classe (ICGC). Nous rappelons que ce regard posé par l'enseignant sur lui-même, sur son vécu et sur ses actions doit s'effectuer à partir d'un cadre de référence qui est présentement celui du référentiel de formation en enseignement. Le développement professionnel et continu en enseignement passe par l'observation de l'agir professionnel et par le regard de l'autre qui peut mieux l'objectiver. Sur le plan discursif, la mobilisation de la pensée sur un objet permet de répondre à la nécessité de lui donner une signification pour mieux se développer. Il importe que les formateurs aient recours à la pensée réflexive dans l'accompagnement de futurs enseignants, et ce, dès le début de leur formation, étant donné son effet bénéfique sur la transformation de l'agir professionnel.

Conclusion

La responsabilité de former et de superviser des étudiants durant leur formation professionnelle nous a sensibilisées au problème majeur qu'éprouve l'enseignante ou l'enseignant débutant. Au cours de cette expérience d'insertion professionnelle, nous avons observé que même l'enseignante ou l'enseignant expérimenté qui recevait des stagiaires montrait parfois des limites sur le plan de la gestion de classe. Le présent ouvrage est l'aboutissement logique de nos expériences personnelles, qui ont été confirmées par d'autres chercheurs et qui se poursuivent.

En 2001, les programmes de formation initiale à l'enseignement ont été reformulés en termes de compétences. Un référentiel de douze compétences fut prescrit par le ministère de l'Éducation de l'époque, incluant la compétence à gérer une classe. Comme nous l'avons vu, la gestion de classe consiste à planifier et à organiser des situations d'enseignement ainsi qu'à superviser le mode de fonctionnement du groupe-classe en vue de favoriser l'apprentissage et la socialisation des élèves. Depuis cette refonte, des cours de gestion de classe ont été inclus dans tous les programmes de formation initiale en enseignement et font désormais partie de tous les stages d'enseignement (700 heures).

Cet ouvrage est une sorte de *vade-mecum* destiné non seulement aux novices mais aussi à l'enseignante ou à l'enseignant qui a à cœur de gérer sa classe pour soutenir la construction des apprentissages des élèves. Trois dimensions composent l'essentiel de la gestion de classe que nous avons présentée dans cet ouvrage, à savoir la planification, l'organisation et le contrôle. Elles sont regroupées sous le système « POC ». De plus, nous avons insisté sur le processus de développement professionnel appelé « la pensée réflexive ». Ce principe d'autoanalyse permet entre autres de dévoiler ce qui se fait, ses présupposés et ses propres conditionnements intellectuels. Des cibles peuvent être précisées à partir d'un inventaire de situations que nous avons appelé « l'inventaire des comportements de gestion de classe », ou ICGC.

La gestion de classe est le creuset du développement professionnel et doit être au cœur de l'apprentissage du rôle d'enseignante ou d'enseignant dès le début de la carrière. Dans le cas contraire, la perte répétée du contrôle de la classe peut conduire à l'abandon de la profession au cours des cinq premières années. Cela étant, il serait illusoire de croire que la seule compétence professionnelle de la gestion de classe est suffisante. Il est évident qu'une enseignante ou un enseignant de français qui commet des fautes d'orthographe ou d'accord grammatical ne peut être considéré comme compétent, tout comme ne saurait l'être celui qui enseigne les mathématiques et qui est incapable de résoudre les exercices qu'il donne à ses élèves. Bien entendu, il ne suffit pas non plus de maîtriser sa discipline, il faut aussi maîtriser le contenu du programme de formation. Tel que nous l'avons écrit dans cet ouvrage, l'enseignante ou l'enseignant enseigne avec ce qu'il sait et ce qu'il est. Il n'est donc pas surprenant que sa situation d'enseignement reflète ce qu'il est. Mais il doit avant tout tenter de satisfaire la curiosité des élèves par rapport aux savoirs traités.

La compétence professionnelle est multiréférenciée, elle est un savoir-agir efficace qui entraîne la mobilisation d'un ensemble de ressources parmi lesquelles les savoirs spécialisés doivent occuper une place prépondérante (MÉQ, 2001). La liste de ces ressources ne saurait être complète si on ne tient pas compte de l'habileté à communiquer et à motiver, de l'habileté à choisir des approches pédagogiques en fonction du contenu enseigné et des intérêts des élèves, également de l'habileté à évaluer justement la progression d'un élève dans ses dimensions cognitive, affective et sociale. Enfin, nous croyons qu'une enseignante ou un enseignant compétent doit développer sa créativité et adapter son enseignement, ses approches et son matériel aux différentes situations qui surviennent. La communication professionnelle en enseignement s'exprime de plusieurs manières. En captant l'attention des élèves, il n'est pas difficile de les imaginer participer à l'activité avec un nouvel enthousiasme et de la motivation.

Comment alors mieux développer cette compétence complexe ? Nous savons qu'elle n'est pas innée ni qu'elle s'acquiert spontanément. Elle est plutôt le fruit de l'expérience, de l'appropriation et de l'intégration des savoirs d'expérience et des connaissances. La compétence professionnelle peut se développer de façon accélérée si l'enseignante ou l'enseignant est conscient des pierres d'achoppement qui jonchent le parcours de sa carrière.

Comme l'ont précisé Fuller (1969) et Katz (1972), le processus de son développement professionnel se produit progressivement et à la suite de l'atteinte d'un sentiment de confiance, de sécurité par rapport à soi et à son action professionnelle. Par ailleurs, des études montrent clairement que le soutien du milieu scolaire dans le processus développemental du personnel enseignant, souvent lié à la mise en œuvre d'innovations et de recherches-actions sur sa pratique d'enseignement, profite à la performance de l'école. Ces projets permettent l'engagement de l'enseignante ou de l'enseignant et la décentration de ses inquiétudes. Devant ce défi, le soutien de l'enseignante et de l'enseignant associé, du mentor, de la direction d'école ou du superviseur universitaire est essentiel en début de carrière.

Pour Dewey (1968 : 143), l'expérience réflexive permet « d'envisager rétrospectivement ce qui a été fait, de manière à dégager les significations diverses, lesquelles deviennent, pour l'intelligence, une sorte de capital en réserve pour les expériences futures ». Cela nous amène à conclure que la compétence professionnelle d'une enseignante ou d'un enseignant se développe tout au long de sa carrière, en particulier la compétence à gérer une classe, et c'est précisément cette dernière qui lui donnera la liberté d'enseigner. Le présent ouvrage se veut donc une contribution à l'éclosion d'une carrière prometteuse.

Références

Introduction

Nault, T. (1998). *L'enseignant et la gestion de la classe. Comment se donner la liberté d'enseigner*. Montréal : Les Éditions Logiques.

Wolfgang, C.-H. (1999). *Solving discipline and classroom management problems. Methods and models for today's teachers* (4th ed.). Boston, MA : Allyn and Bacon.

Chapitre 1

Archambault, J. et Chouinard, R. (2003). *Vers une gestion éducative de la classe* (2e éd.). Boucherville : Gaëtan Morin.

Artaud, G. (1989). *L'intervention éducative ? Au-delà de l'autoritarisme et du laisser-faire*. Ottawa : Les Presses de l'Université d'Ottawa.

Bélanger, N., Gauthier, C. et Tardif, M. (1995). Portraits de la discipline scolaire au Québec. *Vie pédagogique*, 94, 6-9.

Bourdieu, P. (1980). *Le sens pratique*. Paris : Les Éditions de Minuit.

Bressoux, P. et Dessus, P. (2003). Stratégies de l'enseignant en situation d'interaction. *In* M. Kail et M. Fayol (dir.), *Les sciences cognitives et l'école* (p. 213-357). Paris : Les Presses universitaires de France.

Brophy, J.E. (1984). *Research in teacher education: current problems and future prospects in Canada* (p. 77-92). Vancouver : Peter P. Grimmett, Center for the Study of Teacher Education University of British Columbia, The Center for the Study of Teacher Education, The Canadian Association for Teacher Education, The Center for the Study of Curriculum and Instruction.

Burden, P.R. (1995). *Classroom management and discipline. Methods to facilitate cooperation and instruction*. New York, NY : Longman.

Caron, J. (2001). Et si on remettait les pendules à l'heure. *Vie pédagogique*, 119, 23-24

Canter, C. et Canter, M. (1976). *Assertive discipline: A take Charge Approach for Today's Educator*. Seal Beach, CA : Canter and Associates.

Charles, C.M. (1997). *La discipline en classe*. Trad. par P. Mayer. Montréal : L'école du mouvement. Les Éditions du Renouveau Pédagogique.

Deslauriers, M.-P. et Jutras, F. (2006). *L'éthique professionnelle en enseignement. Fondements et pratiques*. Québec : Les Presses de l'Université du Québec.

Dobson, J.C. (2003). *The new dare to discipline*. Wheaton, IL : Tyndale House Publishers.

Doyle, W. (1986). Classroom organization and management. *In* M. C. Wittrock (dir.), *Handbook of research on teaching* (3e éd.), (p. 392-431). New York, NY : MacMillan.

Dreikurs, R. et Cassel, P. (1972). *Discipline without tears*. New York, NY : Hawthorn.

Ginott, H.G. (1971). *Teacher and child*. New York, NY : Macmillan.

Glasser, W. (1965). *Reality therapy : A new approach to psychiatry*. New York, NY : Harper and Row.

Glasser, W. (1969). *Schools without failure*. New York, NY : Harper and Row.

Glasser, W. (1986). *Control theory in the classroom*. New York, NY : Harper and Row.

Glasser, W. (1993). *The quality school teacher*. New York, NY : Harper Perennial.

Good, T.L., Biddle, B.J. et Brophy, J.E. (1975). *Teachers make a difference*. New York, NY : Holt Rinehart and Winston.

Gouvernement du Québec (1963-1965). *Rapport de la Commission royale d'enquête sur l'enseignement dans la province de Québec* (Rapport Parent) (5 vol.). Québec : Ministère de l'Éducation.

Gouvernement du Québec (1995). *Pour une gestion de classe plus dynamique au secondaire*. Québec : Ministère de l'Éducation. Conseil supérieur de l'éducation.

Gouvernement du Québec (2001). *La formation à l'enseignement. Les orientations. Les compétences professionnelles*. Québec : Gouvernement du Québec. Ministère de l'Éducation du Québec. Direction générale de la formation et des qualifications.

Gouvernement du Québec (2007). *Code civil du Québec : édition critique.* Cowansville : Les Éditions Yvon Blais.

Gordon, T. (1979). *Enseignants efficaces : enseigner et être soi-même.* Montréal : Les Éditions du jour.

Gordon, W. J.J. (1965). *Stimulations des facultés créatrices dans les groupes de recherche par la méthode synectique.* Paris : Les Éditions Hommes et techniques.

Harris, T.A. (1969). *I'm OK., you're OK. : A practical guide to transactional analysis.* New York, NY : Harper and Row.

Hersey, P. (1989). *Le leader situationnel.* Paris : Les Éditions d'Organisation.

Jones, F. (1987). *Positive discipline.* New York, NY : McGraw-Hill.

Kounin, J.S. (1977). *Discipline and group management in classrooms.* New York, NY : Holt, Rinehart and Winston.

Lacourse, M.-T. (1994). *Famille et Société.* Saint-Laurent : McGraw-Hill.

Lacourse, M.-T. (2005). *Famille et Société* (3e éd.). Montréal : Chenelière éducation.

Long, C. K. (1987). Classroom management today : finding answers to a complex problem. *The Clearing House*, 60 (5), 216-217.

Lusignan, G. (2001). La gestion de classe : un survol historique. *Vie pédagogique*, 119, 19-22.

Marsolais, A. (2001). Dynamique de gestion de classe au secondaire. Table ronde avec des enseignantes et des enseignants du secondaire. *Vie pédagogique*, 119, 36-38.

Martineau, S., Gauthier, C. et Desbiens, J.-F. (1999). La gestion de classe au cœur de l'effet enseignant. *Revue des sciences de l'éducation*, XXV(3), 467-496.

McQueen, T. (1992). *Essentials of classroom management and discipline.* New York, NY : Harper Collins.

Nault, T. (1994). *L'enseignant et la gestion de la classe. Comment se donner la liberté d'enseigner.* Montréal : Les Éditions Logiques.

Nault, T. et Léveillé, J. (1997). *Manuel d'utilisation du questionnaire en gestion de classe.* Montréal : Les Éditions Logiques.

Nault, T. (1998). *L'enseignant et la gestion de la classe. Comment se donner la liberté d'enseigner* (2e éd.). Montréal : Les Éditions Logiques.

Proulx, J. (1994). *Enseigner mieux : stratégies d'enseignement.* Trois-Rivières : Cégep de Trois-Rivières.

Redl, F. et Wattenberg, W.W. (1959). *Mental hygiene in teaching* (2nd ed.). New York, NY : Harcourt, Brace and World.

Rogers, C. (1969). *Freedom to learn.* Columbus, OH : Merrill.

Safty. A. (1993). *L'enseignement efficace. Théories et pratiques.* Québec : Les Presses de l'Université du Québec.

Université du Québec à Montréal. Site de la Faculté des Sciences de l'éducation. Site téléaccessible à l'adresse : <http://www.unites.uqam.ca/gclasse/tabdm2_1.html>

Wolfgang, C.-H. (1999). *Solving discipline and classroom management problems. Methods and models for today's teachers* (4th ed.). Boston, MA : Allyn and Bacon.

Wolfgang, C.-H. (2005). *Solving discipline and classroom management problems. Methods and models for today's teachers* (6th ed.). San Francisco, CA : Wiley-Jossey-Bass Education.

Chapitre 2

Abrami, P. C., Chambers, B., Poulsen, C., De Simone, C., D'Apollonia, S. et Howden, J. (1996). *L'apprentissage coopératif. Théories, méthodes, activités.* Montréal : Chenelière / McGraw Hill.

Arends, R.I. (1988). *Learning to teach.* New York, NY : Random House.

Barbeau, D., Montini, D. et Roy, C. (1997). *Tracer les chemins de la connaissance. La motivation scolaire.* Montréal : Association québécoise de pédagogie collégiale (ACPC),

Brooks, D.M. (1985). The first day of school. *Educational Leadership*, 42(8), 76-78.

Charles, C.M. (1997). Voir chapitre 1.

Cohen, G.C. (1994). *Le travail de groupe. Stratégies d'enseignement pour la classe hétérogène* (Trad. par F. Ouellet). Montréal : Chenelière / McGraw Hill.

Doyle, W. (1980). *Classroom management.* Kappa Delta PI, West Lafayette, IND. (Document ERIC ED206567).

Dreikurs, R. et Cassel, P. (1972). *Discipline without tears.* Toronto : Alfred Adler Institute of Ontario.

Dubois, R. (1993). Mes expériences de la non-violence, comme enseignant au secondaire. *Vie pédagogique*, 82.

Évangéliste-Perron, C., Sabourin, M. et Sinagra, C. (1995). *Apprendre la démocratie : guide de sensibilisation et de formation à la démocratie selon l'apprentissage coopératif.* Montréal : Chenelière / McGrawHill.

Evertson, E.M. et Anderson, L.M. (1979). Beginning school. *Educational Horizons*, 57, 164-168.

Fortin, G., Chevrier, J., Théberge, M., LeBlanc, R, et Amyot, E. (2000). Questionnaire sur le ou les styles d'apprentissage. Site de l'Université du Québec à Montréal. Site téléaccessible à l'adresse : <www.unites.uqam.ca/edu1000/documents/tache6.doc>

Girard, V. et Chalvin, M. J. (1997). *Un corps pour comprendre et apprendre.* Paris : Nathan.

Glasser, W. (1965). Voir chapitre 1.

Glasser, W. (1984). *La thérapie par le réel : la « reality therapy »* (6e éd.) (Trad. Par M.-T. d'Aligny). Paris : Épi.

Glasser, W. (1999). *Choice theory : a new psychology of personal freedom.* New York, NY : Harper Perennial.

Gossen, D. (1997). *La réparation : pour une restructuration de la discipline à l'école.* Montréal : Chenelière / McGraw-Hill.

Grubaugh, S. et Houston, R. (1990). Establishing a classroom environment that promotes interaction and improved student behavior. *Clearing House*, 63(8), 375-378.

Gwynn-Paquette, C. (2006). Apprendre l'approche coopérative pour répondre à une clientèle étudiante multiculturelle : qui peut aider ? *In* Mujawamariya, D. (dir.), *L'éducation multiculturelle dans la formation des enseignants au Canada : dilemmes et défis* (p. 49-76). Bern : Peter Lang.

Holborn, P. (1992). Devenir un praticien réflexif. *In* P. Holborn, M. Wideen et I. Andrews (dir.), *Devenir enseignant : À la conquête de l'identité professionnelle,* (Tome 2, p. 85-122). Montréal : Les Éditions Logiques.

Howden, J. et Martin, H. (1997). *La coopération au fil des jours. Des outils pour apprendre à coopérer.* Montréal : Chenelière / McGraw Hill.

Jones, F. J. et Jones, L. (1998). *Comprehensive classroom management. Creating communities of support and solving problems* (2e éd.). Boston : Allyn & and Bacon (1re éd., 1986).

Gouvernement du Québec (2003). *Les nouvelles dispositions de la loi sur l'instruction publique.* Québec : Ministère de l'éducation. Direction des communications.

Maslow, A.H. (1970). *Motivation and Psychology* (2ⁿᵈ ed.). Harper and Row Publishers.

Mathieu, C. (2003). *Vivre la coopération.* Montréal : Activité régionale de réflexion et de partage sur la réforme au secondaire.

McQueen, T. (1992). Voir chapitre 1.

Naut, T. (1999). Les forces d'incubation pour un « moi professionnel » personnalisé en enseignement. *In* Jean-Claude Hétu, Michèle Lavoie et Simone Baillauquès (dir.), *Jeunes enseignants et insertion professionnelle* (p. 139-159). Bruxelles : De Boeck.

Pfeiffer, J. et Jones, F. E. (1982). *Le répertoire de l'animateur de groupe* (Trad. par M. Bonneau). Québec : Actualisation Idh.

Rosenthal, R.-A. et Jakobson, L. (1971). *Pygmalion à l'école.* Paris : Casterman.

Safty, A. (1993). Voir chapitre 1.

Vallières, D. (1999). La routine de la relation avec les élèves. *Vie pédagogique*, 12(4), 26-27.

Van der Maren, J. M. (1987). Organisation de l'espace et pédagogie. *Apprentissage et socialisation*, 10(3), 161-170.

Veenman, S. (1984). Perceived problems of beginning teachers. *Review of Educational Research*, 54(2), 143-178.

Wenger, E. (1998). *Communities of practice : Learning, meaning, and identity.* New York, NY: Cambridge University Press.

Weinstein, C. E., Palmer, D. R. et Schulte, A. C. (1987). *Learning and study strategies inventory.* Clearwater, FL : H & H Publishing Company.

Chapitre 3

Abrami, P.C., Chambers, B., Poulsen, C., De Simone, C., D'Apollonia, S. et Howden, J. (1996). Voir chapitre 2.

Adams, R. et Biddle, B.J. (1970). *Realities of teaching.* New York, NY: Holt, Rinehart and Winston.

Arlin, M. (1979). Teacher transitions can disrupt time flow in classrooms. *American Educational Research Journal*, 16 (1), 42-56.

Ausubel, D. P. (1968). *Education psychology : A cognitive view,* New York, NY: Holt, Rinehart and Winston.

Aylwin, U. (1992). Nouvelles stratégies pédagogiques et méthode traditionnelle : où est la différence ? *Revue Pédagogie collégiale*, 5(4), 11-15.

Barth, B.-M. (1993). *Les savoirs en constructions.* Paris : RETZ.

Brophy, J. E. (1984). Voir chapitre 1.

Bruner, J. (1999). *Étude sur le développement cognitif.* Bruxelles : De Boeck.

Burden, P.R. (1995). Voir chapitre 1.

Cartier, M. (2002). *Information et connaissance.* Texte de travail non publié.

Chamberland, G., Lavoie, L. et Marquis, D. (1999). *20 formules pédagogiques.* Québec : Les Presses de l'Université du Québec.

Chamberland, G. et Provost, G. (1995). *Jeu, simulation et jeu de rôle.* Québec : Les Presses de l'Université du Québec.

Darveau, P. et Viau, R. (1997). *La motivation des enfants, le rôle des parents.* Saint-Laurent : Les Éditions du Renouveau Pédagogique.

Doyle, W. (1986). Voir chapitre 1.

Emmer, E.T., Evertson, C.M., Clements, B.S. et Worsham, M.E. (1994). *Classroom management for secondary teachers.* Massachusetts, MA : Allyn and Bacon.

Francœur-Bellavance, S. (1997). *Le travail en projet.* Montréal : Integra Centre pédagogique transdiciplinaire.

Fournier, S. (2003) *Les intelligences multiples... une idée brillante !* Montréal : Les Éditions CEC.

Griffin, A. H. (1986). Thinking in education yesterday, today and tomorrow. *Education*, 106 (3), 268-280.

Guilbert, L. et Ouellet, L. (1997). *Étude de cas. Apprentissage par problèmes.* Québec : Les Presses de l'Université du Québec.

Howden, J. et Martin, H. (1997). Voir chapitre 2.

Kounin, J.S. (1970). *Discipline and group management in the classroom.* New York, NY: Holt, Rinehart and Winston.

Kounin, J. S. and Gump, P. V. (1974). Signal systems of lesson settings and the task related behavior of preschool children. *Journal or Educational Psychology*, 66 (4), 554-562.

Lacourse, F. (2004). *La construction des routines professionnelles chez des futurs enseignants de l'enseignement secondaire : intervention éducative et gestion de la classe.* Thèse de doctorat. Faculté d'éducation, Université de Sherbrooke.

Langevin, L. (1998). L'apprentissage en groupe coopératif et l'enseignement supérieur. *In* J.S., Thousand, R.A. Villa, et A.I., Nevin, (dir.), *La créativité et l'apprentissage coopératif* (Trad. par G. Fortier). Montréal : Les Éditions Logiques.

Lasley, T., J. and Walker, R. (1986). Time-on-Task : How Teacher Can Use Class Time More Effectively. *NASSP Bulletin*, 70(490), 59-64.

LeDoux, A. M. (2003). *Le travail en projet à votre portée.* Montréal : Les Éditions CEC.

Leduc-Claire, C. et Py, G. (2005). *Guide du professeur stagiaire. Comment débuter dans l'enseignement secondaire* (2ᵉ éd.). Paris : Vuibert.

Martineau, S. et Simard, D. (2001). *Les groupes de discussion.* Québec : Les Presses de l'Université du Québec.

Gouvernement du Québec (1963-1965). Voir chapitre 1.

Proulx, J. (1994). Voir chapitre 1.

Proulx, J. (1999). *Le travail en équipe.* Québec : Les Presses de l'Université du Québec.

Rhode, G.R. et Reavis, K. H. (1995). *The tough kid book : Practical classroom management strategies.* Longmont, CO : Sopris West.

Rosenfield, P., Lambert, N. et Black, A.(1985). Desk arrangement effects on pupil classroom behavior. *Journal of Educational Research*, 77(1), 101-108.

Suchman, L. A. (1987). *Plans and situated actions.* Cambridge, MA : Cambridge University Press.

Struyk, L. R. (1990). *Teacher Self-Evaluation Procedures for Assessing Classroom Management Strategies: User's Manual.* Logan, Utah : Utah State University.

Taba, H. (1967). *Teachers' handbook for elementary social studies.* Palo Alto, CA : Addison-Wesley Publishing Company.

Tardif, J. (1992). *Pour un enseignement stratégique.* Montréal : Les Éditions Logiques.

Tye, B. B. (1984). Unfamiliar waters : Let's stop talking and jump. *Educational Leadership*, 41(6), 27-31.

Viau, R. (1994). *La motivation en contexte scolaire.* Saint-Laurent : Les Éditions du Renouveau Pédagogique.

Viau, R. (1999). *La motivation dans l'apprentissage.* Saint-Laurent : Les Éditions du Renouveau Pédagogique.

Weade, R. et Evertson, C. M. (1988). The construction of lessons in effective and less effective classrooms. *Teaching & Teacher Education*, 4 (3), 189-213.

Weinstein, C.S. et Mignano, A. J. (1993). *Elementary classroom management : Lessons from research and practice*. New York, NY : McGraw-Hill.

Worsham, M. E. (1983). *Teachers'planning decisions for the beginning of school*. Washington, DC : University of Texas at Austin, National Institute of Education.

Chapitre 4

Bloom, S. (1969). *Taxonomie des objectifs pédagogiques* (Trad. par M. Lavallée). Montréal : Les Presses de l'Université du Québec.

Bourdieu, P. (1980). Voir chapitre 1.

Borko, H. et Putnam, R. T. (1996). Learning to teach. *In* D. C. Berliner et D. C. Calfee (dir.), *Hanbook of educational psychology* (p. 291-310). New York, NY : Macmillan.

Bruner, J. S. (2002). *Savoir-faire, savoir dire* (7ᵉ éd.). Paris : Les Presses universitaires de France.

Clot, Y. (2002). Le geste est-il transmissible ? *In Apprendre autrement aujourd'hui*. Document téléaccessible à l'adresse : <http://www.citesciences.fr/francais/alacite/act_educ/ education/apprendre/commapprends-p.6.htm>.

Doyle, W. (1986). Voir chapitre 1.

Evertson, C. M. and Weade, R. (1989). Classroom management and teaching style : Instructional stability and variability in two junior high english classrooms. *The Elementary School Journal*, 89(3), 379-388 et 289-295.

Flanders, N. (1970). *Analysing teaching behavior*. Reading, MA : Addison-Wesley.

Giddens, A. (1987). *La constitution de la société*. Paris : Les Presses universitaires de France.

Gouvernement du Québec (2001). Voir chapitre 1.

Lacourse, F. (2004). Voir chapitre 3.

Leinhardt, G., Weidman, C. et Hammond, K. M. (1987). Introduction and integration of classroom routines by expert teachers. *Curriculum Inquiry*, 17(2), 135-176.

Taba, H. (1967). Voir chapitre 3.

Weil-Barais, A. et Dumas-Carré, A. (2002). L'analyse des interactions maître élèves dans l'enseignement scientifique. *In* J. Fijalkow et T. Nault (dir.), *La gestion de la classe* (p. 41-62). Bruxelles : De Boeck Université.

Worsham, M. E. (1983). Voir chapitre 3.

Yinger, R. (1979). Routines in teacher planning. *Theory into practice*, 18(3), 163-169.

Chapitre 5

Albert, L. (1995). Discipline. Is it a dirty word ? *Learning*, 24(2), 43-46.

Auguste Comte (1798-1857). *Système de politique positive : ou Traité de sociologie instituant la religion de l'humanité* (5ᵉ éd.). Bruxelles : Culture et civilisation, 1969.

Barbeau, D., Montini, A. et Roy, C. (1997). Voir chapitre 2.

Bourgault, P. (1989). De la parole à prendre. *Traces*, 27(3).

Canter, L. (1988). Let the educator beware : A response to Curwin and Mendler. *Educational Leadership*, 46(2), 71-73.

Charles, C.M. (1997). Voir chapitre 1.

Curwin, R.L. et Mendler, A. N. (1984). High standards for effective discipline. *Educational Leadership*, 41(8), 75-76.

Doyle, W. (1986). Voir chapitre 1.

Fédération des commissions scolaires catholiques du Québec (1988). *Loi sur l'instruction publique. Projet de loi 107 sur l'instruction publique : mémoire présenté à la Commission parlementaire de l'éducation / Fédération des commissions scolaires catholiques du Québec*. Sainte-Foy : FSCSQ.

Fifer, F. L. Jr. (1986). Teacher mobility and classroom management. *The Education Digest*, 52(1), 28-29.

Gaudet, J. (1995). Quand la gestion des conflits en classe devient une source de développement personnel et social. *Vie pédagogique*, 93, 13-14 et 39-40.

Gouvernement du Québec (1997). *Projet de loi modifiant la loi sur l'instruction publique et diverses dispositions législatives : quelques éléments de synthèse et de comparaison entre la situation actuelle, l'avant-projet de loi présenté en commission parlementaire en septembre 1997 et le projet de loi : l'école*. Québec : Gouvernement du Québec. Ministère de l'Éducation.

Gunter. P., Shores, R., Jack, S., Rasmussen, S. et Flowers, J. (1995). On the move : Using teacher / student proximity to improve student's behavior. *Teaching Exceptional Children*, 28(1), 12-14.

Holborn, P. (2003). Voir chapitre 2.

Jasmin, D. (1994). *Le Conseil de coopération*. Montréal : Chenelière / McGraw Hill.

Jones, F.H. (1987). *Positive classroom discipline*. New York, NY : McGraw-Hill.

Kounin, J.S. (1970). Voir chapitre 3.

Legendre, R. (2005). *Dictionnaire actuel de l'éducation* (3ᵉ éd.). Montréal : Les Éditions Guérin.

Lessard, C. (1997). Retour à la règle. *Le Devoir*, 28 avril, p. B1.

Meloche, F. (2006). Prévenir... pour mieux enseigner. *Revue Correspondance*, 12 (1). Document téléaccessible à l'adresse : < http://www.ccdmd.qc.ca/correspo/Corr12-1/Prevenir.html>.

Pelletier, J.-P. (2006). *Les composantes de l'entraînement à l'improvisation actives dans la gestion des imprévus en classe du secondaire*. Mémoire de maîtrise. Éducation. Sherbrooke : Université de Sherbrooke.

Rancifer, J. (1995). *Resolving classroom door : management strategies to eliminate the quick spin*. Communication présentée à la rencontre annuelle de The Southern Regional Association of Teacher Educator.

Rhode, G. R. et Reavis, K. H. (1995). Voir chapitre 3.

Rossi, H. (1992). *Vademecum de l'enseignant débutant*. Paris : Les Éditions de l'organisation.

Royer, É. et Fortin, L. (1997). Comment enseigner à des élèves ayant des troubles du comportement ? *In Bulletin du CRIRES*. Québec : Nouvelles CEQ.

Speirs, R. 1994). *Decreasing suspensions in grade nine through twelve through the Implementation of a Peace Curriculum*. Nova University, FL : Ed. D. Practicum.

Tochon, F.V. (1993). *L'enseignant expert*. Paris : Nathan.

Walsh, K. (1986). Classroom rights and discipline. *Learning*, 14(71), 66-67.

Walker, H. M. et Walker, J.E. (1995). *The acting-out child : Coping with classroom disruption*. Longmont, CO : Sopris West.

Yinger, R. J. (1987). *By the seat of your pants : an inquiry into improvisation and teaching*. Communication présentée au congrès annuel de l'American Educational Research Association, Washington, DC.

Yorke, D. B. (1988). Norm setting : Rules by and for the students. *Vocational Education Journal*, 63(5), 32-33, 47.

Ziv, A. (1979). *L'humour en éducation*. Paris : ESF.

Chapitre 6

Gouvernement du Canada (1982). *Charte canadienne des droits et libertés*. Annexe B de la *Loi de 1982 sur le Canada*, c.11 (R.-U.).

Gouvernement du Québec. *Charte des droits et libertés de la personne*, L.R.Q., c. C-12.

Gouvernement du Québec (2001). Ministère de l'Éducation du Québec. Voir chapitre 1.

Gouvernement du Québec (2003). *Loi sur l'instruction publique.* Voir chapitre 2.

Gouvernement du Québec (2007). Voir chapitre 1.

Gouvernement du Canada (2007). *Code criminel et lois connexes annotés.* Brossard : Publications CCH.

Desaulniers, M. P. et Jutras, F. (2006). Voir chapitre 1.

Glasser, W. (1982). *États d'esprit, La puissance des perceptions.* Montréal : Les Éditions Le jour.

Masciotra, D. (2006). Texte de la conférence du colloque de la Direction de la formation générale des adultes (DFGA), Ministère de l'éducation et du loisir du Québec qui s'est déroulé dans le cadre du 74e congrès de l'Acfas 2006, Université McGill.

Meloche, F. (2006). Voir chapitre 5.

Legault, G.A. (1999). *Professionnalisme et délibération éthique : manuel d'aide à la décision responsable.* Québec : Les Presses de l'Université du Québec.

Nault, T. et G. Nault (2001). Quand les stages attrapent les TIC. *In* T. Karsenti (dir.). *Les TIC... au cœur des pédagogies universitaires* (p. 145-164) Québec : Les Presses de l'Université du Québec,

Romano, G. (1993). La discipline en classe. *Pédagogie collégiale*, 7(1), 30-33.

Royer, É. et Fortin, F. (1997). Voir chapitre 5.

Schön, D.A. (1983). *The reflective practitioner.* New York : Basic Books.

Schön, D.A. (1987). *Educating the reflective practitioner.* San Francisco, CA : Jossey Bass.

Zola, M. (1992). Converser entre enseignants, et naître sur le plan de la pratique professionnelle. *In* P. Holborn, M. Wideen et I. Andrews (dir.), *Devenir enseignant : À la conquête de l'identité professionnelle*, (Tome 2, p. 153-164). Montréal : Les Éditions Logiques.

Chapitre 7

Allal, L. et Mottier-Lopez, L. (2007). (dir.), *Régulation des apprentissages en situation scolaire et en formation.* Bruxelles : De Boeck Université.

Argyris, C. et Schön, D. A. (1974). *Theory in practice : Increasing professionnal effectiveness.* San Francisco, CA : Jossey Bass.

Bandura, A. (1986). *Social foundations of thought and action : A social cognitive theory.* Englewood cliffs, NJ : Prentice-Hall.

Bégin, C. (2003). *Enseigner des stratégies d'apprentissage à l'université : application d'un modèle et analyse des changements consécutifs à leur enseignement*, Thèse de doctorat, Faculté d'éducation de l'Université de Sherbrooke, Sherbrooke.

Borko, H. (1988). Students teachers' planning and post lesson reflections : patterns and implications for teacher preparation. *In* J. Calderhead (dir.), *Teachers' professional learning.* Lewes, Angleterre : Falmer Press.

Bourdieu, P. (1980). Voir chapitre 1.

Dewey, J. (1910). *How we think.* Boston, MA : D.C. Heath.

Elliott, J. (1987). Educational theory, practical philosophy and action research. *British Journal of Educational Studies*, 25, 149-170.

Fuller, F.F. (1969). Concerns of teachers : A developmental conceptualization. *American Educational Research Journal*, 6(2), 207-226.

Giddens, A. (1987). *La constitution de la société.* Paris : Les Presses universitaires de France.

Kagan, D. M .(1988). Teaching as clinical problem solving : A critical examination of the analogy and is implications. *Review of Educational Research*, 58(4), 482-505.

Katz, L. (1972). Developmental stage of preschool teachers. *Elementary School Journal*, 73, 50-65.

King, P. M. et Kitchener, K. S. (1994). *Developing reflective judgment : understanding and promoting intellectual growth and critical thinking in adolescents and adults.* San Francisco, CA : Jossey-Bass Publishers.

Kolb, D. A. (1984). *Experiential learning : Experience as the source of learning and development.* Englewood Cliffs, NJ : Prentice Hall.

Kounin, (1970). Voir chapitre 3.

Gouvernement du Québec. Ministère de l'Éducation du Québec (2001). Voir chapitre 1.

Gouvernement du Québec. Ministère de l'éducation, du Loisir et du Sport (2006). *Le stage probatoire des enseignants et des enseignantes du préscolaire, du primaire et du secondaire : document d'information.* Québec : Gouvernement du Québec. Direction générale de la formation et des qualifications. Document téléaccessible à l'adresse : <http://www.meq.gouv.qc.ca/lancement/RegAutorisationEnseigner/StageProbatoire.pdf >

Nault, T. (1996). Site téléaccessible à l'adresse : <http://www.unites.uqam.ca/gclasse/>

Nault. T. et Léveillé, J. (1997). Voir chapitre 1.

Schön, (1983). Voir chapitre 6.

Schön, (1987). Voir chapitre 6.

Sprinthall, A.N., Reiman, J.A., Sprinthall, L.T. (1996). Teacher professional developpement. *In* J. Sekula (dir.), *Handbook of Research on Teacher Education* (p. 666-703). (2nd ed.). New York, NY : MacMillan.

Stenhouse, L. (1975). *An introduction to curiculum research and development.* Londres : Heineman.

Struyk, (1990). Voir chapitre 3.

Tardif, J. (2007). Une idée puissante, mais polysémique : l'autorégulation des apprentissages. *Vie pédagogique*, 140, 48-51.

Wolfgang, C. H. (1995). *Solving discipline problems : Methods and models for today's teachers.* Boston, MA : Allyn and Bacon.

Zimmerman, B.J. (2000). Attaining self-régulation. A social cognitive perspective. *In* M. Boekaerts, P. R. Pintrich et M. Zeidner (dir.), *Handbook of self-regulation* (p. 13-39). San Diego, CA : Academic Press.

Conclusion

Dewey, J. (1968). *Expérience et éducation.* Paris : Colin.

Fuller, F. F. (1969). Voir chapitre 7.

Katz, L. (1972). Voir chapitre 7.

Index